国家社会科学基金项目"人力资本结构与经济转型研究"（16BRK026）资助

人力资本结构
与经济转型研究

STUDY ON HUMAN CAPITAL STRUCTURE
AND ECONOMIC TRANSITION

曹 泽◎著

中国财经出版传媒集团

经济科学出版社
Economic Science Press

图书在版编目（CIP）数据

人力资本结构与经济转型研究／曹泽著．－－北京：
经济科学出版社，2022.8
ISBN 978 - 7 - 5218 - 3912 - 8

Ⅰ.①人… Ⅱ.①曹… Ⅲ.①人力资本－资本结构－
关系－中国经济－转型经济－研究　Ⅳ.①F249.21
②F123.9

中国版本图书馆 CIP 数据核字（2022）第 138690 号

责任编辑：张　燕
责任校对：杨　海
责任印制：邱　天

人力资本结构与经济转型研究
曹　泽　著
经济科学出版社出版、发行　新华书店经销
社址：北京市海淀区阜成路甲 28 号　邮编：100142
总编部电话：010 - 88191217　发行部电话：010 - 88191522
网址：www. esp. com. cn
电子邮箱：esp@ esp. com. cn
天猫网店：经济科学出版社旗舰店
网址：http://jjkxcbs. tmall. com
固安华明印业有限公司印装
710 × 1000　16 开　13 印张　200000 字
2022 年 11 月第 1 版　2022 年 11 月第 1 次印刷
ISBN 978 - 7 - 5218 - 3912 - 8　定价：69.00 元
（图书出现印装问题，本社负责调换。电话：**010 - 88191510**）
（版权所有　侵权必究　打击盗版　举报热线：**010 - 88191661**
QQ：2242791300　营销中心电话：**010 - 88191537**
电子邮箱：**dbts@esp. com. cn**）

前　言

中国经济高速增长，2017 年已经跃升为世界第二大经济体。然而，大量的原材料、能源消耗，也引起日益严峻的生态环境问题。同时，全球经济放缓、逆全球化思潮泛滥，给中国经济增长带来不确定性，要素驱动和投资驱动已经难以支持中国经济的持续增长。18 世纪以来，三次技术革命表明科技创新是长期经济增长的关键。20 世纪 80 年代，罗默和卢卡斯提出了以技术进步和人力资本外部效应为核心的内生增长理论。基于上述背景和理论指导，本书将人力资本与经济增长方式相结合，探讨不同类型人力资本对于经济增长方式转型的作用。在既有文献研究基础上，从以下三个方面做了进一步的拓展。

（1）人力资本和人力资本结构的研究。在内生增长理论框架下梳理人力资本对于经济增长的内生性贡献。根据人力资本的资本属性、创新特征和在生产过程中与物质要素结合的方式，将人力资本分为促进资源转换的科技创新人力资本、促进资源有效配置的企业家人力资本和促进资源充分利用的制度型人力资本。中国城市三类人力资本存在整体上的东西差异和一个标准差椭圆内的南北差异，其中科技创新人力资本、企业家人力资本在不同城市之间的差异化程度较高，制度型人力资本在城市间稍显平衡。样本期内，三类人力资本的区域间差异程度都在增加。莫兰指数显示，三类人力资本均存在显著的空间自相关性，但是相关强度差异较大，其中科技创新人力资本最小，制度型人力资本最大。显示出在同一个国家内，科技创新知识的区域间溢出较难，而行政政策和制度设计更容易被效仿和借鉴。

（2）经济绩效测度与经济转型研究。通过对 286 个地级以上城市全要素生产率（TFP）和绿色全要素生产率（GTFP）的测度，运用地理信息系统和时空跃迁测度法考察长期中 TFP 和 GTFP 的空间集聚、时空变迁情况。根据

TFP 和 GTFP 的测度值判断不同城市经济增长方式，为经济转型提供可以量化的判断标准，将经济转型与 TFP、GTFP 的表现联系起来，将 TFP、GTFP 的表现与技术进步形态联系起来。根据新古典理论，投资驱动提高了劳动技术装备率，蕴含了外生型的技术进步，能够带来全要素生产率的提高，但是未必能带来绿色全要素生产率的提高，也不能带来经济的可持续增长。实现经济的可持续增长需要创新驱动。基于内生增长理论，创新引致的技术进步通过内部效应和外部效应对经济增长产生贡献，其中外部效应具有核心作用。创新驱动型经济增长通过创新溢出，提高产品附加值，促进横向创新，从而创造经济利润，而不是依赖产能的扩张获取一般收益。依据全要素生产率和绿色全要素生产率标准，中国 286 个样本城市中，53 个城市实现了创新驱动型经济增长，178 个城市 TFP 实现了投资驱动型经济增长，55 个城市经济增长方式停留在要素驱动型。

（3）人力资本结构对全要素生产率和绿色全要素生产率的影响研究。使用 2005～2018 年中国 286 个城市区域面板数据，分别以 TFP 和 GTFP 为被解释变量，以三类人力资本为核心解释变量，建立空间杜宾模型（SDM）研究变量间的结构关系。选择 Queen 邻接、距离倒数平方和 K（取 2）邻接三种不同邻接权重形式，分析三种类型人力资本在不同溢出路径下的效用表现。引入产业结构、对外开放度和城市基础设施三个变量作为控制变量，建立包括和不包括控制变量的两类模型，结果发现三种类型人力资本对全要素生产率和绿色全要素生产率的影响是稳健的。三种人力资本在不同的空间权重矩阵下溢出效应不同，说明人力资本结构对于空间溢出路径具有选择性。科技创新人力资本空间溢出效应受空间权重矩阵影响较大，企业家人力资本受空间权重矩阵的影响较小。TFP 和 GTFP 对不同类型人力资本的需求整体上较一致，但也存在一定的差异。TFP 的提高对制度型人力资本需求强烈，GTFP 的提高对科技创新人力资本的需求强烈，TFP 和 GTFP 都对企业家人力资本的需求强烈。

曹 泽

2022 年 8 月

目　　录

第一章 绪 论

第一节 选题背景

经济转型可以从不同的角度予以划分，从转型的状态上分为体制转型和结构转型；从转型的速度上分为激进式转型和渐进式转型。中国经济已经通过渐进式的体制转型，实现从计划经济向市场经济的过渡。当前迫切需要推进结构转型以建立环境友好、资源节约的低碳经济，实现新常态下的可持续发展。经济新常态既不是危机之后经济恢复缓慢而痛苦的过程，也不是表象的减速换挡，而是实质性的转型升级，是经济结构再平衡和实现未来发展新期许的转折性变化（张慧芳，2015）。能否"从要素驱动、投资驱动转向创新驱动"，是实现经济新常态的关键（金碚，2015）。

历史上，很多经济体在发展过程中，都经历过增长方式从依赖资源要素向依赖技术创新和人力资本转变的过程。荷兰、西班牙、葡萄牙等昔日西方强国经济崛起过程中，最初都是依靠优越的地理环境、丰富的资源要素。传统要素驱动以要素投入膨胀为特征，经济增长依赖于固定资产的外延式积累和人口红利（张平、刘霞辉、袁富华，2012）。经济增长中的全要素生产率（TFP）贡献较少，但是限于生产能力的约束，对自然资源的掠夺和生态的破坏并不严重。基于边际要素递减规律和世界各国的发展实践，跨越"中等收入陷阱"靠要素驱动是不行的。投资驱动以引进先进技术装备的大规模生产为特征。现代化的生产工具极大地提升了生产能力，带来外部经济效益的同时，也消耗了大量的资源，引致严重的生态环境问题。产能过剩、环境恶化、生态破坏，囿于环境的承载能力和市场规模的有限性，由投资带来的技术进步的"双刃剑"特征凸显。

基于此，经济可持续发展必须转向创新驱动。18 世纪以来，先后发生于英国、德国、美国的三次重大科技革命率先提高了这些国家的生产能力，促进了经济的快速增长，并进一步引起整个人类社会生产、生活方式的变革。赖明勇、张新、彭水军等（2005）认为，英国、德国和美国的经历揭示了一种与单纯依赖要素资源和资本投入不同的增长模式，即创新和人力资本才是经济增长的真正动力。金融危机以后，美国等主要发达国家重新认识到实体产业的重要性，提出再工业化以平衡经济发展。中国制造业既要面对发达国家再工业化的外在压力，又要克服资源、环境、生态的内部矛盾，实现经济转型更为迫切（王庭东，2013）。关于经济增长方式转型必要性的研究，学者们从内生增长和"资源的诅咒"正反两个方面否定了资源扩张和投资依赖型的增长方式，确定了技术创新和人力资本投资的作用。实现经济新常态下的经济转型必须依靠创新驱动，其中作为创新主体的人力资本发展及其结构变化至关重要。

20 世纪 60 年代，美国经济学家舒尔茨（Theodore W Schultz，1961）论证了人力资本投资是提高收入和经济增长的关键。之后，众多学者从宏观经济增长、微观企业效率等方面对人力资本投入的作用做了深入探讨。然而这些研究主要关心人力资本投资的数量方面，对人力资本的结构问题缺乏应有关注。人力资本结构作为影响经济转型的重要因素，在以库兹涅茨（Kuznets，1966）和钱纳里（Chenery，1986）为代表的结构主义发展经济学中得到重视。钱纳里将结构因素引入反映经济增长的回归方程，并在方程中考虑了劳动力质量问题。经济增长原因分析之父丹尼尔森（Denison，1967）通过对影响生产率的劳动特点进行细分，建立了异质性劳动与经济增长之间的关联。他们的研究都揭示了人力资本结构是经济发展水平差异的根本原因。

关于人力资本结构的研究，国内学者胡树红（2001）从企业微观角度讨论了企业人力资本投资主体结构的差异，强调企业人才结构体系建设；郭继强（2005）从能力的角度将影响经济增长的人力资本区分为资源转换能力和资源配置能力，并探讨了两者对经济增长的作用。近年来，关于人力资本结构对经济增长的作用问题，日益引起学者们的关注。根据常永华（2004）和清华大学课题组（2005）的研究，陕西人才资源位居全国前列而经济水平滞后，河北经济实力较强而人才及科技实力不强。陈浩、徐瑞慧、唐滔等（2021）提交的中国人民银行工作论文《关于我国人口转型的认识和应对之策》认为应重视理工科教育，东南亚国家掉入"中等收入陷阱"原因之一是文科生太多。将经济增长的可持续性与人力资本结构状况建立起关联。因此，从人力资本结构差异的角度研究不同经济体增长方式的差异，以及不同类型人力资本在经济转型中的贡献，具有一定的理论意义和实践价值。

人力资本的发展及其结构关系到经济合理转型。传统上爱尔兰和冰岛的支柱产业分别是畜牧业和渔业。20世纪90年代，爱尔兰大力培养信息技术人才，在软件开发方面异军突起，成为"欧洲的硅谷"。单位资本创造的实际GDP迅速增长，2000～2008年，爱尔兰经济增长率稳定地保持在欧洲第一的位置。近年来，因为跨国制药和科技出口在疫情情况下的激增，2021年爱尔兰国内生产总值（GDP）增长了13.5%，经济增长非常强劲，连续4年爱尔兰都是欧盟内经济增长最快的经济体[1]。同一时期，为应对过度捕捞，冰岛政府将渔业资源实施私有化、债券化，传统渔民变身成为投资银行家。为了吸引海外资金，制定了高利率、低管制的开放金融政策。2008年世界金融危机爆发，货币急剧贬值、股市暂停交易，冰岛人民承担着9倍于国家GDP的负债，国家形象遭到严重破坏，民众只好又回到大海捕鱼谋生[2]。

循着结构分析的思路溯源，我们就可以分析处于建设中的人力资本投资结构问题；循着经济长期可持续增长的思路追因，我们有必要研究人力资本发展和经济转型关系问题。人力资本的发展对于经济增长有什么影响，经济转型对人力资本结构有什么要求，前人奠定了研究基础，却未曾对两者的关系进行研究；现实昭示了两者之间的因果关系，而理论上尚需归纳和概括。本书以此为研究对象，探讨人力资本发展及结构在实现从要素驱动型经济增长到投资驱动型经济增长，从投资驱动型经济增长升级到创新驱动型经济增长的作用。

---

① 邵玉进，王凤鸣．爱尔兰经济奇迹及原因分析［J］．经济体制改革，2004（4）．
② 冯登艳．虚拟经济必须依托本国实体经济：冰岛危机的启示［J］．商业研究，2010（6）．

第二节　研究意义

人力资本及其结构对经济增长方式和经济转型的影响，在理论研究和实际工作方面都是一个十分重要的问题。无论是世界范围内各国之间，还是一国范围之内不同区域之间，经济发展水平、增长态势都有显著差异，"自发"状态下的追赶、收敛带来的共同富裕并未出现，而贫者愈贫、富者愈富却成为常态。其中，除了自然资源、生态环境、政府政策和历史背景等诸多因素外，人力资本总量及人力资本结构起了重大的作用。本书通过对各地区表征经济增长方式的全要素生产率、绿色全要素生产率的测度，以及对驱动经济增长方式转型的人力资本、人力资本结构的研究，区别区域经济增长方式类型，探讨经济转型的标准，实证分析中国城市人力资本结构分布情况，探讨人力资本结构对我国城市全要素生产率、绿色全要素生产率增长的作用机理。为评价我国城市经济增长质量，促进经济增长方式转型，优化人力资本结构等提供理论基础和实证支持。

一、选题的理论价值

在理论价值方面，本书研究的贡献主要体现在以下三个方面：（1）将经济转型纳入内生增长理论框架下进行研究。传统上，内生增长理论主要研究增长的源泉和增长的机制问题。将经济转型问题引入内生增长理论，一方面奠定了经济转型的理论基础，另一方面为如何实现经济增长方式转型提供了进路与方向，丰富和发展了内生增长理论。（2）在内生增长理论的检验中，引入绿色全要素生产率（GTFP）标准。一般内生增长理论通过测度分析全要素生产率（TFP）评价经济稳定可持续增长，分析技术进步和人力资本的内生性贡献。随着生态环境问题日益严峻，制约了经济的可持续增长，通过引进绿色全要素生产率可将生态环境问题纳入内生增长理论，回答了技术进步与可持续增长中的"杰文斯悖论"问题。（3）用全要素生产率、绿色全要素生产率划分经济增长方式。将经济增长驱动方式的三种形态——要素驱动、资本驱动和创新驱动指标化、量化，为科学合理地评价经济增长方式转型提供了标准。

二、选题的实践意义

在经验研究方面，本书基于内生增长理论对中国经济增长中遇到的问题进行解释，探讨经济转型的条件。处于转轨时期的中国经济需要创新驱动，创新需要人力资本的投入。不仅人力资本的深化、总量积累和平均水平对经济增长有影响，人力资本结构差异也是影响经济长期可持续增长的因素。以人力资本结构与经济转型为题，对当前中国人力资本创造经济价值的能力进行测度、评价与检验，探索中国创新型人力资本结构的演变特征与规律，发现其进程中可能存在的问题，完善创新机制，提升经济可持续增长的动力；从区域间人力资本结构差异角度研究经济增长模式差异的成因，分析不同类型人力资本对于经济增长质量的贡献，为创新型人力资本建设，优化人力资本结构，促进经济长期可持续增长提供政策建议。

第三节　研究内容与结构安排

一、研究的主要内容

本书研究人力资本结构与经济转型问题。按两条思路推进研究工作：一是人力资本与人力资本结构研究。其中，理论方面包括人力资本和人力资本结构理论研究，实证方面包括人力资本积累总量测度与评价、人力资本结构划分、空间统计分析、人力资本耦合协调性分析等。二是经济增长和经济转型研究。测度分析全要素生产率和绿色全要素生产率，用它们判别经济增长方式，评价分析经济增长质量。基于两个方面的研究结果，根据内生增长理论将人力资本结构与全要素生产率和绿色全要素生产率纳入同一分析框架进行结构分析。根据变量的空间分布表现和试验结果，选择具有拟合优度高，总体检验关系显著的空间计量模型，探讨不同类型人力资本在经济转型中的影响。第一，将资源环境约束与非期望产出纳入生产函数中，用以测度经济增长绩效，辨识经济转型问题。第二，对不同类型人力资本进行测度，基于测度值，应用探求性空间数据分析方法对三类人力资本的空间分布和空间关系进行研究。根据不同人力资本创造价值的方式，从人力资本在促进资源转换、优化资源配置和实现资源充分利用等三个方面测度不同地区人力资本水平及结构变化。第三，人力资本结构与经济增长绩效关系研究。将中国城市科技创新人力资本（RD）、企业家人力资本（PE）和制度型人力资本（SL）与全要素生产率（TFP）和绿色全要素生产率（GTFP）分别纳入同一个框架，基于 2005～2018 年的中国 286 个地级以上城市的面板数据进行研究。采用空间杜宾模型（SDM）实证分析三类人力资本对 TFP 和 GTFP 的影响，并选择 Queen 邻接、距离倒数平方和 K（取 2）邻接三种不同邻接权重形式，考察三种类型人力资本在不同溢出路径下的效用表现。第四，区域人力资本结构优化研究。在对区域人力资本结构绩效分析的基础上，以全国为整体，以人力资本结构要素产出效率最大化为目标，在坚持市场对资源配置起主导作用的基础上，考虑人力资本作用发挥的特殊性，充分发挥价格机制、激励机制、竞争机制等作用，实现区域人力资本结构的合理配置。

具体来说，本书研究的主要内容如下。

（1）区域创新绩效测度及评价研究。以扩展的柯布—道格拉斯生产函数（Cobb-Douglas production function）为基本模型，在生产函数中考虑不引入和引入资源环境约束与非期望产出，分别测度全要素生产率（TFP）和绿色全要素生产率（GTFP），用以测度不同区域经济增长绩效，辨识经济转型问题。

（2）人力资本测度及其时空分异研究。考虑人力资本的资本属性和创新溢出性，根据人力资本与其他生产要素结合的方式，定义人力资本结构类型，分别为：作用于资源转换的科技创新人力资本、优化资源配置的企业家人力资本和促进资源充分利用的制度型人力资本。并借助地理信息系统（GIS）生成栅格数据，应用 Geoda 进行探求性空间数据分析（ESDA）测度不同地区人力资本的空间分布、空间依赖性、空间异质性等，并在时间维度上研究样本期间人力资本的演变特征。

（3）人力资本结构与经济增长绩效关系研究。通过建立空间计量模型，根据数据形式，在计量检验的基础上选择能充分反映全要素生产率（TFP）和绿色全要素生产率（GTFP）的受影响机制，能正确评价人力资本结构在经济转型中作用的模型。在考虑经济绩效——作为被解释变量的全要素生产率与绿色全要素生产率空间自相关性，作为解释变量的三种类型人力资本对经济绩效的空间滞后影响关系情况下，从问题导向的角度，选用空间杜宾模型（EDM），研究人力资本结构与经济增长绩效结构关系。

（4）区域人力资本结构优化研究。在对区域人力资本结构绩效分析的基础上，以全国为整体，以人力资本结构要素产出效率最大化为目标，在坚持市场对资源配置起主导作用的基础上，考虑人力资本作用发挥的特殊性，充分发挥价格机制、激励机制、竞争机制等作用，实现区域人力资本结构的合理配置，发挥不同区域人力资本潜能、加快人才队伍培养。

二、章节结构安排

为完整阐述上述四个方面的内容，本书拟以"人力资本结构与中国经济转型"为主题，运用中国 286 个地级以上城市三种类型人力资本、各类生产要素投入、经济产出、污染物排放、产业结构、对外开放度和城市基础设施等数据，根据研究问题的逻辑关系依次展开了如下各个章节的论述。

第一章 绪论。本章从中国经济结构、增长方式转型的必要性出发，在否定了增长方式中的传统要素驱动、以技术引进为主体的资本投入驱动后，肯定了创新驱动的必要性，提出作为创新主体的人力资本及其结构才是经济转型的原始动力。在提出本书拟研究问题以后，论证了选题的理论价值和现实意义。为了厘清本书研究价值，确定本书研究的边界，本章重点探讨既有文献在这一领域已经开展的研究工作、取得的成果等。通过对国内外文献的梳理，确定研究的主要内容和思路框架，并对书中拟采取的几种研究方法进行设计和比选。

第二章 核心概念和相关理论综述。核心概念的界定是本书研究的逻辑起点。本章首先对研究中所涉及的核心概念从内涵方面进行梳理，使之明晰；在外延方面加以界定，以便于指标的确定和数据的选取。理论是实证研究的基础，也是实证研究的归宿，本书研究所涉及的理论包括内生增长理论、溢出性理论、人力资本与经济增长关系理论等，在阐述上述三种基本理论的基础上。分析每一种理论对于本书研究的支撑作用，为分析中国城市人力资本结构分布状态，探讨经济转型的条件和标准，建立计量分析模型实证研究人力资本结构与经济转型关系奠定理论基础，同时也为发展相关理论提供可资借鉴和比较的参考。

第三章 中国城市人力资本结构研究。人力资本发展水平、结构分析和空间状态是本书研究的主要对象，人力资本主体是创新的主体，是可持续增长的动力之源，是经济实现转型的必要条件。本章中我们将基于人力资本理论、结构化理论和内生增长理论分析人力资本的形成、积累、结构差异和水平测度，对中国地级以上城市人力资本的结构分布予以评价，应用地理信息系统对区域人力资本结构的空间分布状态进行研究，应用探求性空间数据分析工具对人力资本空间关系和集聚变化进行统计分析。应用耦合协调模型计算三类人力资本之间的耦合度和协调性，反映它们彼此之间的关联关系。第三章内容是后面各章研究的重要基础。

第四章和第五章 中国城市全要素生产率测度与评价及中国城市绿色全要素生产率的测度。基于扩展的柯布—道格拉斯生产函数，应用 DEA-Malmquist 指数方法测度全要素生产率（TFP）及其分解指数技术进步率（TEC）和技术效率（EFF）；应用 SBM 方向性距离函数和曼奎斯特—卢恩伯格生产效率指数（MLPI）测度考虑非期望产出的绿色全要素生产率指数及其分解指数绿色技术进步率（GTEC）和绿色技术效率（GEFF）。应用地理信息系统（ArcGIS）和探求性空间数据分析工具（Geoda）对 TFP、GTFP 做空间分布的统计分析、空间依赖性与异质性的比较分析，并做基于时间维度的纵向演化趋势分析等。

第六章 中国城市经济增长方式分类及转型。根据第四章和第五章测度的全要素生产率（TFP）和绿色全要素生产率（GTFP），确定城市经济增长方式，给出经济转型的量化标准。判断样本期内中国城市经济增长方式转型的情况。应用 σ 收敛、绝对 β 收敛和条件 β 收敛分析全国整体和每一增长类型城市绿色全要素生产率的收敛性，研究中国城市经济增长方式的区域变化特征，比较样本期内中国城市经济转型的情况。

第七章 人力资本结构对经济绩效的影响研究。基于 2005~2018 年 286 个地级以上城市数据，应用空间计量分析方法，在第三章人力资本结构测度，以及第四章、第五章经济绩效测度分析的基础上，引入城市基础设施水平、对外开放度和产业结构三个控制变量，分别建立人力资本结构与全要素生产率（TFP）和绿色全要素生产率（GTFP）之间的空间面板回归模型。分析科技创新人力资本、企业家人力资本和制度型人力资本等对两种绩效的影响，并做结构性评价分析，探讨人力资本在中国经济转型中的价值和作用。

第八章 结论与展望。归纳总结了在人力资本结构研究、经济增长方式和转型研究，以及人力资本结构与经济绩效关系研究中的主要结论和重要观点；分析研究成果的主要价值、创新程度和突出特色；说明研究过程中存在的不足或欠缺，梳理与本书研究相关但尚需深入探讨的问题，为下一步的研究指明方向。

第四节 研究方法与技术路线

一、研究方法

（1）基于扩展的柯布—道格拉斯生产函数，应用 DEA-Malmquist 指数方法测度城市全要素生产率（TFP）及其分解指数技术进步率（TEC）和技术效率（EFF）；应用 SBM 方向性距离函数和曼奎斯特—伦伯格生产效率指数（Malmquist-Luenberger productivity index）测度考虑非期望产出的绿色全要素生产率指数及其分解指数——技术效率（GEFF）和技术进步率（GTEC）。这一方法不但解决了区分前沿面上各决策单元（DMU）的效率值问题，也解决了跨期可比性和无可行解等问题，避免了客观性不足、生产函数依赖等问题。（2）基于中国省级区域数据，应用地理信息系统（GIS）和探求性空间数据分析（GeoDa）对人力资本、经济产出和经济绩效等做空间分布的统计分析，以及空间依赖性与异质性的比较分析，并进行基于时间维度的纵向演化趋势研究。（3）应用空间计量经济学前沿方法——空间杜宾模型进行计量分析，从控制变量引入、权重矩阵选择两个方面，根据空间溢出效应考察核心解释变量三种类型人力资本对 TFP 和 GTFP 的直接效应、间接效应和总效应。具体来说有以下方法。

第一，考虑非期望产出和超效率情况的 SBM 方法。绿色全要素生产率（GTFP）的测度是判断经济增长方式的根据。基于面板数据，全面而准确地测度资源投入与期望产出和非期望产出之间的效率关系非常关键，需要选择合适的 DEA 模型。在具体测算过程中，通过线性规划技术确定前沿面。应用 Matlab、MAX – DEA 等软件进行相关数据的处理，比较不同区域、不同时段的 TFP 和 GTFP 的状况及其变化，为定义经济增长方式、确定经济转型提供参考标准。

第二，变量的空间统计分析。由于是根据 286 个地级以上城市变量数据开展的研究，基于地理学第一定律（TFL）空间依赖性和地理学第二定律（GSL）空间异质性，进行变量在城市之间关系的研究成为必然选择。借助地理信息系统将各变量数值标注在地图上，观察它们的空间分布，并生成栅格数据（shp 数据），使用空间探求性数据分析方法研究包括三种类型人力资本、TFP、GTFP 和环境污染等变量的整体空间自相关性（Moran'I）、局部空间依赖性和空间异质性（Lisa 空间积聚差异图）等。探讨区域科技创新人力资本、企业家人力资本和制度型人力资本彼此之间的空间关系及其演化，为研究三种人力资本等对区域 GTFP 增长的影响，构建空间计量分析模型提供理论基础。

第三，人力资本结构与经济绩效间的空间计量分析。基于内生增长理论研究中所使用的扩展的柯布—道格拉斯生产函数，建立以经济增长绩效为被解释变量，以三类人力资本为核心解释变量的回归模型，引入城市基础设施水平、对外开放度和产业机构三个控制变量。被解释变量全要素生产率和绿色全要素生产率，核心解释变量三种类型的人力资本均存在显著的空间自相关关系。因此，研究中使用了能反映空间各决策单元邻接滞后关系的空间计量分析模型。分析评价三类人力资本——促进资源转换的科技创新型人力资本、促进资源有效配置的企业家人力资本和促进资源充分利用的制度型人力资本等对两种绩效的影响，探讨人力资本在中国经济转型中的价值和作用。

二、技术路线

本书的技术路线如图 1.1 所示。

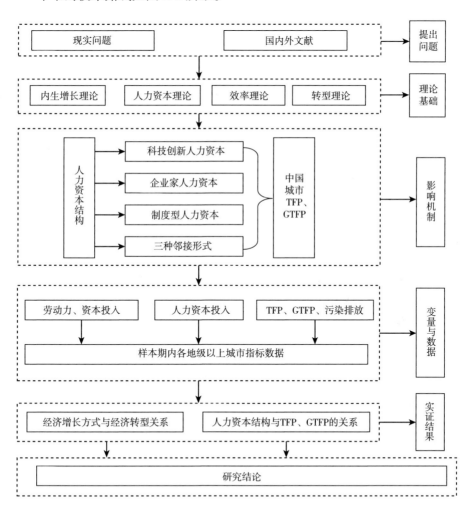

图 1.1　本书的技术路线

第二章 核心概念和相关理论综述

第一节 核心概念的界定

本书旨在探讨中国区域人力资本结构的空间分布和空间关系，研究不同类型人力资本价值创造对经济增长方式、经济转型的影响问题。沿着由概念到命题，由命题到实证，在实证分析的基础上进一步发展和创新理论的知识生长轨迹依次展开论述。本章首先分析界定研究中所涉及的如下几个核心概念：人力资本、人力资本结构、经济增长和经济转型等，进一步对本书借以展开研究的理论基础和拟拓展的理论进行综述评析，这些理论包括内生经济增长理论、溢出性理论和人力资本与经济增长关系理论。

一、人力资本概念的形成与发展

（一）古典经济学时期人力资本概念的提出

人力资本概念产生于古典经济学（classical economics）时期，伴随着经济增长理论研究的深入，其内涵不断丰富。赋予劳动力以资本的属性肇始于17 世纪英国古典经济学家、统计学创始人威廉·配第（William Petty，1623～1687）。1662 年在他出版的《赋税论》一书中提出了"劳动创造价值"的思想，成为人力资本理论产生的基础。不仅如此，在他的《政治算术》（1672）一书中还试图用统计的方法（主要是贴现法）来估算一个国家的人力资本总量。18 世纪 70 年代，英国古典经济学家亚当·斯密（Adam Smith，1723 ~ 1790）在《国富论》（1776）中突破了传统观念中土地、建筑物、机器设备等资本的"物化"形式，认为凝结在人身上的"技能"也能创造价值，也是资本，这种技能资本和机器设备一样可以提升和改善，并且为提升和改善技能所花的成本可以以利润的形式获得回报。与亚当·斯密持有同样观点的还有法国经济学家让 - 巴蒂斯特·萨伊（Jean-Baptiste Say，1767 ~ 1832）。萨伊（1963）把劳动力划分为三种类型——理论型劳动力、应用型劳动力和技术型劳动力，这为人力资本结构化理论的产生提供了思想基础和研究进路。

资本从"物化"的形式扩展到"人格化"的形式，受到了世俗伦理的挑战，但是德国经济学家约翰·杜能（Johann Heinrich von Thünen，1783 ~ 1850）在其代表作《孤立国同农业和国民经济的关系》（1826）中认为，把资本的概念用于人，并非人格的"物化"，相反它肯定了人的价值，也不损害人的自由。古典经济学家发现了人力的资本属性，并且认识到人力资本不同于物质资本的生成方式，强调教育和培训对于技能形成的作用，这为人力资本思想的形成和人力资本理论的发展奠定了基础。

（二）新古典经济学时期人力资本思想的形成与发展

20 世纪以后，现代西方经济学在历经了"张伯伦革命""凯恩斯革命"和"预期革命"三次大的革命以后，"边际革命"开始成为主流的经济学思想，新古典经济学（neoclassical economics）派形成。新古典经济学以微观经济学和宏观经济学为基本理论框架，相较于古典经济理论，经济研究中的数学方法得到普遍应用，从简单的总量分析发展到边际分析，认为边际效用递减规律是理解经济现象的一个根本基础。反映在人力资本理论研究方面，从劳动价值论发展到边际效用理论；从着重于人力资本形成的研究，发展到着重于人力资本经济效用方面的研究。新古典经济学时期的学者们感受到工业革命带来的经济快速增长，对创造财富的"工业家们"的天赋异禀尤为关注，产生了以功能分类的人力资本结构研究。这一时期，关注人力资本的经济学者包括瑞士经济学家、洛桑学派创始人瓦尔拉斯（Walras，1834 ~

1910)、英国"剑桥学派"创始人马歇尔（Alfred Marshall，1842~1924）和美国理论经济学家欧文·费雪（Irving Fisher，1867~1947）等。

（三）现代经济学时期人力资本理论的完善

进入 20 世纪中期以后，资本主义经济普遍产生了严重的"滞胀"，自由市场经济"看不见的手"和来自政府的"看得见的手"都不能保证经济的持续增长。那么经济持续增长的基础在哪里呢？在基于柯布—道格拉斯生产函数（Cobb-Douglas production function）对经济产出的研究中，美国经济学家索洛（Solow，1956）发现了技术创新的作用，认为技术创新之所以对经济增长存在长期可持续的促进作用，主要在于它的溢出性特征。即技术进步不仅给投资者个人或单个企业带来经济效益的提高，还能通过知识溢出使整个社会受益。技术进步的溢出机制如何？它通过什么途径溢出呢？美国经济学家、诺贝尔奖获得者保罗·罗默（Paul M Romer，1986）发现技术进步的溢出效应是通过人力资本产生的。美国经济学家、诺贝尔奖得主罗伯特·卢卡斯（Robert E Lucas，Jr，1988）测度出一个经济体人力资本平均水平越高，技术进步溢出性越高，因此人力资本水平是技术进步内生增长效应的基础。卢卡斯在《论经济发展的机制》一文中将人力资本的作用分成了外部效应和内部效应。前者是指人力资本对其他人劳动生产率的影响，后者指的是人力资本只影响本人的劳动生产率。人力资本的内部效应和外部效应不同于一般的物质资本，这使得对人力资本的投资具有总的资本投入收益不变，甚至递增，保证了经济的长期增长。人力资本的递增收益主要通过外部效应予以实现，因此不会形成一家企业私人垄断的存在。由此，经济学家认为人力资本投资是经济长期可持续增长的关键。

在新古典经济学研究要素投入与经济增长关系惯常使用的生产函数 $Y = AK^{\alpha}L^{\beta}$ 中，人对于产出 Y 的贡献可以从两个不同的方面反映：一个是作为一般投入要素劳动力 L 产生作用；另一个是作为创新主体通过包含在 A 中的技术创新、资源配置等对产出 Y 产生作用。哪一类人作为劳动力 L 产生作用，哪一类人通过 A 产生作用呢？由此，引出人力资本的质量问题。美国经济学家舒尔茨（Theodore W Schultz，1961）批判了此前经济学家们对人的质量问题的回避，认为这不牵涉伦理问题，人的质量可以通过医疗健康、教育、培训和迁徙等的投资得到提高，更高质量的人可以创造出更多的经济价值，也可以获得更大的利润回报，人的这种通过投资获得的社会属性便是人力资本。舒尔茨关于人力资本形成及人力资本经济价值的论述开创了人力资本研究的新时代。基于舒尔茨的理论，美国经济学家雅各布·明塞尔（Jacob Mincer，1973）用微观数据验证了人的收入与先期教育和培训之间的关系，确认了人接受培训的时间越长在收入分配中获得的回报越大。不仅如此，他还研究了教育培训与工作转换和失业之间的关系。人力资本不仅是经济增长的原因，还是物质资本扩大的结果，两者相互促进。与舒尔茨、明塞尔持有相同观点，并沿袭同样分析路径的还有美国经济学家贝克尔（Gary S Becker，1979），贝克尔在研究各类人力资本投资对收入影响的分析中增加了诸如年龄、种族、性别、地域等控制变量，使得结果的置信水平更加显著。

二、人力资本结构

随着人力资本理论的发展，学者们发现人力资本既有层次的差异，也有贡献方向的不同，可以从不同的角度予以分类，于是关于人力资本结构和基于人力资本结构对技术进步、经济增长等作用的研究得以产生并不断发展。法国古典经济学家萨伊根据劳动者在生产中的经济作用，将劳动力划分成理论型、应用型和技术型三种不同形式，并重点强调了作为应用型劳动力的企业家在经济增长中的特殊贡献。萨伊之后，新古典时期瑞士经济学家里昂·瓦尔拉斯（Léon Walras，1834~1910）也对人力资本进行了结构性研究，他把经济活动中的人分为四种类型——地主、工人、资本家和企业家，认为正是企业家的作用将其他三类人力资本结合起来，所谓地租、工资和利息都是通过企业家在生产中的运作而产生的。据此，瓦尔拉斯对萨伊"三位一体"理论做了概括总结。

现代经济学发展时期，学者们聚焦于人力资本存量研究的同时，对人力资本结构问题的关注逐渐增多。舒尔茨、明塞尔等从健康、教育、培训和迁徙等人力资本投资形成的角度，将人力资本划分为具有层次差异的不同类别。

贝克尔和丹尼尔森同样也是基于人力资本形成的视角对人力资本做了一定的结构细分。与上述学者不同，阿罗、罗默和卢卡斯等更多地侧重于人力资本功能，特别是对经济增长作用的研究。早期的学者主要是关于人力资本总量对经济产出功能的研究，但是随着罗伯特·默顿（Robert K Merton，1968）将功能主义理论改进为"结构—功能"方法模型，从人力资本结构出发，研究不同类型人力资本功能的学者增多。罗默（1986）把生产中的人力资本投入要素区分为技术劳动和非技术劳动，其中技术劳动具有总的报酬递增，但是由于人力资本的外部性，这种递增的报酬并不能为厂商独自攫取，从而解决了报酬递增与竞争均衡的难题。人力资本投资成为内生性增长的投资选择，确立了内生增长理论的基础。卢卡斯（1990）从一般人力资本中重点强调了专业化人力资本的作用，将人力资本的"投资结构"与"结构功能"联系了起来，认为人力资本的内部效应来自学校教育，人力资本的外部效应来自工作中的"干中学"。这种通过"干中学"进行的人力资本投资具有递增的报酬，是经济长期增长的源泉。并且卢卡斯根据不同经济体经济增长差异与人力资本平均水平的关系，用实证的方法证明表现为"干中学"的外部效应取决于人力资本的平均水平。这样的判断是基于世界各国科技发展实践的理性判断，很显然，中国近年来之所以能在很多技术领域越来越快地吸收发达国家的先进技术，正是在于中国人力资本的平均水平越来越高。

人力资本结构研究所遵从的两条路径中，一条是基于人力资本投入的方式，从教育投入、健康投入、培训到工作迁徙是一种从分量到总量、从结构到整体的分析路径；另一条是基于人力资本在生产中的功能，从经济长期可持续增长何以可能实现的路径研究。这是一种从外部效应分析到内部效应分解，是技术人力资本、专业化人力资本等从人力资本总体中独立凸显的过程。本书关于人力资本结构划分和人力资本结构在经济增长中的作用研究，是按照第二条路径展开的。

基于内生增长理论对人力资本结构问题的研究，将从人力资本功能出发，同时考虑人力资本的资本属性和创新属性。只有创新型人力资本才具有内生增长理论中作为增长内动力所具有的内部效应和外部效应。根据参与经济活动的方式进行结构划分、结构分析的同时，借鉴卢卡斯研究范式，对具有不同经济功能人力资本的投资形成方式也将予以关注。从人力资本在社会生产过程中与资源要素的结合方式出发划分人力资本结构类型，具体来说，本书研究将人力资本区分为促进资源转换的科技创新人力资本、促进资源有效配置的企业家人力资本和能够实现资源有效利用的制度型人力资本。本书基于内生增长理论研究三种类型人力资本在经济增长和经济转型中的作用。三类人力资本具有区别于传统生产投入要素一般劳动力的资本属性，能够创造出高于成本的价值增值，并且具有较高的外部溢出性。对人力资本的投入还具有不同于一般物质资本边际收益递减的属性，能够实现边际收益不减，甚至递增。

三、经济新常态

经济新常态是中国经济发展过程中经济结构的平衡对称态，在经济结构平衡对称基础上实现经济稳定增长和社会可持续发展（任仲文，2015）。经济新常态不是表象的减速换挡，而是实质性的转型升级，是实现未来发展新期许的转折性变化。实现中国经济新常态下的可持续发展，需要改变中国经济增长方式，实现经济转型。当然，经济转型也可以从不同的角度予以划分，周其仁（1997）从转型的状态上将经济转型分为体制转型和结构转型；美国经济学家"休克疗法"之父杰弗里·萨克斯（Jeffrey Sachs，2014）从转型的速度上将经济转型分为激进式转型和渐进式转型。通过渐进式的体制转型，中国经济已经实现从计划经济体制转向社会主义市场经济体制，实践上取得巨大胜利，理论上形成"北京共识"，为世界经济的转型发展树立了标杆。18世纪工业革命以来，全球煤炭、石油和天然气等化石能源和自然资源迅速消耗，生态环境不断恶化，特别是温室气体排放导致日益严峻的全球气候变化，人类社会的可持续发展受到严重威胁。中国经济增长也未能独善其身，因此，当前迫切需要推进结构转型以建立环境友好、资源节约的低碳经济，实现经济新常态下的稳定增长和可持续发展。

21世纪以来，全球贸易结构变化、各国在世界产业链中的格局重构让以美国为首的西方国家深感不安。2008年肇始于美国的全球经济危机宣告了世界经济从贸易到生产都步入了一个调整阶段。在经历近 40 年的高增长阶段以后，长期存在的高速度、低效率和生态环境等问题日益突出，中国经济由此进入一个称为新常态的转型时期，转型前的中国经济增长是依靠低成本驱动的粗放型、数量型和扩张型增长方式；通过经济转型，中国经济有望实现依靠创新驱动的集约型、高效率和质量型发展状态。

改革开放初期的中国经济主要依靠要素驱动、更多的劳动力投入，以及效率较低的机器设备，经济增长速度虽快，但是整体规模较小，经济增长中全要素生产率（TFP）贡献较少。有限的生产能力限制了经济总量的扩大，使得资源消耗少，污染排放少，对自然资源的掠夺和生态的破坏并不严重。但是这种主要靠要素驱动的经济增长难以实现人均产出的快速提高，根据边际投入要素报酬递减规律，也难以保证经济增长的可持续性。实现经济快速增长和人均产出的快速提高，需要加大资本投入。投资驱动以引进先进技术装备的大规模生产为特征，现代化的生产工具极大地提升了产出效率，实现了经济快速增长。但是这样的大规模生产也加剧了原材料和能源的消耗，更大规模地吞噬着生产资料，引致严重的生态环境问题。持续以资本投入为特征的经济增长最终导致了部分地区的产能过剩、环境恶化、生态破坏。囿于生态环境的约束和市场规模的限制，由投资驱动的经济增长凸显出不稳定、不可持续的问题。

因此，要实现新常态下中国经济的稳定可持续增长，必须加强科技投入和人力资本投入，实现创新驱动型的增长。2008 年世界金融危机以后，美国和欧洲等西方发达国家或地区，重新确立了实体产业，特别是制造业在国民经济系统中的重要地位。金融危机后，以服务经济为主体的美国提出再工业化战略，加速制造业的回流，平衡经济发展（高敬峰、王彬、宋玉洁，2020）。德国"工业 4.0"计划目前已经上升为德国国家战略，目的在于提高德国制造业竞争力，应对德国制造业劳动力成本上升和竞争力下降的压力，以及制造业规模相对萎缩的现实，期望在"第四次工业革命"中继续引领世界制造业发展（丁纯、李君扬，2014）。针对美国、德国等西方国家的再工业化战略，中国制造业必须加强内涵建设，走创新发展的道路，摆脱"引进、落后、再引进、再落后"的被动局面。避免作为制造业大国而导致的资源、环境、生态的内部矛盾，经受住国际市场动荡环境的外部冲击，保持经济增长的韧性。为此，中国经济必须加强人力资本投入，依靠科技创新，早日建成制造业强国，实现经济增长的转型升级。

新常态下的中国经济发展道路就是这种以创新驱动，不以牺牲生态环境为代价，走质量效益型发展，充分利用国际国内两个市场、两种资源，实现长期可持续发展之路。

四、经济增长方式及转型

经济转型的研究是经济增长研究的构成部分，当传统经济增长方式不能保证经济持续增长的时候，必须通过经济转型释放生产力，实现经济的长期增长。改革开放后，中国经济依靠人口红利和资源投入扩张的粗放经济增长模式实现了经济总量的快速增长。随着人口红利逐渐消失和不可再生资源总量限制，跨越"中等收入陷阱"，实现人均收入的可持续增长靠要素驱动是不行的；投资驱动可以通过引进先进技术装备带来外生型的技术进步，或通过大规模生产实现有效率的经济增长。那么是否只要有技术进步就能带来经济的可持续增长呢？企业有边界，区域、国家，甚至地球也有边界，除了地理边界，还有生态环境构成的可供人类适宜生存的自然环境边界。大规模生产不可避免地造成产能过剩和生态环境问题，尤其是在当前全球经济下行，国际经济一体化逆转情况下，滋生的矛盾更加突出。经济增长迫切需要寻找新动力。内生增长理论发现技术创新和人力资本投资具有较强的报酬外溢特征，奠定了经济长期可持续增长的基础。当前中国区域经济发展均不同程度地受到资源耗竭、环境污染、生态破坏等制约，经济增长需要模式的转型。

经济的可持续增长需要从不依赖科技进步的传统结构，转型到创新驱动的增长轨道，从依赖资本体现式的外生型技术进步升级到环境友好、资源节约的内生型原始创新驱动的增长方式中。在新增长理论使用全要素生产率（TFP）考察技术创新作用、评价经济增长方式的基础上，进一步引入绿色全要素生产率（GTFP）指标，判别城市经济增长方式类型、区分三种经济结构。

选择绿色全要素生产率（GTFP）作为经济转型指标，我们就可以在内生增长理论框架下研究经济转型的原因。20 世纪 80 年代中后期，保罗·罗默（1986）、卢卡斯（1988）相继发现经济内生增长的基础是研发的投入和人力资本的投入。使用新增长理论所依据的全要素生产率（TFP）方法，美国经济学家保罗·克鲁格曼（Paul Krugman，1994）推断，由于东亚经济增长中缺乏自主科技创新的成分，单纯靠资本要素和劳动力要素投入驱动的增长不可持续，所谓的"东亚经济增长奇迹"将不复存在。限于资源环境的约束，实现经济的长期可持续增长，不仅需要从 TFP 的角度予以研判，还要从 GTFP 的角度进一步分析。GTFP 同样来源于人力资本投资和技术进步的作用，但是在投入端引入了能源投入、资源约束和环境约束，产出端不仅包括国内生产总值这种一般意义上的期望产出，还增加了以废水、废气和废渣等计量的非期望产出。

通过测度一个企业、国家或地区的全要素生产率，分析经济增长中技术进步的贡献，评价经济增长的质量，探讨影响经济增长质量的因素等方面的研究已经很多。但是全要素生产率高并不能保证经济增长质量好，也不代表就能实现经济稳定可持续增长。当一个国家或地区全要素生产率的提高依靠的主要是资本体现式的技术进步，而且这种技术进步非自主创新，主要通过引进国外先进技术装备而成，是一种外生型的技术进步，那么这种技术进步带来高产出效率的同时，也消耗了大量的物质资料和能源，导致大量污染物产生。随着资源约束和生态环境的压力，经济的稳定可持续增长需要新的条件，传统的依赖进口技术装备实现大规模生产的方式，一方面受到物质资源和生态环境的约束，另一方面还受到市场规模的约束，尤其是金融危机以后逆全球化思潮泛滥，"两头在外"的经济发展方式很容易遭到国际政治经济环境的冲击等。实现经济的长期可持续增长需要自主创新、原始创新。判断是否实现创新驱动的方法也升级为绿色全要素生产率（GTFP）及其分解指标绿色技术进步率（GTEC）和绿色技术效率（GEFF）标准。尤其是随着计算机技术的进步，绿色全要素生产率测度方法不断得到改进，为我们判断经济结构转型、研究人力资本结构与经济转型的关系提供了科学有效的手段。

第二节　理论基础

一、内生增长理论

内生增长理论产生于 20 世纪 80 年代中晚期，以诺贝尔经济学奖获得者美国经济学家保罗·罗默（1986）和卢卡斯（1988）各自发表的论文为标志，也被称为新增长理论。目前内生增长理论已经发展成为西方宏观经济理论中的主流理论。除罗默和卢卡斯外，对这一理论的建设和发展做出重要贡献的经济学家还包括罗伯特·巴罗（Robert J Barro, 1990）、拉里·琼斯（Larry E Jones, 1990）、里贝罗（Rebelo S, 1991）、保罗·克罗格曼（1994）、格罗斯曼（G M Grossman, 1995）、阿格赫恩和豪威特（Aghion & Howitt, 1998）、杨小凯（1999）等。

内生增长理论思想形成以后，学者们根据实现可持续增长的条件，将内生增长理论分成了三种不同类型。第一种类型是以罗默的知识溢出和卢卡斯的人力资本溢出为代表的边际收益递增与外部性共存为假设条件的增长模型。基于这一模型假设的内生增长理论认为，经济增长的决定性因素来自内生的技术进步和人力资本。对技术进步和人力资本的投资不仅不会导致边际收益递减，还能带来边际收益递增。厂商出于利润最大化的追求，产生投资研发和投资人力资本的动力，这种内生的动力保证了经济的稳定可持续增长。而新技术、新知识和人力资本具有溢出效应，这种溢出效应使得经济增长中的大部分属于社会整体而不被一家厂商垄断，保证了增长的可持续性。

第二种类型是以拉里·琼斯（1990）和里贝罗（1991）为代表的资本持续积累模型，他们认为，经济中存在一种核心资本要素（包括物质资本积累和人力资本积累），而不是技术进步要素，能够实现持续的经济增长，尽管资本积累会导致边际收益递减，但是并不会为 0，或小于 0，只要有正的收益，这种资本的积累就不会中断，就能带来持续的内生增长。上述两种模型都是在市场完全竞争的条件下研究经济增长问题。其中第一种知识溢出模型和人力资本溢出模型更具有代表性。之后的内生增长理论基本上都是按照技术进步和人力资本的投资溢出路径演化发展的。但是基于这样的路径解释现实经济增长问题时，也遇到逻辑困难和与事实不符的问题。现代产业组织理论证明在完全竞争的原子市场状况下，厂商难以进行持续的研发投入和人力资本投入，况且完全竞争的市场结构并不是现实经济结构的主要形式。

于是，从 20 世纪 90 年代开始，经济学家们放弃了关于完全竞争市场的假定，提出了垄断竞争条件下同样存在研发投资和人力资本投资的边际收益增长和溢出效应。只是将边际收益递增的源泉细化为三种不同情况：产品种类增加、产品质量升级和专业化加深。通过这样的划分，就会发现在强调产品种类增加的横向创新中，垄断因素的存在将不能阻止创新溢出的发生，基于垄断竞争环境下的内生增长假说由此成立。不过也有学者认为内生增长理论的第三种类型并不是独立的一种类型，只是第一种类型在不同市场组织结构情况下的合理化解读。

内生增长理论产生以后致力于解释影响经济增长变量的内生性问题，除了技术进步和人力资本的内生性外，还解释了贸易的内生性、税收的内生性和储蓄的内生性等问题。尽管内生增长理论提出了各增长因素对于经济增长的内生作用，但是并没有提出更好的模型化方法，以解释各增长因素对经济增长产生作用的内生机制。内生增长理论经济学家在检验各增长因素对经济增长内生作用时，仍然按照新古典增长模型的动态一般均衡方法。罗默（1989）甚至认为新古典经济理论提出的方法影响深远，是具有根本性的方法。新古典经济增长理论为内生经济增长理论提供了直接的模型工具，内生经济增长理论在新古典经济增长理论的基础上重新解释了技术进步、人力资本等经济变量作用于经济增长过程中的内生机制问题。

基于新古典增长理论检验要素对经济增长作用的模型由索洛（1956）创立，后经佳林·库普曼斯（Tjalling C Koopmans，1961）和卡斯（David Cass，1965）等重新解释，加入考虑经济变量的时间效应，得出动态化的方法模型。索洛模型的最基本形式表示为：

$$Y_t = F[K_t, L_t] \tag{2.1}$$

后将技术进步引入基本模型，先是采取哈罗德中性技术进步，将式
（2.1）中的 K_t 调整为 $K'_t = K_t / [A_t \cdot L_t]$，$K'_t$ 相当于每一个工人拥有的资本
量，当 K'_t 增大，即表示技术进步。进一步，以资本和劳动力可以互相替代的
柯布—道格拉斯生产技术为基础，反映产出与两种投入要素的生产函数可以
表示为：

$$Y_t = A_t \cdot K_t^{\alpha} \cdot L_t^{\beta} \tag{2.2}$$

其中，Y_t、K_t、L_t 分别表示 t 时期的产出总量、固定资本存量和劳动投入水
平。A_t 表示除两类传统投入要素外，包括技术进步、资源配置和规模效应等
在内能够带来经济增长的因素。

新古典经济增长理论提出了解释经济增长原因的分析框架，这一分析框
架被经济学家广泛应用于分析经济增长问题，也成为内生增长理论的基本分
析工具。但是新古典增长理论存在的缺陷也是明显的。缺陷一，新古典增长
理论对技术进步在经济增长中的作用认识不清。一方面认为技术进步是经济
增长的决定因素，另一方面在增长模型中却把它看成是外生的，仅具有哈罗
德中性的意义，对经济增长起作用的方式通过人均资本的变化体现出来。这
样的处理方式无法解释有些国家呈现出的持续增长和各国之间增长率存在的
普遍差异。缺陷二，新古典增长理论否认政府经济政策的价值，认为经济通
过自我调整和修复，最终能自发地运行在最优的路径上。这样的结论与世界
上大部分国家通过经济政策影响投资，提高收入水平，从而影响经济长期增
长的事实不符。缺陷三，新古典增长理论认为资本边际效率递减，因此发达
国家的投资报酬低于发展中国家，资本会从发达国家流向发展中国家，最终
实现不同国家之间增长率趋同。但实际上资本的跨国流动主要表现为发达国
家之间的相互流动，以及从发展中国家流向发达国家的流动，而从发达国家
流向发展中国家的数量较少。

新古典增长理论不能正确解释世界经济增长出现的上述三个方面的问题。
新增长理论从知识在现代经济中的作用中，发现了解决问题的关键。资本会
向能够生产制造高技术产品和服务的方向流动，为了能够开发生产高技术产
品，国家、企业和个人会投资于研究与发展、教育与培训等方面，也就是投

资于人力资本建设和科技创新工作。

二、溢出效应

溢出效应（spillover effect）也被称为外部性或外在效应，是指一个人或一个组织的活动不仅对自身产生影响，而且对其他人、其他组织和整个社会都产生影响，这种影响很难用货币计量，也难以通过市场交易反映。活动的发起者既不能因为正的外部性获得好处，也不会因为负的外部性受到惩罚。第一个将溢出效应引入增长理论的是美国经济学家、诺贝尔奖得主肯尼斯·约瑟夫·阿罗（Kenneth J Arrow，1921~2017）。阿罗（2005）认为，厂商为扩大生产进行资本积累，增加新投资，由此带来生产率的提高，新投资具有溢出效应。进一步研究发现，新投资之所以能带来生产率的提高，产生溢出效应，是因为新投资蕴含着技术进步。这种内含于机器设备中的技术进步也被称为资本体现式技术进步（宋冬林、王林辉、董直庆，2011）。它通过提高生产过程中的人均技术装备促进经济增长，是新古典理论下的技术进步，具有哈罗德中性的意义，是外生型的技术进步。与投资于机器设备不同，投资于研发工作和人力资本所获得的技术进步是一种内生型的技术进步。厂商所进行的研发投资和人力资本投资能获得递增的收益，这种收益递增性使得厂商有意愿进行研发投资和教育培训的投资。但是这样的收益递增会不会导致在某一领域率先投资的厂商不断壮大，最后垄断了整个市场呢？答案是否定的。由于知识溢出、技术溢出等的存在，收益递增体现在整个社会的收益增加，单个厂商并不能攫取研发投资和人力资本投资的全部报酬。当然由于厂商研发和教育培训投资的收益率小于社会收益率，根据投资均衡的条件，这种情况会导致用于研发和教育培训的私人投资量小于社会对该项投资的最佳需求量。为了鼓励私人进行研发工作，政府一般采取税收减免、提供补贴等形式。对于基础理论和普通教育的投资，政府往往采取直接投资的形式。

研发的投资和人力资本的投资之所以能成为经济长期、稳定和可持续增长的原因正是因为它们具有正的外部性特征。保罗·罗默认为，对于研发工作的投资不仅能产生新的机器设备、新的工具原料和新的产品工艺，还能产生新的思想方法和新的工作方式。厂商可以凭借私人投资的理由，取得这些新机器设备、新生产工具等的所有权，以此获得生产率的提高。但是由于那些以知识形态存在的新思想、新方法、新理论和新规则等易于复制，具有溢出性，使得新技术、新知识不会固着于一家厂商，配置于有限的固定生产要素，而能够与更多厂商、更多的地区，甚至整个世界的生产要素相结合，克服了因要素之间配置不合理而导致的边际报酬递减的问题。

以知识形态存在的新思想、新方法、新理论和新规则从一个厂商溢出到另外一个厂商，产生正的外部性，提高整个社会的生产效率，促进了经济长期增长。这种外部性导致的知识溢出，卢卡斯（1990）认为是由人力资本的溢出效应造成的，溢出性的大小也可以通过测算全社会人力资本平均水平的方式予以计量。较高的人力资本水平具有较强的知识吸收、应用、传播和创造的能力，产生较高的生产效率，促进经济增长。人力资本是知识溢出的载体，人力资本水平越高，知识溢出越高，知识从人力资本水平高的厂商溢出到其他厂商，导致私人厂商对人力资本投资减少。政府有必要弥补健康、教育、培训和迁徙等方面的投资不足，提高全社会人力资本水平。根据卢卡斯（1990）的研究，一个国家或地区人力资本积累的增加将会提高整个社会的资本边际收益率，提高整个社会的工资水平。基于资本的逐利性和劳动力对更高收入水平的向往，从世界范围看，资本和人才会从不发达国家流向发达国家，从一个国家内部看，会从落后地区流向大城市和富裕的地区。

人力资本提高了生产效率，促进了经济长期可持续增长，这一机制既可以通过知识溢出的方式，也可以通过资本深化的方式。人力资本的深化体现为人力资本从低技能型向高技能型结构的变化，用全社会人力资本水平差异表示人力资本深化，人力资本平均水平的变化表示人力资本的溢出效应。宇泽弘文（Uzawa，1965）认为，只要有资本的深化，即使不存在人力资本溢出，经济也能保持持续稳定的增长。卢卡斯（1990）实证分析了人力资本的结构差异对国家之间生产效率和增长水平的影响，认为人力资本深化的内部效应能够解释两国人均生产率差异的60%，全社会人力资本的平均水平表示的外溢效应能够解释人均生产率差异的40%。之后的学者也证实了即使没有人力资本的外部性，单靠人力资本深化所带来的内部效应，经济也能实现可持续增长。人力资本是经济增长的发动机，人力资本积累和结构深化是产出效率提高、经济增长的基本保证。知识溢出、技术溢出和人力资本溢出等各种溢出效应进一步促进了经济增长的社会整体性、长期稳定性和可持续性。

三、人力资本与经济增长关系理论

对经济增长问题的研究一直是经济学研究的焦点，经济学 200 多年的发展史也是经济增长理论发展史。这一贯穿始终的核心问题包含两个主题：其一是研究经济持续增长的动力源泉及机制问题；其二是研究区域经济增长变化及区域收敛问题。两大主题中关于动力源泉的研究，始终围绕着物质资本的积累展开，对人力资本的研究一直处于边缘。即使是新古典时代，索洛余值显示了物质资本之外的增长因素，也只是将这种残值归为技术进步，而且是蕴含在物质资本中的哈罗德中性技术进步。这样的经济理论致使决策者当遇到增长乏力时，无一不使出增加固定资本投入的方式。过度的物质资本积累，挤占了本应属于消费者的终端产品的生产和消费，人均收入难以提高。经济增长没有达到预期的目的，反而出现各种结构失衡、区域分化和消除不尽的贫困。从物质资本的角度既不能认识经济增长的源泉，也难以发现经济增长的机制，更不能解决经济增长中的问题。20 世纪 60 年代开始，经济学家重新审视了人力资本的作用。人力资本没有能进入经济学研究的视野，并非它对于经济增长的价值不重要，主要是因为难以建立适当的分析模型，而且对人力资本的测度较为复杂，没有形成共识，这使得人力资本在经济增长中的贡献难以计量和比较。

在索洛模型的基础上，罗默、卢卡斯重新解释了"索洛余值"的意义。他们认为，一个国家或一个经济体要实现经济的稳定可持续增长，不能仅仅依靠物质资本的累积投入，如果这种投入是边际递减的，那么增加的要素对经济增长贡献会越来越少，甚至是一种浪费。因此，实现可持续的增长必须找到一种投入要素，对这种要素的投入存在报酬递增效应。罗默指出这种投入是对科技进步的投入，卢卡斯发现了人力资本的投入具有同样的作用，而且相对于科技进步的投入，人力资本还具有"发动机"的作用。为了证明人力资本的"发动机"作用，卢卡斯（1988）构造了一个没有技术进步，只包含人均产出和传统生产要素的增长模型。卢卡斯发现，只要把模型中"劳动力"的概念扩大到"人力资本"概念，克服劳动力数量的限制，根据劳动力在医疗健康、教育和培训等方面投入的边际贡献也能实现内生增长，卢卡斯以此建立了人力资本作为经济增长要素的内生机制模型，发展了内生经济增长理论。

卢卡斯考虑人力资本内生性贡献的经济增长理论，得到了内生增长理论典型代表保罗·罗默的肯定。罗默虽然强调技术进步作为生产要素对于持续增长的内生贡献，但是他同时认为技术进步依附于人，研发部门人力资本的质量、创造力决定了技术水平的高低，所以罗默认为人力资本存量对于技术或者知识的创造起到关键作用，而一个经济体经济增长的根本动力就在于人力资本存量（Paul M Romer，1986）。不仅如此，罗默还建立了研发部门知识生产与人力资本之间，以及最终产品生产部门的产出与人力资本之间的关系模型。其中研发部门生产模型为 $A' = \delta AH$，A' 为新生产的知识，A 为既有知识，H 为人力资本存量。基于这一模型，罗默解释了研发投入和技术进步来自市场主体的逐利动机，是市场的内生性行为。最终产品生产部门产出与人力资本之间的关系模型为：$Y(H,L,A) = (AH)^\beta (AL)^\alpha K_i^{1-\alpha-\beta} \theta_i^{1-\alpha-\beta}$。这里 K 为最终产品生产部门使用的资本品，它是利用已有知识或技术生产的工具设备等，蕴含着技术 A。当服务于研发部门的人力资本和最终产品生产部门的人力资本工资相等时，达到均衡状态。均衡中的人力资本存量 H 为一常数，此时总产出 Y 的增长率与资本 K 和技术 A 都以均衡的速度增长。如果提高经济增长率则必须提高人力资本存量 H 的水平，反过来，如果存在人力资本的流失，则会降低经济增长率。可见提高人力资本存量水平是提高产出效率、促进经济增长的关键。

当然罗默对人力资本在经济增长中的作用，主要着眼于人力资本所从事的研发工作，通过研究与开发创造新工艺、新产品和生产的新方式，带来经济绩效的增加，促进经济增长。

在影响经济增长因素的研究中，卢卡斯确立了人力资本的核心地位。宇泽弘文（1965）将生产要素区分为物质资本和人力资本，新古典经济学派形成之前的经济学家一直致力于物质资本在经济增长中作用的研究。一方面得出的结论与经济事实不符；另一方面，当出现经济问题时，根据这样的经济理论，政府采取的基于物质资本投入的调节政策并不能取得理想的效果，因为物质资本的积累受到边际效率递减的困扰。卢卡斯借鉴了舒尔茨、贝克尔等关于人力资本的概念，借鉴了宇泽弘文生产要素中物质、人力二分法，以及罗默关于解决技术进步内外效应的方法，又实证分析了人力资本内在效应也能实现经济持续增长的问题。关于人力资本的外部效应，卢卡斯认为，与知识溢出不同，人力资本的外部效应是不可观察的，对它的测度可通过人力资本的平均水平计量，当一座城市人力资本平均水平提高，就会产生资本、劳动力和技术等的集聚效应，促进该地区经济的增长。最后卢卡斯提出，人力资本的积累是经济增长的主要动力，也是不同经济体人均收入差异的根本原因。

人力资本是经济增长"发动机"的观点得到后续学者的支持。罗伯特·巴罗和哈维尔·萨拉－伊－马丁（2000）通过对技术进步与人力资本作用的比较，确认了人力资本具有经济持续增长的"发动机"作用，而且对人力资本溢出效应给予了新的解释，使人力资本对经济增长作用的机制更明确。理查德·纳尔逊（Richard R Nelson，1995）等认为，人力资本无论是通过技术进步对经济增长间接产生作用，还是作为投入要素直接作用于经济产出，人力资本起作用的两种方式都是经济增长所必要的。

新古典时期之前的经济增长理论长期聚焦于物质资本的研究，忽略人力资本的作用，根本原因是人力资本测度困难。内生增长理论对人力资本作用的研究取得重要进展，对作用机制的认识合乎逻辑，也得到实证支持。但是基于新增长理论对人力资本作用的实证研究仍然面临困难，对经济增长的作用并没有得出一致性的结论。美国经济学家格里高利·曼昆等（N Gregory Mankiw et al.，1992）将中等教育入学率作为人力资本代理指标，加入索洛（Solow）宏观生产函数模型中，构建出 MRW 模型，基于这一模型分析发现，人力资本能够解释不同国家人均收入差异的 80%，人力资本对经济增长内生作用是显著的。MRW 模型对以后的学者影响深远，成为研究内生增长理论的重要工具。外谷英树等（Hideki Toya et al.，2010）使用 1960～1990 年以国家为截面单元的面板数据研究人力资本对经济增长的相关影响。他们发现，在控制了异常值和测量误差，选取适当的显著性水平后，人力资本对经济增长的内生作用显著，而且用百平方公里自然灾害数量作为受教育水平工具变量的两阶段最小二乘法估计比使用普通最小二乘法估计，人力资本对经济增长的作用更大。

随着现代科技发展和经济全球化与区域化，互联网、大数据和人工智能等的广泛应用，对于人力资本的研究也从多个方面展开。查波洛维斯基（Zaborovskaia Olga，2020）收集了 2014~2018 年俄罗斯 82 个地区和 34 个表征数字化发展因素的人力资本形成和发展条件数据。研究认为，在现代高新技术产业发展和数字经济形成的背景下，人力资本成为最具竞争力和独特性的资源。正在进行的数字化进程对人力资本的形成和发展产生了影响。塞蒂格和沙赫雷斯塔尼等（Sadeghi Pegah & Shahrestani Hamid，et al.，2020）研究了经济复杂性、人力资本与外商直接投资（FDI）吸引力之间的关系，结果表明，人力资本禀赋相同的国家在吸引 FDI 方面的不同表现取决于经济复杂度，经济复杂度对于 FDI 流入具有统计和经济上稳健的正向影响。在人力资本形成机制方面，吉廷·萨姆和帕特尔·希瓦尼等（Varghese Jithin Sam & Patel Shivani A，et al.，2021）使用 1967~2018 年时间序列数据研究了人的健康、身高、心理、智力和受教育水平对人获取财富能力的影响，而赚取财富的能力又可以治愈早期生活困难对人的健康和心理的负面影响。巴腾·约格和贾纳·曼努艾尔（Baten Joerg & Llorca-Jaña Manuel，2021）通过对智利人力资本的研究，认为不平等和低强度的移民限制了智利人力资本的形成速度，强调了公平的受教育机会和开放移民政策能够提高国家人力资本积累水平。在人力资本对于经济可持续增长关系的实证研究方面，不再仅仅分析内外部效应，而是紧密联系了当前制约经济增长的关键因素——环境问题一并考虑。尼伽·德米尔坎和格迪克利·艾弗尔（Çakar Nigar Demircan & Gedikli Ayfer，2021）基于欧盟 21 个国家 1993~2018 年的面板数据，分析了不同金融发展水平下人力资本与环境污染的关系。在低金融发展阶段人力资本增加了碳排放，而在高金融发展阶段人力资本减少了碳排放。分析表明，随着人力资本水平的提高，将有更多的创新来保护环境。

在人力资本对经济增长作用关系的研究中，国内学者刘智勇等（2008）研究发现，中国的人力资本总量数据支持尼尔森－菲利普斯通过技术进步的作用机制与联合作用机制。从人力资本结构看，初等教育不支持卢卡斯作用机制、尼尔森－菲利普斯作用机制与联合作用机制促进经济增长；中等教育、高等教育的尼尔森－菲利普斯作用机制和联合作用机制得到了证实，且高等教育对技术创新的促进作用大于中等教育。高远东和花拥军（2012）将人力资本分为基础人力资本、知识人力资本、技能人力资本和制度人力资本，运用中国27个省级区域面板数据，构建空间经济增长模型，对各类型人力资本作用经济增长的卢卡斯作用机制、尼尔森－菲利普斯作用机制及其联合作用机制进行实证研究，认为基础人力资本与知识人力资本对经济增长的作用表现为尼尔森－菲利普斯机制，知识人力资本对经济增长的贡献大于基础人力资本。三种机制下，技能人力资本与制度人力资本对经济增长的作用均不显著。省域之间四种人力资本显示出显著的空间依赖性及对经济增长的邻接效应。近年来国内关于人力资本对经济增长作用机制、作用效果的研究一直保持较高的发文数量，研究水平也逐年提高。根据中国知网的数据，2010年以来，中文期刊关于人力资本研究的发文量每年均保持在2000篇左右。

第三节　本章小结

本章首先对书中所涉及的核心概念——人力资本、人力资本结构、经济新常态、要素生产率和经济转型等进行了分析和解释。根据研究目的对每一个概念的内涵和外延都做了界定，为以后各章指标的拟定、变量的选取、数据的处理和模型的拟定等提供了理论基础。基于尼尔森－菲利普斯作用机制，本章及以后使用的人力资本概念区别于一般劳动者概念，它具有创新溢出性特征，能创造"剩余价值"，是兼具人格特征和资本属性的生产要素。它对经济增长的作用主要通过影响全要素生产率和绿色全要素生产率实现。根据这样的定义，将符合人力资本属性的劳动者与作为一般投入要素的劳动者区别开来，只具有健康属性而缺乏知识、技能和创新能力的劳动者是一般劳动者，被计入生产函数中的 L，通过 L 对产出 Y 产生影响；而具有资本属性的劳动者通过 A 对产出 Y 产生影响。进一步根据人力资本与资源要素相结合对 A 起作用的方式划分人力资本结构类型。人力资本的定义与结构划分为人力资本变量的选取提供了标准。

因此，人力资本结构的划分仅针对具有专门知识和技能，能够从事创新、创造性工作的劳动者。人力资本的分类也与传统意义上根据人力资本的层次划分不同，而是根据人力资本在生产活动中的功能，与物质资本结合的方式予以划分。其中，通过科学研究、技术开发和工程实践将物质资源转换成人类社会所需要产品的人称作资源转换型人力资本，或是科技创新人力资本；在生产过程中主要从事资源优化配置，能够实现要素"新组合"，创造更大收益的人力资本称为资源配置型人力资本，或是企业家人力资本；能够制定和执行经济政策，实现资源充分利用的人称为资源利用型人力资本，或称为制度型人力资本。

本章的第二部分归纳总结了构成全书研究基础的基本理论，包括经济增长理论、溢出效应理论、人力资本和经济增长关系理论。经济增长理论，尤其是其中的内生增长理论是贯穿全书的理论基础，从研究目的、变量选择、模型建构等都在内生经济增长理论指导下进行。基于新增长理论建立了能反映人力资本贡献的产出模型，分析了人力资本不同于传统生产要素的特点，确定了它作为长期、稳定和可持续增长的"发动机"的地位。溢出效应是一个机制，人力资本溢出解释了一个组织或一个经济体的人力资本投资为什么能带来整个社会的经济增长，也解释了人力资本投资的边际收益大于人力资本边际成本，会导致私人人力资本投资不足，政府将承担一部分教育、医疗和培训投入的必然性。经济转型理论是经济增长理论的一个部分，经济增长具有阶段性和螺旋式上升的特点，"工欲善其事，必先利其器"，蕴含在机器设备中的资本体现式技术进步能带来产出的增加和一定阶段的绩效提高，但是突破增长中的企业边界和资源约束、环境约束、生态约束必须依靠自主科技投入带来的技术创新。

人力资本与经济增长关系理论是建立人力资本结构与全要素生产率、绿色全要素生产率关系模型的理论基础。人力资本通过内部效应和外部效应两种路径促进经济增长。在用人力资本水平深化表示人力资本内部效应，人力资本平均水平表示外部效应的分析模型中，卢卡斯及后来的经济学家都证明人力资本内部效应和外部效应都能保证经济的可持续增长，两种效应都能提高经济绩效、促进经济增长。当然经济增长的不同阶段对绩效的理解也不同，从经济总量绝对数值到全要素生产率相对数值，从全要素生产率到考虑生态环境问题的绿色全要素生产率。随着计算机技术的发展和数据处理能力的提高，绿色全要素生产率也实现了模型化、程序化、可计算。因此，我们可以依据全要素生产率及绿色全要素生产率标准划分经济增长方式，判断经济转型。这为建立人力资本与经济增长关系模型和经济转型与人力资本结构关系模型提供了理论依据，也为进一步评价区域经济增长质量，不同类型人力资本对经济增长的贡献提供了分析工具。

每一个概念、每一个理论都有知识产生源泉、知识内涵和知识应用的特定领域。本章从国际和国内两个方面梳理这些概念、理论，为全书搭建起从概念到命题，从命题到新的理论，并基于新的理论解释、评价人力资本结构与经济转型的研究做准备。经济转型是未来经济可持续增长的进路和方向。中国政府所设定的碳达峰和碳中和目标，是检验实现经济转型进程的两个阶段性目标。目前，国内关于人力资本对经济增长作用研究中，以总量研究居多，结构研究主要限于人力资本的层次结构分析。这些研究以应用型的实证研究为主，理论研究较少。实证研究以中国数据检验人力资本的总量测度、成本构成、对经济增长作用机制和效果居多，尚未形成关于人力资本总量，以及人力资本结构与经济增长绩效关系研究的完整理论框架。本书的研究期望在这一领域有所突破，对建立中国人力资本形成机制、配置机制和评价机制，探索不同主体在人力资本投资中的作用，为提高我国人力资本积累总量，优化人力资本结构，最终为改变中国经济增长方式，实现稳定可持续的经济增长做出贡献。

第三章 中国城市人力资本结构研究

引 言

无论是自然科学领域还是社会科学领域，结构都是一种普遍的存在。相对于一般结构所具有的整体性、转换性和自身调整性，经济学中的结构更强调功能作用的优先性（皮亚杰，1984）。"结构—功能—价值"说明经济结构具有对经济增长、经济转型和经济周期等做出反应的功能，是研究经济价值的"算子"。经济学研究中结构的另一个重要特点是除了作为预测和计算的"算子"，它还反过来受到功能和价值的"倒摄"，并且正是这种倒摄作用不断优化和改进了结构的形式，实现了结构的自身调整。这种改进是一种以经济增长、效率改善为目标的改进，常常被称作"帕累托改进"。根据结构、功能与价值间反应与倒摄关系的显著性和时间秩序，其也被视作是否存在不同阶的格兰杰（Granger）因果关系。无论是单项的改进还是可能存在的倒摄，经济学中的结构展现出的功能性和自身调整对于整体来说都并非即刻触发，更不是先验的，而是具有时间的延宕，这种时间的延宕恰好为研究留下了空间。

基于结构化研究，新结构经济学成功将新古典经济学融入发展经济学，成为认识中国经济、解决中国经济问题的切入点，是国家产业政策的理论基础。因此，结构化研究是科学认识论，也是方法论。新结构经济学认为，产业结构和生产力是由该时点上的生产要素禀赋及其结构所决定的。基于此，研究人力资本存量及其结构对于中国经济转型的价值也是新结构经济学的重要课题。当然，无论是人力资本结构还是不同驱动力下的中国经济结构，其结构变迁都是非连续的，是一种根本性的变革，可以称之为"跃迁"，这一点又与新结构经济学要旨不同。本书研究将结构主义融入经济增长分析，重点引入人力资本及其结构在转型中的价值和作用，将人力资本在增长中的内生作用按"结构—功能—价值"的逻辑关系引入内生增长分析框架。

对人力资本结构形成及其功能分类的研究最早可追溯到人力资本思想萌芽时期，法国经济学家萨伊从人力资本功能出发，将人力资本区分为理论型劳动力、应用型劳动力和技术型劳动力。其中，理论型劳动力是指从事脑力劳动的科学家；应用型劳动力是指具有冒险精神的企业家；技术型劳动力是指普通劳动工人（刘金涛，2016）。马歇尔是第一个提出通过教育和健康投资增进国民健康，提高工作能力，获取"异质性人力资本"思想的人，应该说他是人力资本结构理论形成的开拓者。20 世纪 60 年代，舒尔茨（1961）继承和发扬了亚当·斯密、杜能和马歇尔等人的思想，他认为人力资本投资比物质资本投资更重要、成效更显著。人力资本积累除了可以通过显性的医疗和保健投入、在职培训、正规教育、成人学习和劳动迁移等形式形成之外，更多的是通过耳濡目染、不断熏陶和潜移默化的形式形成。

舒尔茨之后，20 世纪中后期对人力资本的研究逐渐开始深入到结构化的分析、量化的分析，并且把人力资本的研究与个人收入、国民收入、经济增长联系起来。例如，美国经济学家雅各布·明塞尔（Jacob Mincer，1960）就通过建立人力资本与收入间的函数，研究了人力资本投资（主要是教育）对收入增长的影响。另外，他还研究了教育和培训对职业选择、劳动转换以及失业的影响等。同一时期，另一位美国经济学家贝克尔（Gary S Becker，1962）着力研究了人力资本总量的核算方法，从包括教育、健康、在职培训等在内的人力资本投资流量，到如何计算社会人力资本存量。他通过建立每一种投资对收入的影响，比较不同教育、培训、健康等投资的收入绩效，进一步地基于收入资料测算社会人力资本存量。贝克尔从个人和家庭出发研究社会人力资本投资的方式，构建了人力资本研究的微观计量基础。由于人力资本投资与收益时间周期长、不可控因素多，贝克尔还研究了这一过程中的风险问题。

近年来，人力资本结构因素内生化问题成为人力资本结构研究的新方向。

塞凯拉（Sequeira，2007）、法比奥·曼卡（Fabio Manca，2012）、拉比欧·伊斯拉姆等（Md Rabiul Isslam，et al.，2014）分别提出以人力资本结构内生化为核心，以研发（R&D）、技术进步为中介的经济内生增长模型。他们将人力资本划分为高技术人力资本和低技术人力资本，研究两种人力资本在不同的社会经济和科技创新环境下对收入增长贡献的差异。也就是说，人力资本结构的经济效用并没有一个既定的标准，并非高技术人才越多，经济发展越好，而是适应社会经济发展需要的人力资本才是最适宜、绩效最高的人力资本结构。拉比欧·伊斯拉姆等（2014）认为，接近世界技术前沿的经济体，具有较高技术水平的人力资本对生产力的贡献较大；而远离技术前沿的经济体，技术水平较低的人力资本对生产力贡献较大。也就是说，经济体与世界技术前沿的接近性正向影响技术人力资本的技术价值。

国内学者在继承和弘扬国外人力资本分类以及结构研究方面，结合中国实际，提出了各自不同的见解。以舒尔茨人力资本投资中的教育、医疗、培训、保健和迁徙等具体投入形式为出发点，郭继强（2005）提出了便于计量且具有具体功能指向的两种人力资本形式——资源配置投入形式和资源转换投入形式。杨建芳、龚六堂（2006）等将人力资本形成中的教育和健康两种投入延伸到与创造经济价值直接相关的人力资本积累速度和人力资本存量中去。

在实证分析方面，李雪艳（2012）沿用了郭继强（2005）的人力资本分类方式，将具体的人力资本类型作为经济增长的解释变量；而余长林（2006）等在杨建芳、龚六堂（2006）研究的基础上直接将影响人力资本形成的教育投资和健康投资作为解释变量，建立起基于人力资本投资的内生增长模型。随着计算机技术和数据处理能力的发展，最近几年，人力资本结构研究在模型方法上吸收了较为前沿的方法。张宽、黄凌云（2020）使用地理信息系统对中国区域人力资本结构的时空演化特征进行了研究，当然尽管方法较为前沿，但其对人力资本的结构认识仍然停留在受教育水平这一传统层次结构划分上。近年来，人力资本结构研究有向着微观家庭、企业的方向深入的倾向，这主要得益于信息化手段和数字技术的发展使得数据获取能力、处理能力和分析能力等的极大提升。如，杜丽群、王欢（2021）研究认为，最重要的人力资本都在其人生早期阶段积累形成，家庭结构、家庭决策、家庭成员间的互动关系等对人力资本与人力资本结构的形成起到关键的作用。

纵观国内外人力资本结构类型划分，一种是基于投入差异带来的人力资本质量的不同，将人力资本划分为高低不同的层次，这种结构实际上表现为层次的差异，高层次人力资本对低层次人力资本具有向下兼容和替代的属性，高质量人力资本能够从事低质量人力资本承担的工作，但反之则不然。如，塞凯拉、曼卡、伊斯拉姆、李海铮（2015）、台航（2017）、刘智勇（2018）等大部分学者把人力资本根据受教育水平或技能的高低分为知识型人力资本、技能型人力资本、高技术人力资本和低技术人力资本等，高层次能够向下兼容低层次人力资本。另一种人力资本结构划分方式是基于人力资本在经济中的功能指向，如萨伊（1963）、郭继强（2005）等对人力资本的分类，这种划分方式下不同结构之间具有互斥性，彼此互不兼容。

第一种划分方式无论是基于不同投入的成本还是基于知识水平的高低，由于不同结构之间具有向下兼容性，这种划分是一种基于人力资本积累或存量的研究，不同结构之间反映的是一种水平或层次的差异。不过由于这种划分方式下不同层次人力资本便于计量，实证分析中人力资本变量的选取常常基于此。第二种划分方式符合结构划分的互斥性，但是无论是早期的萨伊，还是当代的郭继强等，他们的划分往往不满足完备性。尤其是他们忽视了在经济增长中起重要作用的政府部门的制度型人力资本，虽然也有研究使用了制度人力资本，如高远东、花拥军（2012），只是这种具有改造外部经济制度能力的人力资本却被定义为能兼容技能和知识的最高级人力资本。当然作为古典经济理论的代表，萨伊的增长理论中不可能有制度型人力资本的存在，但是在当代世界经济发展中，政府的作用不容忽视，尤其是在研究中国经济增长问题时，政府的作用更应当给予足够重视。两种划分方式仅仅是基于对象的外在表象，缺乏必要的理论基础，尤其是没有与现代经济理论相结合。

本书研究基于人力资本的功能和资本的经济属性，将人力资本结构划分为促进资源转换的科技创新人力资本、促进资源有效配置的企业家人力资本和促进资源充分利用的制度型人力资本。三种人力资本各有不同的功能指向，符合结构划分的原则，满足互斥性、完备性。三种类型人力资本在经济增长中的作用，正是经济理论所要解决的基本问题。企业家人力资本的资源配置功能是微观经济理论致力解决的基本问题，企业家通过市场利用价格这个"看不见的手"实现资源的有效配置，在企业内部通过计划、组织、协调和控制等实现企业内部资源的合理配置。制度型人力资本促进资源充分利用的功能是宏观经济所要解决的基本问题，政府部门通过财政政策和货币政策的调控实现充分就业，使实际产出能够向潜在产出趋近。而现代经济可持续增长仅仅做到既有资源的有效配置和充分利用是不够的，还要通过技术创新开发新材料、新技术、新工艺和新产品等实现资源创造、资源转换，将自然资源转换成人工自然，将人工自然转换成最终消费品。三种人力资本对资源作用的方向各不相同，满足互斥性，但它们彼此之间又是相互协作的。促进资源转换的科技创新人力资本的工作是企业家人力资本和制度型人力资本功能实现的基础，制度型人力资本为科技创新人力资本和企业家人力资本提供制度保障，企业家人力资本响应制度型人力资本的制度调控，在整体制度框架下通过资源配置提高资源转换的效率，并参与到资源转换的工作中，生产出社会需要的产品。

关于人力资本结构化分析同样要遵循结构化研究的一般原则，如下所述。

第一，结构的划分应符合完备性和互斥性原则。首先，人力资本的各类细分结构应当独具特点，各结构类型有自己的内涵和明确的外延，边界清晰，有对应的指标变量反映结构内容，不得出现严重的外延交叠和内涵模糊。其次，各类细分结构既不失偏颇，又重点突出。不同结构的全体应能够基本反映研究对象的整体，不能出现重要方面的遗漏，符合系统化要求。从而在指标确定、数据选取的时候能够客观、清晰和全面地反映人力资本结构及总量情况。

第二，结构的划分应符合科学性和实用性原则。结构的划分应避免仅从表象出发的现象罗列，而应当基于科学理论，寻找现象背后的理论支撑，具有一定的理论价值。同时，结构的划分要符合客观实际，能够以此建立相关指标体系，选择能够揭示问题本质且简单精确的指标。同时要求这些指标所对应的数据获取不论是通过田野调查，还是年鉴检索都应当具有可操作性。

第三，结构的划分应符合系统性和目的性原则。无论从什么角度、层次进行的结构划分，各结构类型之间应当体现一般系统要素所具有的互补性、开放性和协调性。人力资本的价值和作用不仅仅从其各类别中来反映，各类别之间的联系方式、紧密程度等也会影响人力资本的功能。结构的系统连接具有多样性，但是作为研究的需要，结构划分的类型、依据、细分结构的深化应能够反映区域人力资本演化的过程和结果，应为理解和分析人力资本的投入结构与经济增长的关系服务，为区域经济绩效的准确测度服务，进而为评价经济增长方式、促进人力资本结构优化提供依据。

第四，结构的划分应遵循"结构—功能—价值"导向。结构是功能的"算子"，功能以价值为目标。无论是理论价值，还是现实价值，都是结构化研究的意义所在。以价值为目标倒摄功能，以功能分析的方法界定结构的类型是人力资本结构划分的基本要求。

人力资本的投入过程是人力资本结构形成，也是研发资本、创新创业资本和社会生产资本聚集、流动和增值的过程。人力资本投入系统的结构是否合理将会直接影响到家庭、组织和整个社会效益与目标的实现，关系到社会经济增长的方式、国民的素质和国家竞争力等诸多方面。人力资本结构可从不同角度予以划分。从人力资本投入的角度看，形成人力资本的投入主要包括健康投入、教育投入、培训和迁徙四个方面，执行这四种投入的主体包括家庭（个人）、企业和政府。经过上述投入形成人力资本的存量，其结构可从不同角度划分，较为一般的划分方式是人力资本的层次结构、专业结构、职业结构和空间结构等。其中使用最多的是层次结构，层次可以不同的形式呈现，最直接的方式就是采用学历结构。最后，人力资本结构的划分可从人力资本的效能出发，人力资本在经济活动中发挥着不同的作用。本书研究即是从人力资本在经济活动中的功能出发，将具有边际效益递增特质的人力资本区分为探索资源转换的科技创新人力资本、实现资源有效配置的企业家人力资本和促进资源充分利用的制度型人力资本。三种人力资本皆具有不同于一般劳动力的属性，对三种人力资本的投资和对技术进步的投资具有相同的特点，即能实现投资的边际效益递增。这种投资是经济长期可持续增长的源泉，符合熊彼特创新价值，能促进经济长期、稳定和可持续增长。

从不同主体的人力资本投入方式，到人力资本存量构成，到层次差异，再到经济领域中人力资本的功能价值，人力资本结构体系可以用图3.1表示。

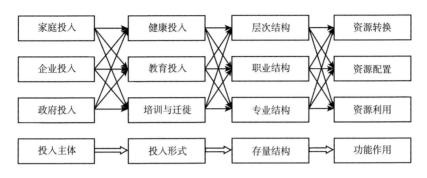

图3.1 人力资本投入体系结构框架

图3.1从投入主体、投入形式、存量结构和人力资本的功能作用等四个方面展示人力资本结构体系。其中，投入主体、投入形式和人力资本存量层次结构的研究已经相当广泛，既有定性的理论分析，也有定量的实证研究，取得了丰硕的成果。这些研究丰富了人力资本及人力资本结构理论，在实践中成为指导政府、企业和家庭人力资本投入方向、投入强度的重要依据。最后一列是根据人力资本在与资源要素的结合方式中起到的功能作用划分的类型，也是本书建立的人力资本结构划分的新方式，即研究资源转换、资源配置和资源利用三种人力资本的功能作用，尤其是它们在经济活动中的绩效。这是从一个新的角度对人力资本分类的尝试，这种分类建立在人力资本职业结构和功能结构分类基础上，是两种结构分类方式在经济活动领域的延伸，现有文献中，人力资本存量结构的研究，大多从层次结构特别是学历结构出发进行研究，从职业结构和功能结构的研究较少。因此，本书研究既是对人力资本研究领域的开拓，也是对人力资本结构现有研究不足的拾遗补缺。

第一节　基于经济活动方式的人力资本结构划分

一般人力资本结构的分类方法主要从人力资本层次结构，特别是从受教育程度，以学历或修业年限为标志进行的划分。例如，台航、崔小勇

（2017）将人力资本区分为初等教育型、中等教育型和高等教育型人力资本，用世界上 137 个国家的数据进行实证研究，认为随着经济发展水平的提高，初等教育型人力资本占比的提高对经济增长的促进作用逐渐减少，而高等教育型的影响作用则会逐渐增大。同样的，刘智勇、李海峥（2018）等用中国区域初等教育、高中教育和高等教育人口结构的变化与中国经济增长之间的关系数据论证了以初级人力资本向高级人力资本演进为特征的人力资本结构高级化，能够通过推动技术结构升级和产业结构升级对经济增长产生重要的促进作用。然而，克鲁格和林达尔（Krueger & Lindahl，2001）研究发现，以学历层次表征的人力资本高级化只有在中低收入国家才能显著促进增长，而以 OECD 国家为样本的研究发现，高层次的受教育水平对经济增长并没有显示出更显著的贡献。范登布舍、阿格因和梅格希尔（Vandenbussche，Aghion & Meghir，2006）基于内生增长理论，通过构建技术前沿面，发现根据不同国家相对于技术前沿面的距离，模仿和创新在经济增长中的作用也不相同。对于经济发达国家和地区，具有技术创新能力的高技能人才在经济增长中的作用更大。实际上，在更早的研究中，格鲁斯曼和赫尔普曼（Grossman and Helpman，1991）等也都强调了人力资本构成中技能型人力资本对技术创新的重要性。

无论是基于受教育水平划分的层次结构还是基于技能的能力结构，在分析中将对经济增长不具有显著贡献的层次或类型也归入人力资本。实际上，首先，这样的处理方式没有考虑人力资本作为资本所应具有的价值创造属性。其次，没有对人力资本参与经济增长的过程带来价值增值的机制进行研究。本书根据人力资本主体有无创新性贡献定义人力资本，将具有创新作用的人力资本按参与经济活动的方式进行划分。这样的划分具有理论上的合理性和实践上的可操作性，具体来说，其优势体现在以下三个方面。

其一，使人力资本的划分建立在经济理论基础之上。经济学的产生源于资源稀缺性和人类需求无限性之间的矛盾。为了克服这样的矛盾，滋生了人类三大行为：第一，新资源的创造、开发和转化活动。既有资源是稀缺的，如何从无到有、从少到多、从不可用到可用，这就需要不断进行新资源的发现、开发和转化工作，这些活动便是科技创新活动，从事这些活动的正是科学家和工程技术人员。人类进化史就是不断改造天然自然，使之适合人类生存发展的过程，这一过程中一些天然没有的新产品、新工具被源源不断地创造出来，改善了人类的生产、生活状况。将具有新资源创造、开发和转化活动的人称为资源转换型人力资本。第二，资源的配置活动。无论是物质资源还是人力资源，也无论是天然资源，还是人工创造的生产资料，既有的这些资源是稀缺的。如何将稀缺资源合理配置，以获得更大的经济效益是微观经济研究的核心，企业家借助市场，通过价格这一"看不见的手"，和在企业中通过计划、组织、协调、控制、领导等"看得见的手"两种手段实现资源的优化配置，以有限的资源最大化满足人类的需求，这正是企业家的决策和管理活动。因此，我们把从事这一活动的人员称为资源配置型人力资本。第三，资源的利用。同样基于资源的稀缺性，如何充分利用既有资源以获得最大经济产出是宏观经济研究的核心。20 世纪 60 年代，美国经济学家阿瑟·奥肯（Arthur M Okun，1928 ~ 1980）给出了失业率变动与经济增长之间的关系模型：失业率变动百分比 = -1/2 ×（GDP 变动百分比 -3%）。以实际 GDP 平均增长率 3% 为标准，对应的失业率为自然失业率，根据这一公式，奥肯测度出失业率每高于自然失业率 1%，实际 GDP 便低于潜在 GDP 增速（3%）的 2%，这就是著名的奥肯定律。劳动力资源是最重要的经济资源，劳动力和物质资本的充分利用是国民收入增长的源泉。通过制定合理有效的经济制度，使生产关系适应生产力发展的要求，实现资源的充分利用是政府行政管理人员的职能。执行这一功能的人力资本有学者称之为制度型人力资本（高远东、花拥军，2012），为了保持与既有文献的一致性，本书研究也将这种促进资源有效利用的人力资本称为制度型人力资本。

其二，从新增长理论的角度定义人力资本，划分人力资本结构。新增长理论认为，经济的长期可持续增长在于资本投入的溢出效应。鉴于传统资源要素投入的报酬递减规律，跳出马尔萨斯陷阱，保持经济长期可持续增长必须找到资本边际报酬不减甚至递增的资本要素。20 世纪 80 年代，罗默和卢卡斯分别提出了对研发的投资和人力资本的投资具有报酬不减甚至递增的特性，同时他们还创造性地将对研发投资的报酬分为社会报酬和私人报酬，将人力资本投入的效应分为外在效应和内在效应。递增的报酬保证了经济的长期可持续增长，社会报酬和外在效应的存在保证了边际效率递增情况下，企业不可能独享全部投资的递增收益，避免了率先投资的厂商垄断整个市场的可能。通过溢出效应，研发活动的成果和高素质人力资本不仅能带来资本主体私人报酬和内在效应的增加，更主要的是带来社会报酬和外部效应的增加。正是基于人力资本的外部效应，我们选择具有较强外部效应的三类人力资本作为研究的主体。

其三，将人力资本结构的划分与经济转型结合起来。改革开放以来，中国经济增长从要素驱动转变为资本驱动，如今迫切需要建立创新驱动的经济增长方式，而创新驱动离不开创新型人才。首先，基于熊彼特创新理论，所谓创新就是建立一种新的生产函数，把一种从来没有过的关于生产要素和生产条件的新组合引入生产体系（熊彼特，1912）。在这一过程中，企业家被赋予了资本主义灵魂的地位。其次，在中国，来自政府层面的各类经济政策在生产要素的充分利用和生产条件的创造，尤其是基础设施建设方面发挥着关键的作用，这一过程中，公务人员显示出不同于传统生产要素的资本属性。尽管熊彼特创新理论中将发明与创新割裂开来的观点是其理论缺陷（王晓蓉、贾根良，2001），但是熊彼特创新理论中依然把产品创新、技术创新排在五种创新形式的最前面，这不仅是一种逻辑结构的合理性安排，也突出了这两类创新的重要性。实际上不只是生产要素和生产条件的新组合是创新，新的生产要素和生产工具的开发与创造更是创新，经济转型离不开科技创新人员的工作。因此，从经济结构转型需要创新型人才，再根据熊彼特对创新的理解，可见人力资本只能是创新型人力资本。其结构的功能表现可划分为要素生产新创造、要素配置新组合和要素利用新政策三种类型。

第二节　研究方法

一、空间自相关性分析

基于地理学第一、第二定律，使用中国地级以上城市区域数据，运用地理信息系统（ArcGIS）和时空跃迁测度法，根据三种类型人力资本在不同城

市的强度表现，考察样本期内科技创新人力资本、企业家人力资本和制度型
人力资本的整体空间自相关性、局部空间集聚性和时空变迁情况。

人力资本的结构差异源于它们的知识和能力差异，不同类型人力资本空
间依赖性和异质性的测度可以反映知识的空间溢出特征。其中，正确区分局
域地理溢出（local geographical spillover）和全局地理溢出（global geographical
spillover）两个概念是非常必要的。前者指位于一个区域的某一类型人力资本
仅仅受益于该地区知识的积累，在这种情况下，将出现人力资本的不平衡空
间分布及经济增长的趋异（发散）性。后者意味着一个区域某一类型人力资
本的积累，将提高不管位于什么地方或区位的该类型人力资本。比较起来，
全局地理溢出效应不会强化集聚过程，也不会对增长趋同做出贡献。一般认
为，人力资本在一个地区的集中将同时产生不同水平的局域地理溢出和全局
地理溢出。地区内部和地区之间的空间溢出力量决定了区域人力资本非均衡
或均衡模式的形成。

正是这种空间溢出力量，导致人力资本区域之间存在普遍的空间依赖性，
人力资本积累高的区域，其周围区域人力资本积累也相对较高，人力资本在
空间上呈现显著的正自相关性。一般来说，空间依赖性可以看成某一个空间
单元的社会经济活动与其他空间单元的社会经济活动存在的关系。对于这种
人力资本区域间的空间依赖关系更为一般的解释是托伯勒（Tobler，1970）
提出的地理学第一定律（Tobler's first law of geography）：任何事物都存在空间
相关，距离越近的事物空间自相关性越大。

基于此，我们有理由相信，人力资本积累高的区域，其相邻区域也有较
高的人力资本积累。对这种空间依赖关系可通过空间自相关测度予以反映，
空间自相关的测度作为探索性空间分析，本身具有重要的理论价值和实践意
义，同时，空间自相关分析还为正确选择计量模型提供了依据。当解释变量
与被解释变量各自均存在显著的空间自相关关系时，我们就有必要考察被解
释变量的空间效应是否来自解释变量的空间效应，这时选择能反映空间效应
的空间计量模型就是必要的。空间自相关的测度分为全局自相关测度和局部
自相关测度，前者是对所有面元（空间单元）之间的空间自相关性测度；后
者是对某一面元与其他面元的空间相关性测度。全局自相关系数对应于单个

空间单元局部自相关系数的平均值。一般来说，全局自相关系数对于空间模型形式的设定提供参考。局部自相关关注了各空间单元彼此之间的影响，对于探索性空间分析尤为重要，尤其是它在一定程度上允许了空间异质性，更为贴近实际情况。

空间自相关的统计量多种多样，最为广泛使用的是空间全局莫兰指数（Global Moran's I），记为 I。

$$I = \frac{n}{\sum_i \sum_j w_{ij}} \frac{\sum_i \sum_j w_{ij}(x_i - \bar{x})(x_j - \bar{x})}{\sum_i (x_i - \bar{x})^2} \tag{3.1}$$

其中，n 为样本数量，w_{ij} 为空间权重矩阵 w 的 i 行 j 列上的元素，x_i 和 x_j 分别是空间单元 i 和 j 的观测值，$\bar{x}$ 是观测值的平均值。

空间莫兰指数为正，反映区域人力资本空间正自相关，为负则反映负自相关。实际上，Moran's I 是样本观测值 X 与 X 的空间滞后 WX 的皮尔森（Pearson）相关系数。基于式（3.1），柯勒检和普拉察（Kelejian & Prucha，2001）推算出 Moran's I 检验统计量的分布函数，给出了使用 Moran's I 检验空间自相关过程中显著性水平的 z 检验方法，使得通过 Moran's I 进行相应的统计推断能够被广泛使用。

式（3.1）给出了空间全局 Moran's I 的计算公式。1991 年美国亚利桑那大学地理与规划学院院长卢卡·安瑟林（Luc Anselin，1991）教授给出了反映各空间单元彼此之间影响关系的局部莫兰指数（Local Moran's I），Local Moran's I 的计算见式（3.2）。

$$I_i = \frac{n(x_i - \bar{x}) \sum_{i \neq j} w_{ij}(x_j - \bar{x})}{\sum_i (x_i - \bar{x})^2} \tag{3.2}$$

可以很明显地看到，局部 Moran's I 对 i 求均值就是全局 Moran's I。局部 Moran's I 反映了某一个空间单元的空间自相关，即某一个空间单元与其邻近的空间单元之间的相关关系。在统计推断时通常使用的统计量是全局统计量，全局统计量只能给出一个值，而局部统计量则对于每个空间单元给出一个值，为了记录局部 Moran's I，一般需要通过地理信息系统 GIS 将该指数标注在地图上。因此相比于全局统计量，局部统计量给出了更多的信息。另外，局部 Moran's I 经常会与莫兰散点图一起使用。本书研究拟通过全局 Moran's I 一方面反映全国各城市某一类型人力资本的关联关系，另一方面通过测度误差项的全局 Moran's I 为选择合适的空间计量模型提供依据。同时，还对每一个类型的人力资本变量进行局部 Moran's I 的测度分析，以反映地区之间人力资本依赖关系和异质性特征。

二、基于 ArcGIS 的地理信息编辑方法

ArcGIS 是一款集数据处理、表达和可视化等的多用途分析工具，除此之外，它还能进行数据转换，为使用探求性空间数据分析工具 Geoda 提供适合的空间栅格（shape）数据形式，以进一步开展空间统计分析和空间计量分析。中国人力资本分布符合地理学第一定律和第二定律全部特征，具有空间依赖性和异质性，不同类型人力资本彼此之间存在相关关系，将这种关系标注到地图上，更能直观地展示中国人力资本分布特征、变化规律及空间关系。

研究过程中借助 ArcGIS 地理信息系统分析工具将三类人力资本在各个城市的分布状况标注到地图上，以展示每一类型人力资本的空间关系。利用 ArcGIS 软件空间统计模块对三种类型人力资本地理分布分别做一个标准差椭圆的分析，从标准差椭圆的位置、面积、椭圆度和长短轴的长度及方向等几个方面分析三类中国人力资本空间自相关关系的特征。

第三节　指标拟定与数据来源

为了对区域人力资本结构做量化分析，包括单个指标的区域间比较分析、多个指标的相关性分析，以及时间序列的演化分析，需要对各类型人力资本做指标变量的选择。所选择的变量需要有足够多的样本量，以保证分析过程稳定、结果客观，当然还需要考虑这些指标数据在众多区域的可得性。为此，研究中选取了指标数据相对完整的地级市截面数据，这样的数据选取方式不

仅保证了足够大的样本量，使分析过程和分析结果具有稳健性、可靠性，而且可以通过选取不同时间的截面单元进一步做全国范围的人力资本结构时空演化分析。促进资源转换的科技创新人力资本通过基础研究、应用研究和实验开发研究，创造出新产品、新工艺、新工具等，科技创新人员、工程技术人员是其中的主体。由于统计资料中的科技从业人员包括了研发人员、科技培训和科技服务人员，其中能够直接对资源转化做出贡献，起到主体作用的主要是研发人员。因此，资源转换型人力资本主要选取各城市研发（R&D）人员数、工程技术和地质勘察人员。促进资源配置的企业家人力资本变量选取是个难点，中国企业数量众多，规模差异巨大，不同企业在资源配置中的自主性不同，企业家的数量难以准确计量。为了能客观地反映中国城市企业家人力资本积累水平，企业家人力资本选择企业利润这一指标。之所以这样选择，是因为企业家的功能就是创造利润。基于萨伊"三位一体"理论，土地的收益通过地租体现，银行贷款的收益通过利息体现，工人的劳动报酬通过工资体现，相应的，企业家通过企业管理活动创造的利润反映其资本的属性。

促进资源充分利用的制度型人力资本也要考虑政府部门中的行政公务人员，但是并非全部在政府部门工作的公务人员都参与到创造财富的政策制定和资源调控中，即使是参与宏观调控的人员，其制度设计是否产生经济红利，资源能不能充分利用，如何评价和计量都是个问题。为此，必须找到一个与之高度相关的代理变量。根据奥肯定律（Okun's law）和菲利普斯曲线（Phillips curve），好的制度将会带来经济增长和失业率下降，失业率的下降又会推动工资的上升。因此，制度型人力资本的测量可以其制度设计带来的劳动力流动或工资水平的变化表示。劳动力流入的地区必然是劳动效率高、工资水平高的地区，反之则反是。由于劳动力流动难以统计，采用工资水平作为制度型人力资本的代理变量成为更合适的选择。

根据上述分析，三种人力资本类型具体指标选取如下：表示资源转换的科技创新人力资本用从事研发（R&D）工作的人员数量表示，记为 RD；表示资源配置的企业家人力资本用企业利润总额表示，记为 PE；表示资源充分利用的制度型人力资本用城市平均工资水平表示，记为 SL。

为了使数据能反映最新的社会经济发展水平，且不同类别的数据具有一致性，各类别数据均取自《中国城市统计年鉴》。这种以城市为截面单元的选择保证了样本的充分性，使结果更加可靠和稳健。在基于地理空间的现象分析过程中，辛普森悖论显示出整体和个体单元之间往往存在相反的表现，为了避免被总量分析掩盖的质的差异，选择条件不同的个体单元进行研究是必要的。中国幅员广阔，选择城市个体能更充分反映地区之间的条件差异。《中国城市统计年鉴》肇始于 1985 年，但是早期年鉴中所记载的指标有限。为了既能够使用最新的指标数据进行分析，又能有历史的纵向比较，根据《中国城市统计年鉴》（2018），设置内涵和外延完全一致的三个指标，最早可以追溯到《中国城市统计年鉴》（2006）。因此，为了展示中国各类人力资本水平的变化，我们选取最早的 2005 年和最近的 2017 年的数据作为样本进行中国城市人力资本结构变化的比较。

表示资源转换的科技创新人力资本的研发人员数（RD）取自《中国城市统计年鉴》中的指标"科学研究、技术服务和地质勘察人员"，他们都直接服务于资源的转换或发现。表示资源配置的企业家人力资本（PE）用企业利润总额这一指标。首先，人力资本可以从成本法和收入法两个角度予以核算。基于收入法的国民经济核算中，全部收入可被分解为工资、利息、地租和利润，其中利润即为企业家的报酬，因此，用企业利润表示企业家人力资本存量是合适的。表示资源利用的制度型人力资本（SL）选择《中国城市统计年鉴》中的城市职工平均工资这一指标。

第四节　实证分析

一、中国城市人力资本变量选取

根据第三节各类型人力资本变量的选取方式，科技创新人力资本（RD）表示为研发人员的数量，企业家人力资本（PE）表示为企业利润，制度型人力资本（SL）表示为城市职工平均工资水平。三个变量的计量单位不统一，这为进一步比较分析带来困扰，为了便于彼此比较和进一步做空间计量分析，研究中引入"单位人力资本"概念。对于科技创新人力资本（RD），尽管有文献根据单个研发人员学历、职称等差异，将研发人员区分为高级研发人员和一般研发人员，将两类研发人员按不同权重计算总的科技创新人力资本水平。但是考虑到学历、职称等在不同时代所能体现的研发能力存在明显的差异，为方便起见，本书研究直接按单个研发人员计入一个单位的科技创新人力资本（RD）。关于企业家人力资本的计量，用其创造的利润额表示，但是无论是熊彼特还是厉以宁，学者们对企业家的定义基本都是基于他们的创新能力，没有文献给出创造多少利润才能计算为一个企业家，但是，利润确实来自企业家的贡献。为了研究的方便，本书研究尝试用年度 100 万元的利润额记为 1 个单位水平的企业家贡献，当一个城市年度利润总额为 1 亿元时，表示该城市当年有 100 个单位企业家。当然，这仅仅是为了比较的方便，选择 100 万元还是 50 万元并不影响区域间的比较。

关于制度型人力资本（SL）的计量我们选择以全国各城市平均工资水平为标准，工资越高的地区，就业水平越高，单位面积上的资源利用越充分。因此，制度型人力资本（SL）的公式为：$SL_i = \dfrac{GZ_i}{\overline{GZ}} \cdot S_i$，其中，$GZ_i$ 表示第 i 城市职工工资水平，$\overline{GZ}$ 为全国各城市平均工资水平，S_i 为第 i 城市的区域面积。由此，城市单位面积上的制度型人力资本水平恰为：$\dfrac{SL_i}{S_i} = \dfrac{GZ_i}{\overline{GZ}}$，也即该城市工资水平除以全国各城市平均工资水平。

人力资本总量是评价城市人力资本水平的重要指标，但是它受到城市面积、人口总量的影响，人力资本的贡献直接表现为创造出的 GDP 总量水平。探讨城市经济增长方式转型中的人力资本，注重的是单位面积上人力资本的贡献。为此，引入人力资本强度用来评价中国城市人力资本的异质性、依赖性和溢出性。

二、中国城市人力资本强度及其空间分布

人力资本强度是单位面积上的人力资本水平，它反映了资本的空间分布

状态和集聚程度，影响人力资本的价值创造。相应地，单位面积上的科技创新人力资本（RD）、企业家人力资本（PE）和制度型人力资本（SL）分别称为科技创新人力资本强度（PRD）、企业家人力资本强度（PPE）和制度型人力资本强度（PSL）。表 3.1 同时给出中国 286 个地级以上城市 2005 年、2017 年两个年份按每平方千米计算的单位面积上三类人力资本（人力资本强度）的统计性描述结果。从表 3.1 可以看出，2005 年的全国 286 个样本城市的描述性统计结果中，城市单位面积人力资本水平差异较大，城市间表现互不相同，其中企业家人力资本强度在各城市间离散程度最大，制度型人力资本强度（PSL）在各个城市间的分布较为平衡，前者标准差达到后者标准差的 7 倍左右。尤其是企业家人力资本强度（PPE）在部分城市表现为负值，表明该城市企业家在样本年度内创造的价值为负。科技创新人力资本强度（PRD）的分布表现介于企业家人力资本强度和制度型人力资本强度之间，更接近于企业家人力资本强度水平。

表 3.1　　　　　　　全国地级以上城市人力资本强度描述性统计

年份	变量	Obs	Mean	Std. dev	V_s	Max	Min
2005	*PRD*	286	0.762	2.050	2.690	20.190	0.000
	PPE	286	0.702	2.118	3.017	27.817	-0.402
	PSL	286	1.000	0.303	0.303	2.213	0.413
2017	*PRD*	295	1.517	4.946	3.260	51.619	0.001
	PPE	295	3.286	8.170	2.486	105.224	-1.544
	PSL	295	4.256	0.925	0.217	8.701	2.495

由于统计工作的不断完善以及 13 年来中国城市设置的变化，2017 年的有效样本量由 2005 年的 286 个城市增加到 295 个城市。比较来看，经过 13 年的发展，中国城市三类人力资本强度都有明显的跃迁。从均值来看，科技创新人力资本强度（PRD）增长到约 2 倍，企业家人力资本强度（PPE）和制度型人力资本强度（PSL）分别增长到 4.681 倍、4.256 倍。可见科技创新领域科技创新人力资本的积累难度大，增长速度比较慢，另外两种人力资本具有较快的增长速度。在空间分布变化方面，从标准差（Std. dev）看，三类人力资本都表现出较大的发散趋势，但是结合三类人力资本均值，用离散系

数（V_s）分析，则只有科技创新人力资本强度（PRD）表现出离散趋势，表明城市之间科技创新人力资本差异扩大了，存在一定程度的极化效应。而企业家人力资本强度（PPE）和制度型人力资本强度（PSL）离散系数（V_s）都变小了，表明存在相对收敛的趋势（见表3.1）。

（1）2005年三类人力资本强度的空间分布与集聚表现。将2005年单位面积上的城市人力资本分布情况标注在地图上（地图可向作者索取，下同），用颜色的深浅表示集聚的程度，颜色越深的城市表示集聚度越大，则该类型人力资本密度越高。进一步用一个标准差方向性椭圆反映人力资本覆盖的城市区域状况，从椭圆的位置和形状可以看出，中国城市人力资本整体上主要表现为东西部的差异，而在东部地区特别是在一个标准差椭圆内又主要表现为东北—西南方向的差异。结果发现，三种人力资本在中东部地区各城市的分布均高于其他地区。其中，企业家人力资本主要集中于东南沿海，特别是北京、天津、山东、江苏、上海、浙江、福建和广东沿海一带各城市。一个标准差椭圆覆盖区域较小，说明中国城市企业家人力资本强度整体集中度较高。椭圆的长短轴长度差异较大，长轴斜率也比较大，说明一个标准差椭圆内各城市之间的差异大，且主要表现为东北—西南方向的差异。

制度型人力资本强度在全国整体的分布较为均衡，各个城市之间的差异相对较小，尽管一个标准差椭圆的位置仍然处于东部区域，但是椭圆覆盖范围变大，长短轴差异变小，长轴的斜率变小，没有显示出特别的方向性。相对于科技创新人力资本和企业家人力资本，无论是一个标准差椭圆内外（主要表现为东西方向）的比较，还是一个标准差椭圆内的城市之间的比较，制度型人力资本强度的差异都变小了。从变量在城市之间的两两自相关关系看，"高—高"集聚普遍存在，尤其在经济发达的苏浙沪三个省级区域的城市之间，显示了制度型人力资本强度的溢出性特征。

科技创新人力资本强度在中国各个城市整体分布情况集聚明显，突出表现在一个标准差椭圆面积小于前两类人力资本，方向明确。全国城市整体科技创新人力资本显示出较强的东西差异，而椭圆内长短轴差异较大，长轴接近"北京—广州"连线，短轴位于长江中下游一线，椭圆内科技创新人力资本主要表现为南北差异。但是从科技创新人力资本城市两两之间的关系来看，在各类人力资本强度较为密集的地区，科技创新人力资本强度多表现为"高—低"或"低—高"集聚状态，而企业家人力资本强度和制度型人力资本强度多表现为"高—高"集聚和"低—低"集聚，说明企业的区域集聚效应、政府调控措施的传导和示范效应较显著，而区域间科技创新的研发知识溢出并不显著，科技创新人力资本强度高的城市孤岛状地散布于中东部地区，如，北京、天津、上海、南京、武汉、西安和重庆等城市，与之毗连的城市并没有显示出较高的科技创新人力资本强度水平。这一点还可以通过后面的区域自相关系数反映出来。

（2）2017年三类人力资本强度的空间分布与集聚表现。为了反映三类人力资本强度的变化，进一步将2017年人力资本各类型在全国各城市的分布状态标注到地图上。结果发现，相较于2005年，三类人力资本强度都有显著的提高，在城市区域分布方面，东高西低的差异表现依然持续。东南沿海城市三类人力资本强度显著高于其他城市。具体来看，科技创新人力资本强度极化现象进一步增强，这与表3.1显示的发散状态相一致，不仅是标准差提高，离散系数也在提高，科技创新人力资本强度更加聚集于少数几个城市，东北和西北两个地区城市的科技创新人力资本有向东南部分城市转移的趋势，其中一个突出的现象是以广州为代表的珠三角地区科技创新人力资本强度比2005年显著提高。一个标准差椭圆面积变化不大，但是更向东南方向偏移，椭圆长短轴差距增加，长轴的斜率更大，说明全国整体的科技创新人力资本集聚没有显著变化，但是东西的差异和一个标准差椭圆内的差异都增大了，是一种全国城市整体发散和区域内俱乐部收敛并存的变化趋势。一个标准差椭圆内的差异由2005年的东北—西南方向的差异，变为主要表现为南北方向的差异，说明珠三角和杭州湾一带科技创新人力资本强度增强，改变了长轴的方向。全国城市科技创新人力资本孤岛状聚集更加凸显。

如果说相对于2005年，2017年的科技创新人力资本更加向部分城市聚集，而2017年的企业家人力资本更加向东南沿海整个地区的集聚，表现为一个标准差椭圆所覆盖的区域变小了，城市间呈高—高集聚的城市数增加了，尽管标准差增大，但是离散系数变小，有相对收敛和俱乐部收敛的情况。制度型人力资本的离散系数也变小了，其一个标准差椭圆的覆盖范围缩小，同样向东南沿海地区聚集，呈现相对收敛和俱乐部收敛，东西部城市间的差异仍然显著存在，极化现象更加突出。

（3）根据方向性椭圆做三类人力资本强度之间的比较，从 2005 年三类人力资本情况看，无论是椭圆度、椭圆面积，还是长短轴的方向，科技创新人力资本和企业家人力资本之间的相似程度都超过科技创新人力资本和制度型人力资本之间的相似程度，以及企业家人力资本和制度型人力资本之间的相似性。科技创新人力资本与企业家人力资本在空间分布上表现为较强的空间一致性，它们都位于胡焕庸线以东，不包括东北地区各城市，长轴的方向与胡焕庸线平行。因为一个标准差椭圆覆盖的城市集聚了近 68% 的变量值，长短轴的方向和长度反映了这 68% 的变量值的区域差异分布表现。科技创新人力资本与企业家人力资本东部与西部的差异主要表现为椭圆内与椭圆外的差异，而在一个标准差椭圆覆盖的区域内主要表现为南北之间的差异。相较于科技创新人力资本和企业家人力资本，制度型人力资本一个标准差椭圆覆盖的区域更大，椭圆内部区域长短轴之差较小，显示出一个标准差覆盖区域内以工资水平表示的制度型人力资本并无显著的方向性差异。2017 年的情况与 2005 年相比，科技创新人力资本和企业家人力资本变化不大。制度型人力资本的一个标准差椭圆面积变小，椭圆度变大，位置向东南方向移动，说明以工资水平表示的制度型人力资本更加集中，东南沿海工资水平更高了，南北差距也在增大。这种变化还可以通过构造全局莫兰指数和局部莫兰指数的方法进一步说明。

三、中国城市人力资本强度空间自相关性分析

空间自相关分析法是反映要素在空间的依赖性与空间异质性的主要方法，既能直观呈现要素的集聚性特点，又能给出定量的相关系数值，便于比较分析。以二进制 Queens 邻接为相邻关系构造权重矩阵 W，进一步做出三类人力资本的全局莫兰指数（Moran's I）散点图，2005 年全局莫兰指数散点图分别如图 3.2（a）、图 3.2（b）和图 3.2（c）所示，2017 年全局莫兰指数散点图分别如图 3.2（a′）、图 3.2（b′）和图 3.2（c′）所示。

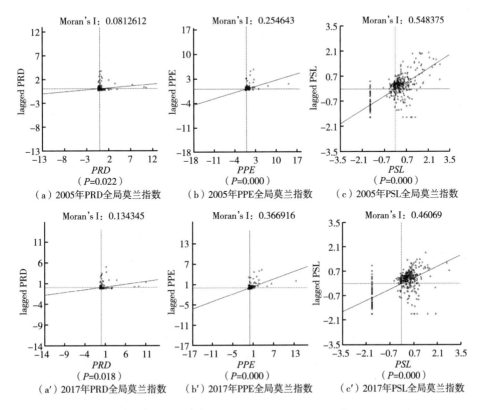

图 3.2　2005 年和 2017 年全局莫兰指数散点图

从图 3.2 三类人力资本 2005 年和 2017 年的全局 Moran's I 散点图可以看出，在 0.05 的显著性水平上，所有人力资本的全局 Moran's I 显著，说明三类人力资本存在显著的空间自相关性。但是相关系数差异明显，其中 2005 年科技创新人力资本强度 Moran's I 虽然仅为 0.081，但 P 值为 0.022，在 5% 的显著性水平上存在显著的自相关性，2017 年这一指数增加到 0.134，空间自相关性显著提高。企业家人力资本强度 2005 年 Moran's I 为 0.255，2017 年 Moran's I 为 0.367，P 值均为 0，样本期初和期末都呈现出显著的自相关关系，而且经过 13 年的变化，企业家人力资本强度的区域间关联关系增强。2005 年制度型人力资本强度全局 Moran's I 为 0.548，达到中等以上的自相关水平，经过 13 年的变化发展，这一指数不升反降，2017 年制度型人力资本强度空间全局 Moran's I 为 0.461，尽管明显降低，但在三类人力资本中，关联关系仍为最高。

全局莫兰指数（Moran's I）反映了各变量全国整体的自相关表现，但是整体的显著相关并不能表明相邻区域之间都相关，以及相邻城市之间哪些相关、哪些不相关，如果相关是正的相关还是负的相关。为此，分别做了 2005 年和 2017 年的中国城市 Lisa 集聚差异分布图，以展示城市间局部空间自相关关系。

使用探求性空间数据分析工具（Geoda），在 1 万次随机化情况下做空间 Lisa 集聚差异图，反映了中国城市之间的空间依赖性和空间异质性。其中，相邻区域为高—高集聚（HH）和低—低集聚（LL）的城市，分别与 Moran's I 散点图中第 I 和第 III 象限对应；相邻区域为低—高集聚（LH）和高—低集聚（HL）的城市，分别与第 II 和第 IV 象限对应；上述 4 种关系之外的城市之间不具有显著的空间关联关系。样本期初，2005 年的城市之间具有高—高集聚空间依赖关系的区域中，科技创新人力资本仅有 12 个城市，企业家人力资本为 16 个城市，制度型人力资本达到 42 个城市，分别占样本总量的 4.2%、5.6% 和 14.7%，可见区域间的科技创新人力资本正向空间溢出效应最低，企业家人力资本也难以形成正的外部性。相对来说，好的区域经济政策常常更容易被别的城市借鉴和效仿，制度型人力资本的正外部性较为显著。尽管高值集聚比例较低，但是低值集聚却占到样本总量的相当大的比例，PRD、PPE 和 PSL 三类人力资本强度低—低集聚城市分别为 63 个、71 个和 52 个，占到总量的 22%、14.8% 和 18.2%。低—低集聚城市均分布在青藏高原和西北内陆地区。无论是低—高集聚还是高—低集聚，三种类型人力资本低—高集聚（LH），高—低集聚（HL）的城市数量都比较少，说明城市间彼此相反的邻接关系都比较少，人力资本以空间依赖性为主，城市整体的空间自相关系数显著为正。

用同样的分析方法绘制样本期末 2017 年三类人力资本的空间 Lisa 集聚差异图。结果显示，高—高集聚的科技创新人力资本城市为 12 个，企业家人力资本为 17 个，制度型人力资本为 49 个。13 年来城市科技创新人力资本高—高集聚的数量没有增加，但是其中发生了模式的跃迁，如廊坊市与周边城市由高—高集聚变化为低—高集聚，而南通市与周边城市由低—高集聚变化为高—高集聚。说明城市的科技创新人力资本发生正向溢出的难度大，这类人力资本的积累需要更长的时间。同样，企业家人力资本也仅仅增加一个城市，但是有更多的城市发生了模式跃迁，主要表现为山东胶东半岛各城市的高—高集聚状态演化为关系不显著，而更多的长三角城市从低—高集聚演化为高—高集聚。制度型人力资本高—高集聚从 42 个城市增加到 49 个，显示出制度型人力资本的较高正向溢出性。三类人力资本强度低—低集聚城市分别为 62 个、87 个和 48 个。其中企业家人力资本低—低集聚状态增加较多，主要是东北地区城市低—低集聚状态增加较多，显示出样本期内东北地区城市企业经营的整体沉沦。无论是高—高集聚，还是低—低集聚，从 2005～2017 年各类型人力资本各自均有增加，显示出强者愈强、贫者逾贫的"马太效应"。企业家人力资本强度低—低集聚增加了 16 个城市，企业家人力资本的梯度差异和极化现象更为突出。加强企业家人力资本的建设，形成企业家人力资本的规模效应和示范效应尤为重要。

四、中国城市三类人力资本的结构关系

从三类人力资本的空间分布和集聚状态看，无论样本期初还是期末，全局莫兰指数（Moran's I）均在 0.05 的显著性水平上显著，说明它们总体上均存在显著的空间自相关关系。其中科技创新人力资本空间自相关性较小，制度型人力资本空间自相关性最强，企业家人力资本自相关性强度介于科技创新人力资本和制度型人力资本之间。根据 Lisa 集聚差异分布图可以看出，城市之间存在方向不同的空间自相关性，总体上三者均表现为东高西低的状况，显示出一定的彼此关联性。进一步结合三类人力资本的空间分布及一个标准差方向性椭圆的位置、面积和椭圆度的情况，可以看出三者之间存在一定的关联关系。但是，三者之间相关关系是否显著，或者是否存在进一步的引致关系，需要经过统计检验予以判断。

（一）三类人力资本强度相关性分析

分别以 2005 年和 2017 年单位面积上的城市三种类型人力资本强度为变

量，计算两两之间的 Person 相关系数，比较从 2005 年到 2017 年三种人力资本的关系及其变化，结果见表 3.2。

表 3.2   2005 年和 2017 年三种人力资本相关关系

变量		2005 年	2017 年
PRD	PPE	0.6588 ***	0.7686 ***
PPE	PSL	0.5452 ***	0.3272 ***
PSL	PRD	0.5419 ***	0.4862 ***

注：*** 表示在 0.01 的水平上显著。

根据表 3.2，2005 年和 2017 年单位面积上的科技创新人力资本与企业家人力资本间的相关系数分别为 0.6588 和 0.7686，*PRD* 与 *PPE* 间的相关系数显著高于其他两组相关关系，并且是三组变量中关系强度增加的一组变量。随着加快建设创新型国家、支撑引领高质量发展的需要，国家和地方相继出台了一系列鼓励科研人员创新创业的优惠政策。一方面，一大批优秀的科研人员走出"象牙塔"，走向市场创办了属于自己的科技企业。另一方面，企业作为创新主体的地位日益加强，企业家集聚的地方常常也会带来科技创新人力资本的集聚。这种彼此间的良性互动在 2005~2017 年日益深化。

相较于科技创新人力资本与企业家人力资本两者之间日益紧密的联系，它们与制度型人力资本的关系较弱，且日益疏离，制度型人力资本与企业家人力资本和科技创新人力资本间的相关系数分别由 2005 年的 0.5452 和 0.5419 下降到 2017 年的 0.3272 和 0.4862。其中，制度型人力资本与企业家人力资本的相关关系下降更为显著，显示出政企分离，企业市场化经营的现代政企关系正逐渐建立和完善。同样地，制度型人力资本与科技创新人力资本也呈弱相关和反向背离的变化关系。实际上在我国的行政体制中，制度型人力资本走着一条与科技创新人力资本和企业家人力资本截然不同的生成路径。从科技创新人力资本到企业家人力资本的生成路径是畅通的，但是从科技创新人力资本、企业家人力资本通过教育、培训和"干中学"等成为制度型人力资本的道路日益困难。从人力资本形成机制来看，建立一条从科技创新人力资本到企业家人力资本，再通过培训和继续教育形成制度型人力资本的方式，是符合资本形成机制，及社会发展规律的人力资本生产方式。

（二）人力资本结构耦合协调性分析

第三节的分析着重于三类人力资本各自的空间自相关分析，从它们各自的空间分布看，三类资本显示了一定的一致性。进一步地，发现它们彼此间存在显著的相关关系。但是相关关系并不能说明彼此间存在影响和作用关系。三类人力资本之间是否存在相互影响、彼此协同？如果存在，则其又处于何种水平？两两人力资本之间、区域之间又是否存在差异性？基于耦合协调模型，拓展三类人力资本指标变量的选取方式，笔者进一步构建了"科技创新人力资本—企业家人力资本—制度型人力资本"（REG）系统，研究三者之间的耦合协调关系。

1. 指标体系的建立

依据参与经济活动方式的不同，将人力资本划分为科技创新人力资本、企业家人力资本和制度型人力资本之后，为了建立能够全面体现三类人力资本的指标体系，在遵循科学性、代表性以及可操作性等原则基础上，因循从研究目标到选取准则、再到具体选取结果的三级纵向路线为指引，进行指标的选取与体系构建。其中，现有的统计资料中，有一些能够较为直观地反映科技创新人力资本的指标数据，指标选取较为简单直接。将研发活动按照内容与方向的不同，分为应用研究与基础研究两大类，并以此为准则进行指标选取，分别选取了科研、技术服务和地质勘查业从业人员数和普通高等学校专任教师数予以体现。然而，企业家人力资本与制度型人力资本指标体系的建立是一个较为棘手的难题。一方面，统计资料中并没有能够直观地体现二者的指标数据；另一方面，由于将研究尺度设置为地级市，数据完整性和一致性受到了很大的挑战。企业家人力资本方面，以"有效的市场"间接表现企业家人力资本为思维导向，设置了"商业经济贸易"与"工业经济"两个准则层，二者的指标层内，又分别以"数量"（如企业数）和"水平"（如销售总额、利润总额）两个维度进行指标的选取，通过二者的量化评价，间接地体现企业家人力资本的质与量。制度型人力资本方面，以"有为的政府"作为间接反映制度型人力资本的指导思想，设置了"就业"与"社会保障"两个准则，首先，作为政府宏观调控的四大目标之一，充分就业需要政府的政策保障和因势利导的制度设计；其次，社会保障水平一定程度上体现了一个国家或地区的制度优势和政策落实的执行力。故此处通过就业与社会保障两个方面，间接量化制度型人力资本。

综上所述，建立起包含6个指导准则和13个三级指标的评价指标体系，具体指标选取及其结果见表3.3。

表3.3 　　　　　　　　　RD – PE – SL 耦合协调评价指标体系

目标层	准测层		指标层	单位	性质	权重
科技创新 人力资本（RD)	应用研究 与研发	X_1	科研、技术服务和地质勘查业从业人员数	万人	正向	0.507
	基础研究	X_2	普通高等学校专任教师数	人	正向	0.493
企业家人力 资本（PE）	商业经济	Y_1	社会消费品零售总额	亿元	正向	0.199
		Y_2	限额以上批发零售贸易业商品销售总额	亿元	正向	0.201
		Y_3	限额以上批发零售贸易企业数（法人数）	个	正向	0.199
	工业企业	Y_4	内资企业数	个	正向	0.199
		Y_5	利润总额	亿元	正向	0.202
制度型人力 资本（SL）	就业水平 与质量	Z_1	年末单位从业人员数	万人	正向	0.165
		Z_2	年末城镇登记失业人员数	万人	负向	0.17
		Z_3	职工平均工资	万元	正向	0.169
	社会保障	Z_4	城镇基本医疗保险参保人数	万人	正向	0.164
		Z_5	城镇职工基本养老保险参保人数	万人	正向	0.167
		Z_6	失业保险参保人数	万人	正向	0.164

考虑区域数据可得性以及数据质量，城市数量和时间的选取与三类人力资本空间统计分析有所不同，但并不影响整体的完整性和一致性。研究区域限定为中国285个地级市①。由于"规模以上工业企业"和"限额以上贸易企业"统计口径在2011年发生改变，以及部分统计指标（如科研、技术服务和地质勘查业从业人员数）在属性以及统计范围上发生过改变，同时考虑数据的时效性和完整性，故将样本期设置为2015～2019年。原始数据均来源

---

① 原286个地级市中，由于襄阳市数据缺失过多，故予以删除。

于样本期内各年度《中国城市统计年鉴》，部分缺失的数值按年均增长率进行测算，或参考当地统计年鉴予以补充，各指标描述性统计分析见表3.4。

表3.4　　　　　　　　　人力资本二级指标描述性统计

指标	样本量	平均值	标准差	最小值	中值	最大值
X_1	1425	1.454	4.815	0.038	0.412	71.715
X_2	1425	5699.642	10748.537	0	2010	70491
Y_1	1425	1214.363	1649.571	0.024	672.472	15847.553
Y_2	1425	2194.135	7562.857	0.021	463.107	120468.26
Y_3	1425	695.811	1109.35	18	346	11420
Y_4	1425	1113.469	1197.4	16	692	7995
Y_5	1425	242.364	388.941	−186.739	114.842	5161.291
Z_1	1425	61.304	91.798	5.864	35.328	986.87
Z_2	1425	3.975	49.879	0.014	1.808	1881.214
Z_3	1425	6.525	1.59	0.496	6.293	17.32
Z_4	1425	113.252	185.306	1.998	61.854	1651.623
Z_5	1425	102.412	197.686	0.008	51.013	3371.282
Z_6	1425	62.548	128.789	0.4	28.5	1294.781

2. 指标权重与功效函数

设 U_1、U_2 和 U_3 分别为科技创新人力资本子系统、企业家人力资本子系统和制度型人力资本子系统的有序度参量（序参量），$u_{ij}(i=1,2,3\quad j=1,2,\cdots,m)$ 为各子系统各种指标的原始观测数据。定义 U_i 为各子系统各个观测指标组成的该系统外在发展功效，它反映了子系统对总系统有序度的贡献。U_i 计算公式为：$U_i = \sum_{j=1}^{m} \omega_{ij} u'_{ij}$。其中 ω_{ij} 为第 j 个指标在第 i 个系统下的权重，有 $\sum_{j=1}^{m} \omega_{ij} = 1$；$u'_{ij}$ 为指标原始观测值 u_{ij} 经过去量纲后的标准化数据，数据标准化的具体过程为：

$$
\begin{cases}
\text{若 } u_{ij} \text{ 为负向指标,则 } u'_{ij} = \left[\dfrac{\max(u_{ij}) - u_{ij}}{\max(u_{ij}) - \min(u_{ij})} \right] \times 0.95 + 0.05 \\[4mm]
\text{若 } u_{ij} \text{ 为正向指标,则 } u'_{ij} = \left[\dfrac{u_{ij} - \min(u_{ij})}{\max(u_{ij}) - \min(u_{ij})} \right] \times 0.95 + 0.05
\end{cases} \tag{3.3}
$$

变量权重的确定方法有以专家打分法和层次分析法为代表的主观赋权，以主成分分析和熵权法为代表的客观赋权，诸多学者的做法也不尽相同，此处选择其中比较客观的熵权法。在得到归一化数据之后，熵权法计算权重的具体过程如下。

首先，对各指标按公式 $p_{ij} = \dfrac{u'_{ij}}{\sum\limits_{i=1}^{n} u'_{ij}}$ 进行比重变换。

其次，计算第 j 个指标的熵值，其中调节系数 $k > 0$。

$$e_j = -k \sum_{i=1}^{n} p_{ij} \ln(p_{ij}) = -\frac{1}{\ln(n)} \sum_{i=1}^{n} p_{ij} \ln(p_{ij}) \tag{3.4}$$

再次，计算第 j 个指标的差异系数 g_j，当 $0 \leqslant g_j \leqslant 1$ 时，有 $\sum\limits_{j=1}^{m} g_j = 1$。

$$g_j = \frac{1 - e_j}{m - E_e} = \frac{1 - e_j}{m - \sum\limits_{j=1}^{m} e_j} = \frac{1 - e_j}{\sum\limits_{j=1}^{m} (1 - e_j)} \tag{3.5}$$

最后，计算第 j 个指标的权重：$\omega_j = \dfrac{g_j}{\sum\limits_{j=1}^{m} g_j}$，由于在式（3.5）中确定有 $\sum\limits_{j=1}^{m} g_j = 1$，故差异系数即为所求权重。各指标权重计算结果报告于表3.3最右一列。

3. 耦合与耦合协调模型

耦合源自物理学中的电学领域，它是指两个（或以上）实体通过各种形式相互作用而发生关系、相互影响，以至于彼此依赖对方的现象。移植到人文社会科学领域后，多被学者应用于对社会系统、要素之间相互依赖和影响强弱程度的测度，形成"耦合协调"分析方法，用以评价各系统在发展过程中协同协作的程度。耦合协调分析主要应用于区域经济、科技创新、生态环境、人力资源、旅游经济与国土空间规划等领域。需要特别指出的是，这种物理学概念与模型应用到人文社会科学领域内的研究历史相对较短，但已经有学者开始注意到其在部分研究过程中对模型错用、误用的现象。本书研究在参考模型构建一般做法的同时，还借鉴了丛晓男（2019）对该方法应用中的总结，有选择地构建了耦合度模型和耦合协调模型。

耦合度测度模型为：

$$C_n(U_1, U_2, \cdots, U_n) = n \times \left[\frac{U_1 U_2 \cdots U_n}{(U_1 + U_2 + \cdots + U_n)^n} \right]^{\frac{1}{n}} \qquad (3.6)$$

研究中包含了科技创新人力资本、企业家人力资本与制度型人力资本三个系统，故取 n = 3 代入式（3.6）中，得到三维形式的耦合度模型：

$$C(U_1, U_2, U_3) = 3 \times \left[\frac{U_1 U_2 U_3}{(U_1 + U_2 + U_3)^3} \right]^{\frac{1}{3}} \qquad (3.7)$$

式（3.7）中，耦合度值 $C \in [0, 1]$。当 C 趋向于 0 时，表示科技创新人力资本、企业家人力资本与制度型人力资本组成的耦合系统处于失谐状态，三个子系统之间彼此无关，即所谓"系统无序发展"；当 C 趋向于 1 时，说明耦合系统处于有效耦合状态，三个子系统之间联系密切。借鉴现有研究成果，并结合研究对象实际，将 REG 系统耦合度按数值大小分为四个阶段，具体划分及各阶段特征见表 3.5 耦合类型划分部分。

表 3.5 　　　　　　　　　　REG 系统耦合及耦合协调类型划分

取值范围		耦合类型	特征
耦合类型划分	$0 \leqslant C \leqslant 0.3$	低水平耦合	系统之间发展出现博弈、相互抑制现象
	$0.3 < C \leqslant 0.5$	拮抗阶段	系统之间相互作用开始加强
	$0.5 < C \leqslant 0.8$	磨合阶段	系统之间发展开始出现彼此配合、制衡，良性耦合特征开始显现
	$0.8 < C \leqslant 1$	高水平耦合	系统之间良性耦合逐渐强化，并开始向有序状态发展
耦合协调类型划分	$0 < D \leqslant 0.2$	$0.2 < D \leqslant 0.4$	$0.4 < D \leqslant 0.6$	$0.6 < D \leqslant 0.8$	$0.8 < D \leqslant 1$
	失调	濒临失调	初级协调	中级协调	优质协调

同理，当研究两两系统耦合时[①]，耦合度计算公式为：

---

① 在后文论述涉及耦合度 C、综合协调指数 T 和耦合协调度 D 时，当指标没有下标时，代表对应"科技创新人力资本—企业家人力资本—制度型人力资本"系统指标值，当有下标时，1、2 和 3 分别代表科技创新人力资本、企业家人力资本与制度型人力资本，并由此两两组合形成系统，如 C_{12} 则代表为"科技创新人力资本—企业家人力资本"系统耦合度，其他以此类推。

$$C_{12} = 2 \times \sqrt{\frac{U_1 U_2}{(U_1 + U_2)^2}} \; ; \quad C_{13} = 2 \times \sqrt{\frac{U_1 U_3}{(U_1 + U_3)^2}} \; ; \quad C_{23} = 2 \times \sqrt{\frac{U_2 U_3}{(U_2 + U_3)^2}}$$

$$(3.8)$$

耦合度模型仅从"单纯性定量"角度判断科技创新人力资本、企业家人力资本与制度型人力资本之间耦合作用的强弱程度，无法反映三者的整体"功效"与"协同"效应。故还需借助包含定性的定量模型——耦合协调度模型来有效匹配科技创新人力资本、企业家人力资本与制度型人力资本 REG 系统之间配合发展的水平高低与协作状态的优劣。

$$D = \sqrt{C \times T} \quad T = \alpha U_1 + \beta U_2 + \chi U_3 \qquad (3.9)$$

当评价两两系统耦合协调时，则有：

$$D_{ij} = \sqrt{C_{ij} \times T_{ij}} \quad T_{12} = \alpha U_1 + \beta U_2 \quad T_{13} = \alpha U_1 + \chi U_3 \quad T_{23} = \beta U_2 + \chi U_3$$

$$(3.10)$$

其中，T 为系统综合协调指数，它反映了三个子系统之间的匹配效应或协同贡献；α、β 和 χ 则代表对应子系统的待定系数，且对于任意系统的综合协调指数，各子系统的待定系数之和恒为 1。在研究 REG 系统整体耦合协调度时，令 $\alpha = \beta = 0.3$，$\chi = 0.4$；在分析两两子系统构成的耦合协调度时，则令 $\alpha = \beta = \chi = 0.5$。耦合协调水平的类型划分，考虑具体研究内容的客观情况，同时参考了既有文献学者的一般经验与做法，从失调到优质协调，分为五类，具体划分见表 3.5 下半部分耦合协调类型划分。

4. 中国 REG 系统耦合协调实证分析

根据式（3.7）和式（3.9）所构建的耦合度模型和耦合协调度模型，分别测算出样本城市 REG 系统的耦合度值和耦合协调度值，样本期内各年度各指标平均值见表 3.6。通过频数分析法，结合耦合协调度划分标准，分组统计每一种耦合协调类型在同一时段所占比例，分别拟合成 2015～2019 年各年中国 REG 系统耦合协调度演进曲线，结果如图 3.3 所示。

表 3.6　　　　　　2015～2019 年 REG 系统耦合协调度各指标计算结果

年份	U_1	U_2	U_3	C	T	D
2015	0.096	0.116	0.288	0.835	0.179	0.383
2016	0.097	0.119	0.293	0.833	0.182	0.386
2017	0.097	0.121	0.300	0.830	0.186	0.389
2018	0.098	0.122	0.308	0.826	0.189	0.391
2019	0.100	0.126	0.313	0.824	0.193	0.395

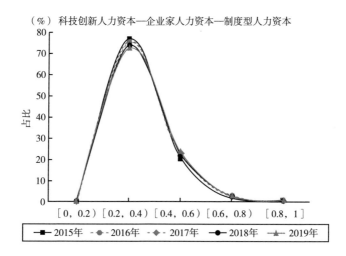

图 3.3　2015～2019 年 REG 系统耦合协调度演化曲线

从时间维度上，除耦合度外，其余各个指标均呈严格的单调递增状态。样本期内，REG 系统耦合度维持在 0.3～1.0，样本期内一直处于高水平耦合状态，变动幅度很小。这表明科技创新人力资本、企业家人力资本和制度型人力资本之间形成了长期高度依赖、彼此之间相互强烈影响的状态。但样本期内耦合水平表现为低幅度负向增长，耦合水平存在退化的迹象。REG 系统耦合关系主要以良好的合作关系为主，并有逐渐强化、实现共振耦合的趋势。REG 系统耦合协调平均水平长期处于濒临失调水平，耦合协调度平均水平从 0.383 逐年增加到 0.395，年均增长率为 0.774%，整体保持连续上升态势。从样本期窗口两端对比来看，样本期初城市耦合协调度值介于 [0.311, 0.835]，最低值为甘肃省定西市，最高值为北京市，该时期 REG 系统耦合协调类型主要为轻濒临失调（76.84%）和初级协调（20.70%）。样本期末，城市耦合协调度值介于 [0.321, 0.907]，最低值为黑龙江省伊春市，最高值仍为北京市，耦合协调主要类型仍然为濒临失调（72.63%）和初级协调（23.82%），其整体水平不高，大多处于濒临失调，但是与 2011 年相比，濒临失调的比例明显减少，而初级协调、优质协调的比例均有所上升。

由式（3.9）可知，耦合协调度是由耦合度、综合协调指数两个因子经过运算而得出，所以可以通过分析两个因子的具体变化来透视各地区 REG 系统耦合协调状态。从各子系统序参量分析来看，科技创新人力资本子系统、企业家人力资本子系统和制度型人力资本子系统的系统序参量从样本期初的 0.096、0.116、0.288 分别增长至样本期末的 0.1、0.126、0.313，年均增长率分别为 1.03%、2.09%、2.10%，科技创新人力资本系统的增长态势明显落后于另外两个系统。这表明，伴随着我国经济发展经历了长时期的粗放型扩张之后的今天，推动经济迈向高质量转型成为政府宏观调控的主要发力点，而在政府宏观调控推动经济转型、企业积极配合改革的过程中，科技创新人力资本需求同历史发展阶段相比发生显著性提高，所以科技创新人力资本面临需求侧的压力并没有形成良好的发展动力循环，故虽然科技创新人力资本系统序参量有一定程度的提高，但仍然具有相当广阔的改革与发展空间，以期实现为 REG 系统向更高水平的耦合协调发展做出更大的贡献。

从三个子系统序参量组成的综合协调指数来看，其值从 2015 年的 0.179 以年均 1.90% 的增长率上升至 2019 年的 0.193，整体呈稳定的良好发展状态。这表明虽然科技创新人力资本一定程度上受到了企业家和政府宏观调控抑制效应，但 REG 系统整体协同水平处于较好状态，并没有出现发展停滞不前或者退化现象。

从 REG 系统耦合协调度演变曲线图 3.3 来看，REG 系统耦合协调度呈现出由低水平耦合协调波动地向高水平耦合协调增长的曲线特征。从演化曲线可以看出，REG 系统之间的相互作用在经历了一定时期的极化效应和扩散效应之后，逐渐由低耦合协调阶段向耦合阶段发展。REG 系统耦合协调度 2015～2019 年演变态势呈现典型的"倒 U 型"曲线，且变化较为稳定。故由此可以推断，随着时间的推进，REG 系统耦合协调度将会逐渐从勉强协调向初级协调、中级协调演进，REG 系统的发展也会更加和谐同步，逐渐实现能够自我调节，从而实现持续、有序的发展状态。

　　这种变量间的耦合协调性除了存在时间的变化，还包括区域间的差异。为了更直观地观察和分析 REG 系统耦合协调度空间分异特征，将样本期内全部样本城市 REG 系统耦合协调度测算结果的平均值导入 ArcGIS 软件，将测算值与矢量格式的空间单元进行空间衔接，并采用 Nature Breaks（Jenks）最佳分类法将各系统的耦合协调度值从大到小依次划分为第一区域至第五区域的五个数量类别，形成 REG 系统耦合协调度空间分布图。基于这一空间分布表现，可以发现中国 REG 系统耦合协调度整体上呈现出明显的"东高西低"的空间分布特征，高水平耦合协调（第一、第二）区域主要集中在东南及沿海省份（京津沪、闽浙粤等），而低水平耦合协调（第五）区域主要集中在西南、西北等地区（云南、甘肃等）。华中腹地和东北地区则处于相对中等水平（第三、第四）耦合协调区域。概括而言，即"高低集聚、中间发散"——耦合协调的高、低两端极值区域"聚集"现象比较明显，而中等水平的耦合协调区域呈现出无固定中心的"分散"现象。结合耦合协调划分类型，REG 系统处于优质协调的区域包括北京和上海，处于中级协调的区域包括广州、重庆、成都、天津、杭州、深圳、武汉、南京，其余大部分地区处于初级协调和勉强协调。

　　由科技创新人力资本、企业家人力资本和制度型人力资本两两组合而成的系统耦合协调特征，可以反映出 REG 各子系统之间相互作用的情况，对于进一步揭示 REG 系统之间耦合协调特征具有重要意义。根据式（3.8）和式（3.10），测算出 2015~2019 年 285 个地级市 REG 系统两两之间耦合度和耦合协调度，结果见表 3.7。在一般的描述性分析基础之上，沿用前文分析 REG 系统耦合协调时所采取的方法，对两两系统耦合协调进行深入地探索和分析：使用频数分析法分组统计各系统在同一时间段内各耦合协调水平所占比例，拟合出 2015~2019 年各两两系统耦合协调演变曲线（见图 3.4）；以样本期各指标测算结果平均值为基础，使用 Nature Breaks（Jenks）最佳分类法将各系统耦合协调度值从大到小划分为五个区域，利用 ArcGIS 软件制作两两系统耦合协调度空间分布图，从而可以根据水平的相对大小进行横向对比。

表 3.7   **2015～2019 年人力资本子系统耦合协调度**

年份	两两系统耦合度 C			综合协调指数 T			两两系统耦合协调度 D		
	C_{12}	C_{13}	C_{23}	T_{12}	T_{13}	T_{23}	D_{12}	D_{13}	D_{23}
2015	0.975	0.815	0.876	0.106	0.192	0.202	0.313	0.393	0.418
2016	0.975	0.811	0.875	0.108	0.195	0.206	0.315	0.395	0.422
2017	0.975	0.807	0.873	0.109	0.199	0.211	0.317	0.398	0.426
2018	0.975	0.803	0.869	0.110	0.203	0.215	0.318	0.400	0.429
2019	0.975	0.803	0.866	0.107	0.207	0.219	0.310	0.404	0.432

从两两系统耦合度水平来看，各系统耦合度均大于 0.8，代表各系统均处于高水平耦合状态。值得警惕的一个现象是，除了"科技创新人力资本—企业家人力资本"系统长期保持 0.975 的高水平耦合之外，"科技创新人力资本—制度型人力资本""企业家人力资本—制度型人力资本"却呈现连续下降的态势，年均下降幅度分别为 0.37% 与 0.29%，而且仍然未有出现触底反弹的增长迹象。从两两系统综合协调指数看，"企业家人力资本—制度型人力资本"综合协调指数要明显大于"科技创新人力资本—企业家人力资本"和"科技创新人力资本—制度型人力资本"。同时从增长态势来看，三个系统增幅分别为 0.24%、1.90% 和 2.04%，即"科技创新人力资本—企业家人力资本"综合协调指数的增长情况又明显差于另外两个系统。从耦合协调度来看，三个两两系统样本期内的平均水平均处于濒临失调状态。三者相对比，"科技创新人力资本—企业家人力资本"系统的耦合协调程度最低，同时，其耦合协调度在样本期内发展状态较为失稳，经历了先上升后下降的波动状态。

由图 3.4 两两系统的耦合协调演化曲线可见，除了个别的时期内发生下降，大部分时期稳步向上增长。同 REG 系统一样呈现出典型的"倒 U 型"特征，且峰谷位置呈现由左偏逐渐向右偏的变化特征，这一现象表明，也可推测，随着时间推移，各系统会向更加良好的耦合协调状态演变。"企业家人力资本—制度型人力资本"耦合协调演变趋势明显要优于"科技创新人力资本—企业家人力资本"和"科技创新人力资本—制度性人力资本"，一是高水平的耦合协调类型占比大于后两者，二是演化曲线带宽分散，没有出现

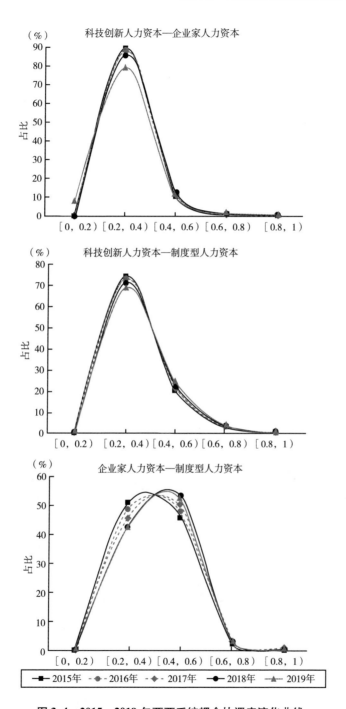

图 3.4　2015~2019 年两两系统耦合协调度演化曲线

过于集中的不良现象。在整体上呈现比较明显的持续增长特征，存在从濒临失调向初级协调转变的趋势。优化和协调"科技创新人力资本—企业家人力资本""科技创新人力资本—制度型人力资本"系统的关系，防止出现滞后或退化，已迫在眉睫。

将两两系统耦合协调关系标注到地图上，结果显示，两两系统耦合协调度分布均与REG系统耦合协调度分布具有一定的关联性，主要表现为高值区与低值区相互吻合，同时以东部沿海经济发达省份为核心向西扩散，耦合协调程度逐渐衰弱。横向对比两两系统耦合协调的相对水平，呈现出明显的区域差异性。同时可以观察到，华中腹地至华南区域两两系统耦合协调分布差异较为明显，一是该区域"科技创新人力资本—企业家人力资本"耦合协调分布较为分散，耦合协调水平值的大小并没有出现一般的聚集性规律；二是整体上看，该区域两两系统耦合协调相对水平差别较大，可较为粗略地描述为"科技创新人力资本—企业家人力资本">"企业家人力资本—制度型人力资本">"科技创新人力资本—制度型人力资本"。

值得一提的是，无论是总体的REG系统还是两两系统间的关系，其耦合协调程度的空间分布，在中国人口密度分布差异的"胡焕庸线"的两侧，均表现出明显的不同特征。在胡焕庸线东南侧，大多区域表现为中、高水平耦合协调，而在胡焕庸线西北侧，大多区域表现为低水平耦合协调。除了中国人口密度的空间分布，地理与气候、社会发展和经济活动也受到胡焕庸线的刚性约束，所以，耦合协调"东高西低"空间分布的形成，背后可能既有自然地理因素，也有经济文化等社会因素的影响。

第五节　本章小结

在结构化理论指导下，基于"结构—功能—价值"思想，与人力资本在经济增长中的内生性要求和溢出性作用，把具有创新价值的人力资本按照与资源要素结合的方式，划分为促进资源转换的科技创新人力资本、促进资源有效配置的企业家人力资本和促进资源充分利用的制度型人力资本。为了更客观地反映三类人力资本在不同城市间的差异和分布状态，结合城市面积，构造出城市人力资本强度这一变量。应用地理信息系统（ArcGIS）和探求性空间数据分析工具（Geoda）分析了三种类型人力资本强度的空间依赖性和空间异质性，并进一步研究了三类人力资本耦合协调关系。本章研究结果如下所述。

从 2005 年的三类人力资本空间分布看，整体上中国三类人力资本强度东强西弱的分布格局明显。但在集中了该类型人力资本总量 67.6% 的一个标准差椭圆内，主要表现为南北差异。其中尤其以企业家人力资本的集中度更高，椭圆度更大，向东南方向的偏移更明显，整体的东西差异和一个标准差内的南北差异更突出。制度型人力资本在全国城市之间的分布相对比较均衡，一个标准差椭圆面积较大，椭圆度较小。科技创新人力资本分布情况介于企业家人力资本和制度型人力资本之间。经过 13 年的发展变迁，2017 年中国三类人力资本整体分布状况发生了如下一些变化：企业家人力资本集中度更高，向东南方向偏移更严重，椭圆度增大。说明中国企业家人力资本经过 13 年的变化，东西差距拉大了，南北差距也拉大了，极化现象明显。科技创新人力资本和制度型人力资本空间分布变化情况和企业家人力资本情况基本一致。

三类人力资本 2005 年和 2017 年的全局莫兰指数（Moran's I）表明，在 0.05 的显著性水平上，三类人力资本均存在显著的空间自相关性。经过13 年的变化，科技创新人力资本和企业家人力资本的区域间关联关系增强。而制度型人力资本空间自相关性明显降低，不过在三类人力资本中，制度型人力资本的自相关性仍然最强。科技创新知识和企业家创新思想空间溢出难度较大，而好的制度政策更容易借鉴和效仿，制度型人力资本具有较高的外部溢出性。进一步做空间 Lisa 集聚差异分布图，从城市局部集聚关系看，制度型人力资本高—高集聚城市最多，科技创新人力资本和企业家人力资本高—高集聚较少，显示出制度型人力资本具有较高的正向溢出性。

三类人力资本在区域分布和动态变化的相似性，显示了彼此间的关联关系，但这种关系是否能产生彼此的互动协调，本章第四节研究了三类人力资本的耦合协调性（REG）。通过构建 REG 系统，将经济活动中参与方式不同的科技创新人力资本、企业家人力资本和制度型人力资本视为整体。借助由物理学领域中"耦合"的概念，构建耦合模型，用以评价三者整体以及两两之间相互依赖、相互影响的程度；耦合协调模型则用以进一步研究分析三者或两两之间相互配合、相互协作的状态。通过针对中国 285 个地级市 2015 ~ 2019 年 REG 系统耦合协调研究的结果表明：样本期内，REG 系统耦合度平均水平处于高水平耦合状态，而耦合协调则处于濒临失调的水平，其演化曲线呈现典型的"倒 U 型"形式；REG 系统耦合协调空间分布，表现出"东高西低"的区域差异性，横向对比耦合协调值的大小则呈现出"高低值聚集，中间值发散"的特征。各两两系统耦合度、耦合协调度平均水平与 REG 系统保持一致，其空间分布特征与 REG 系统相比也表现出高度吻合性。通过上述分析，为进一步认识三类人力资本之间彼此影响程度提供了数量分析证据，为进一步分析三类人力资本及其对经济活动影响机制提供了参考依据。

第四章　中国城市全要素生产率
测度与评价

引　言

改革开放以来，中国成为世界上增长最快的经济体。截至 2020 年，中国经济国内生产总值总量超过 100 万亿元，人均 GDP 连续两年超过 1 万美元[①]，取得举世瞩目的成就，创造了中国式"增长奇迹"，但同时，存在的增长效率问题也日益突出。中国用 30 年的时间实现了其他国家 100 年才能完成的经济成就，极大地改善了人民的生活。但是，由于生产过程中非期望产出的弱可处置性和"零结合性"特征，中国积累的环境污染问题也日益显现。改革开放后，依赖一个巨大的劳动力蓄水池和中国家庭的强烈储蓄意愿，中国实现了要素驱动的增长。由于存在着潜在经济产出与实际经济产出的巨大差异，这种要素驱动的经济增长并没有出现显著的边际效率下降，相反，规模效应起到主导作用。从世界各国的发展实践看，靠要素驱动的经济增长难以实现人均收入的快速增长。跨越"中等收入陷阱"，不能仅靠要素驱动。以加入世界贸易组织为起点，通过引进国外先进技术装备极大地提升了生产能力，中国经济实现了投资驱动的经济增长，经济效益也得到极大改善。但是，这种投资驱动的增长存在三个方面的问题：一是在生产方面，严重依赖国外进口的先进技术装备，也就是常说的，中国是制造业大国，但并非是制造业强

---

① 资料来源：国家统计局（www.stats.gov.cn）。

国。二是在产品的销售环节，严重依赖国际市场，根据《中国统计年鉴》的数据，到 2006 年中国进出口总值达到国内生产总值的 67% 的高点。综合上述两个方面，这是一种"两头在外"的生产方式，这种生产方式容易受到国际经济贸易环境变化的滋扰。三是这样的大规模生产，一方面消耗着大量的物质资源，引致严重的资源枯竭，另一方面也直接导致了严重的环境污染和生态破坏。因此，投资驱动的经济增长一方面遭遇到世界贸易环境恶化的风险，另一方面又受到资源枯竭和环境污染的约束，难以实现增长的可持续性。

无论是基于内生增长理论可持续增长的条件，还是迫于资源、环境和生态的约束，中国经济必须走创新驱动的绿色转型之路。内生增长的机制和"资源的诅咒"的教训显示了技术进步和人力资本在经济增长中的作用，而人又是技术进步的主体。因此，通过经济转型，实现新常态下的可持续增长，必须依靠人力资本投资及其结构的优化。

第一节　研究方法

经济的可持续增长需要从传统要素驱动转型到以先进设备引进为特征的投资驱动，从依赖资本体现式技术进步的投资驱动转型到环境友好、资源节约型创新驱动。要素驱动、投资驱动和创新驱动，三种经济增长方式除了带来经济增长速度的差异外，更主要的体现在增长效率和增长质量方面的不同。由此衍生出一个增长效率和增长质量的量化标准问题，这是判别经济增长方式、经济转型的依据。云鹤、吴江平（2009）构造了全要素生产率对经济增长的贡献（R_2）与要素投入对经济增长贡献（R_1）的比值 R_2/R_1，当 $R_2/R_1 > 1$ 时，判定为集约型的经济增长方式；当 $R_2/R_1 < 1$ 时，判定为粗放型的经济增长方式；当 $R_2/R_1 = 1$ 时，判定为过渡型的经济增长方式。这样的标准对经济增长方式转型的判断具有探索性和开拓性，具有较高的理论价值和实践意义。但是这样的方法没有同时考虑经济增长中的环境约束问题，全要素生产率高未必能实现可持续的增长，另外，过渡型经济增长方式没有明确对应的经济

增长状态，实践中也鲜有应用。

本书研究在转型标准设定中除了考虑要素投入的贡献、全要素生产率的贡献，还重点引入绿色全要素生产率的变化，同时将经济增长方式转型与经济增长理论和中国经济增长的转型要求相适应，三种经济增长方式类型分别为要素驱动型、投资驱动型和创新驱动型。一般来说，增长速度可以通过国内生产总值（GDP）的变化反映，增长效率和增长质量需要通过测度全要素增长率（TFP）和进一步地通过测度绿色全要素生产率（GTFP）反映。因此，我们可以通过计算一个经济体在这三个方面的表现，确定它的增长方式，也可以根据它在这三个方面的变化，确定该经济体增长方式是否实现了转型。判别规则见表4.1。

表4.1　　　　基于 GDP、TFP 和 GTFP 的经济增长方式判别规则

GDP	TFP	GTFP	增长方式
>1	<1	<1	要素驱动
>1	>1	<1	投资驱动
>1	>1	>1	创新驱动

根据表4.1，为了判别区域经济增长方式和经济转型，需要计算 GDP、TFP 和 GTFP 三个指标。其中，GDP 名义值可以从各年度《中国城市统计年鉴》直接获取，只需要将其平减换算出可比较的实际值即可。当 GDP 年增长率大于1，表明该地区实现了经济总量的增长，但是并不能确定这种增长是要素扩张驱动的粗放型增长（GDP >1，TFP <1）还是投资驱动（TFP >1，GTFP <1）或创新驱动的增长（TFP >1，GTFP >1）。因此，必须引入全要素生产率（TFP）这一指标。在基于柯布—道格拉斯生产函数计算产出增长中要素投入的贡献时，20世纪50年代美国经济学家索洛（1957）首次发现产出增长率往往会大于要素投入的增长率，存在一个剩余。经济学家们便将这个超过的部分称为"索洛余值"。"索洛余值"反映了经济增长中劳动力要素和资本要素投入之外其他影响因素的贡献，这些因素包括科技创新、人力资本和生产规模的变化等对增长有重要贡献的因素，为了更准确评价这些因素的贡献，最终将其命名为全要素生产率（TFP）。

　　二战以后，根据古典和新古典经济增长理论，世界各国本应趋同的经济增长，实际差距却越拉越大。于是经济学家们开始从经济效率方面寻找原因，研究的焦点主要集中在对全要素生产率（TFP）的分析上。首先使用这一方法研究经济增长中全要素生产率（TFP）贡献的学者当属美国经济学家阿伯拉莫维茨（Abramovitz，1956）和索洛（1957），他们通过建立 C－D 生产函数模型，利用增长核算法对美国 1909～1949 年经济增长中的全要素生产率（TFP）贡献部分进行估算，认为全要素生产率（TFP）能解释样本期内美国经济增长的 3/4。20 世纪 90 年代东南亚各国经济快速发展，但是保罗·克鲁格曼（1996）基于对东南亚国家经济增长中全要素生产率的贡献进行分析后，认为东南亚国家经济增长中全要素生产率贡献较少，缺乏内生性增长动力，容易遭受国际环境变化的冲击，由此成功预言了东南亚金融危机的发生。

　　中国学者关于全要素生产率的研究正是在保罗·克鲁格曼成功预言亚洲金融危机之后。邹至庄和林安罗（Chow & Lin，2002）运用 C－D 生产函数模型比较研究中国大陆与台湾地区经济增长中劳动力的贡献和全要素生产率的贡献，发现 1987 年以来，中国台湾地区经济增长主要来自劳动力的贡献，TFP 贡献较小；而中国大陆劳动力的增长并没有带来经济增长率的提高，改革开放后全要素生产率在经济增长中开始起到一定的作用。

　　但是使用全要素生产率（TFP）判断经济增长中的创新贡献，并不能确定这种技术进步是蕴含在引进的先进机器设备之中，还是生成于原始的自主创新。为此，学者们进一步引入绿色全要素生产率（GTFP）。GTFP 同样来源于人力资本投资和研究开发投入，但是加入了资源约束和环境约束，产出变量增加了废水、废气、废渣和碳排放等非期望产出，非期望产出向量修正了期望产出在前沿面上的位置，将期望产出向量逆时针偏移了一个角度。依赖资本体现式技术进步投资驱动型的城市资源消耗大，非期望产出多，考虑非期望产出后的绿色全要素生产率（GTFP）一般会小于全要素生产率（TFP）。而创新驱动型城市，期望产出的增加超过非期望产出的增加，绿色全要素生产率（GTFP）可能会大于全要素生产率（TFP）。如果还有 GTFP＞1，则被认为实现了创新驱动型的经济增长。创新驱动型经济增长是一种资源节约、污染下降、生态和谐的绿色可持续增长。绿色全要素生产率与全要素生产率之间的变化关系也得到实证的支持。

近年来关于全要素生产率和绿色全要素生产率的研究日益增多。其中，对全要素生产率的研究并不考虑导致经济增长的因素是来自资本体现式技术进步，还是来自体现于人力资本的自主创新带来的技术进步。随着生态约束和对绿色生产的重视，关于绿色全要素生产率变化及其不同层面生产效率的研究逐渐增多。冯杰、张世秋（2017）应用 SBM 模型的研究表明，我国绿色全要素生产率表现出从东部沿海地区到西部地区递减的趋势，而且省际绿色全要素生产率差异越来越大；谌莹、张捷（2016）研究发现，自主创新能力强、污染物减排技术较高的地区对应的绿色全要素生产率水平也高，绿色全要素生产率增速比传统全要素生产率增速更快；穆萨·艾哈迈德（Elsadig M Ahmed，2012）研究认为，东亚经济只有实现绿色全要素生产率大于 1，才能实现增长的可持续性等。关于全要素生产率、绿色全要素生产率、经济增长方式之间的关系已经有广泛的研究，得出的结论为进一步根据 TFP 和 GTFP 分析经济增长方式转型提供了理论基础以及实证的借鉴。

第二节　中国城市国内生产总值分析

一、数据来源与简单处理

对国内生产总值（GDP）的整理和分析比较，既是分析区域经济增长速度的需要，又是进一步计算全要素生产率（TFP）、绿色全要素生产率（GTFP）的需要，是辨识经济增长方式的数据基础。所有城市 GDP 数据来源于《中国城市统计年鉴》，在数据收集与处理过程中为了数据的一致性、可靠性和完备性，做了如下调整：一是根据 2005 ~ 2018 年间发生的涉及地级市的区划调整进行数据整理，将 2005 ~ 2010 年的湖北省襄樊市的数据改为襄阳市数据，由于 2005 年安徽省巢湖市进行了拆分，为了数据在样本期内的可比性，根据区划调整的情况，将原巢湖市庐江县和市辖区的数据并入合肥，将无为的数据并入芜湖，将含山县、和县的数据并入马鞍山。期间 2013 年贵州省毕节、铜仁，2016 年青海海东，海南三沙、儋州等地（或州）改市、县级市升级为地级市等的数据，由于缺乏前后对应的数据，只能舍去。包括海南设立三沙市等在内的不影响地级市数据构成的也不予考虑。由于 2007 年云南省思茅市改称普洱市，为使数据保持一致，方便处理，将 2005 年、2006 年的思茅数据记成普洱数据。

二是解决了 2018 年《中国城市统计年鉴》中的 2017 年度 GDP 数据只有市辖区数据，没有完整的全市数据的问题。处理方式是首先从 2018 年度各省级区域统计年鉴查找，仍然无法找到的进行换算处理。先计算出 2016 年和 2018 年各城市全市数据与地级市数据之差的均值，将 2017 年市辖区数据与该均值相加求和，记为各城市 GDP 数据。

通过比较 2005～2018 年各城市 GDP 的变化，可以分析各地区是否实现了经济增长，当然这种增长可能是要素驱动，也可能来自投资驱动或创新驱动，需要通过进一步计算全要素生产率和绿色全要素生产率予以分析确定。由于统计年鉴中给出的 GDP 是采用当年价格进行计算的，年度之间不能够直接比较，必须扣除价格因素将其转变为按不变价格计算的实际值。以所取样本年份中初始年份 2005 年为基年，将年鉴中以现价表示的名义 GDP 值换算成以 2005 年为基期的实际 GDP 值。

由于样本期内各地市国内生产总值数据均用当年价表示，为了使数据具有纵向可比性，本书研究选择以 2000 年为基期的 GDP 平减指数对样本数据进行平减。进一步计算出 2005～2018 年各城市国内生产总值增长率和全国各城市国内生产总值平均增长率，对 14 年来全国 286 个城市国内生产总值增长率进行描述性统计，结果见表 4.2。可以发现，2005～2018 年全国 286 个城市国内生产总值都实现了正增长，平均增长率达到 8.566%，这是一个非常高的增长水平。其中增长最快的城市为陕西省榆林市，增长率达到 16.83%，增长最慢的城市为辽宁省鞍山市，平均增长率仅为 0.6%。从全部 286 个城市增长率的统计分布形态看，偏度为 -0.208，均值、中位数和众数较为接近，存在轻微的左偏，对称性很好。峰度系数为 0.672，表现为一定的尖峰分布。说明样本期内中国城市 GDP 增长率具有较强的一致性，绝大部分集中在均值附近。

表 4.2　　　　　2005～2018 年各城市国内生产总值增长率描述性统计

样本量	均值	中位数	众数	标准差	峰度	偏度	最小值	最大值
286	8.566	8.590	8.490	2.325	0.672	-0.208	0.600	16.830

二、中国城市国内生产总值增长率比较分析

借助地理信息系统（ArcGIS）这一分析工具，将 2005～2018 年中国各个城市的国内生产总值（GDP）增长率标注到地图上，结果显示，样本期间中国城市 GDP 增长速度以中部区域城市最高，呈脊型分布，东南方向维持高原状态，东北方向缓慢递减，西北方向迅速塌陷。中国经济增长速度快的地区由原来的东南沿海向中部地区拓展，尤其是以合肥、武汉等为代表的长江经济带各城市增速较高、表现突出，显示了中部地区由 2000 年之前的"中部塌陷"跃升到"中部崛起"。西北、东北两个区域城市 GDP 不仅绝对数低，增长率也较低，而长三角、珠三角城市群不仅有较高的 GDP 基数，样本期内依然保持着较高的增长趋势，显示出较强的马太效应。这种强者愈强的区域经济增长模式类似于国家间的差异化增长，是对新古典增长理论的否定，符合卢卡斯等基于新增长理论对区域经济增长不平衡性演化特征的解释。进一步做关于国内生产总值城市分布标准差的方向性椭圆，结果发现，椭圆纵轴大致呈 45 度角，与人口密度对比线（胡焕庸线）基本平行且位于胡焕庸线右侧三种类型人力资本强度高的区域，显示出人力资本在经济增长中的贡献。但是，一个突出的事实是包括胡焕庸线右侧部分城市的整个东北地区样本期内 GDP 增长失速。样本期内东北地区增长失速，为人口净流出的地区，显示了制度型人力资本不足，宏观经济政策不能有效促进资源充分利用，导致经济增长乏力的困境。

将脊型分布的中国城市经济增长率差异用分级分布图表现出来，结果发现，中国城市国内生产总值存在显著的空间依赖性和空间异质性。实际上，无论是要素流动、技术溢出还是政策效仿的作用，地理毗连一定程度上都会导致一定程度的增长协同。当然限于科技文化差异、时间的先后和不可移动

要素的地理分布等，中国城市 GDP 增长的空间异质性同样显著。这种 GDP 增长的空间依赖性和异质性可以进一步通过全局莫兰指数和局部莫兰指数予以反映。

计算全局 Moran's I 时，权重矩阵的选择往往影响到变量空间自相关性及显著性表现。本书研究选择代表性较强的二进制邻接权重矩阵。其中，邻接的方式取 Queen 邻接，两个空间单元具有公共边或具有公共顶点都称为邻接。如图 4.1 所示，横坐标代表变量在城市 X 的表现，纵坐标表示变量在与 X 城市 Queen 邻接的城市 WX 的表现。基于空间探测分析软件 Geoda 的测度，全国城市国内生产总值的空间自相关系数 Moran's I = 0.464，对应的 P 值为 0.0001。在 0.05 的显著性水平下，中国城市经济增长整体表现为显著的正自相关性。但是这种整体的邻接依赖并不能反映城市个体之间的复杂关系，实际上相邻城市既有可能通过技术溢出、产业互补等辐射作用产生集聚效应，带来整个城市群的协同发展，也有可能由于资源的虹吸效应导致城市之间经济增长更加失衡。整体的正自相关并不能反映具体到各个城市之间有可能存在的负相关或不相关。进一步通过 Geoda 测度局部莫兰指数（local Moran's I)，并将这种城市两两之间的局部自相关关系用空间 Lisa 集聚差异图反映出来，结果显示，中国城市国内生产总值增长具有强的自相关性，这种自相关性的形成表现为地理空间的毗连，其内在机制又是复杂多样的，可能是文化融合、知识溢出、产业集聚或是要素共享等。

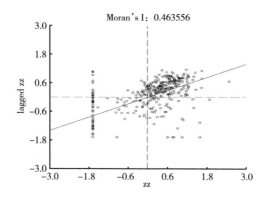

图 4.1　2005～2018 年地级市 GDP 增长率莫兰指数（Moran's I)

在全部样本中，高—高集聚的城市共有 74 个，这些城市大多位于中国中部和东南部区域，具有较好的自然条件，而且科教文化水平较高，物质资源和人力资源具有优势，但是样本期之前的社会经济发展并不充分，样本期间，社会生产力充分释放，经济发展速度明显高于其他地区。47 个城市呈低—低集聚状态，这些城市基本上位于自然条件、科教文化水平、社会经济基础等方面相对薄弱的青藏高原、新疆等西北内陆。与邻接城市为高—低和低—高关系的分别为 14 个和 6 个城市，它们彼此孤立地散布在高—高集聚和低—低集聚的周围。其中自相关关系为高—低关系的城市基本上位于经济高增长率城市附近。而低—高关系的城市大多位于低—低或是自相关关系不显著城市的附近。从城市国内生产总值增长率 Lisa 积聚图同样可以看出，整个东北地区样本期内经济增长缓慢，城市之间的依赖关系整体不够显著。

以 286 个城市作为样本，中国城市 GDP 增长均值在 95% 的置信水平下的区间为 [4.009，13.123]。其中，鞍山市、大庆市和克拉玛依市等 10 个城市 GDP 增长率水平低于置信下限，经济发展严重滞后；陕西榆林、安徽合肥和贵州安顺等 7 个城市国内生产总值增长率高于置信上限，经济增长较快。其余 269 个城市经济发展水平位于以 95% 为置信度的置信区间内，显示了我国绝大部分城市经济增长的区域平衡性，经济增长质量较高。进一步做 2005 ~ 2018 年城市间国内生产总值离散系数，见表 4.3。

表 4.3　　　　2005 ~ 2018 年中国城市国内生产总值离散系数

项目	2005 年	2006 年	2007 年	2008 年	2009 年	2010 年	2011 年
离散系数	1.416	1.403	1.386	1.342	1.348	1.322	1.29
项目	2012 年	2013 年	2014 年	2015 年	2016 年	2017 年	2018 年
离散系数	1.274	1.273	1.287	1.308	1.344	1.356	1.365

表 4.3 给出的数据表明，中国城市间国内生产总值离散系数从 2005 年的 1.416 递减到 2013 年的 1.273，期间仅有 2009 年出现反弹，从 2013 年开始又逐年递增到 2018 年的 1.365。说明总体来看中国经济增长在经历了近 10 年的相对收敛后，又出现了发散的趋势，地区收入差距进一步拉大。经济高质量增长除了需要保持一定的增长水平，保持区域均衡发展，逐渐缩小地区经

济差距也是适度增长的要求。将反映城市经济差距的 GDP 离散系数从 "V" 形变化，调节到 "L" 形趋势，需要中央政府和地方政府的共同努力，当然其中遵循市场经济规律，发挥市场主体的作用是根本出路。只要是市场化的结果，无论是区域差距的扩大还是缩小，都应该尊重。强行推动区域平衡，是对资源合理配置的扭曲，不仅损害经济主体的利益，还对经济的长期稳定增长也不利。当然经济增长质量的高低更重要的还是看增长的源泉，是要素驱动、投资驱动还是创新驱动，仅仅从 GDP 的变化并不能看出经济增长的驱动方式。为了研究不同城市经济增长方式的差异，还需要进一步测度各个城市全要素生产率水平和绿色全要素生产率水平。

第三节　中国城市全要素生产率水平测度

通过对中国城市国内生产总值的比较分析，2005～2018 年，中国城市全部取得了正的增长，尽管增长速度差异明显，但是不能仅从速度的差异评价增长质量的优劣和增长的持续性，也无法据此判断增长的动力源泉。要判断中国城市经济增长是要素驱动还是通过技术进步实现的，需要测度全要素生产率及其分解指数。全要素生产率是指全部生产要素（包括资本、劳动、土地等，但通常分析时略去土地）的投入量都不变时，而以国内生产总值为计量方式的生产总量仍能增加的部分。20 世纪 60 年代，以索洛等为代表的新古典学派在衡量纯技术进步在生产中的作用时引入这一指标，用以解释长期经济增长的源泉。全要素生产率可用来衡量纯技术进步带来的生产率增长。这种纯技术进步既可能是有形的凝结于生产设备中的资本体现式技术进步，也可能是凝结于劳动者身上的知识、技术水平的提高，或者是企业经营中的规模化、组织管理的改善等。

一、研究方法

对全要素生产率的测度与评价不仅是经济学者的研究焦点，也日益引起政府部门的广泛关注，成为政策制定依据和评价工作效果的标准。学者们根据区域、产业和营利性机构等数据研究全要素生产率的变化，通过对各经济主体全要素生产率的测度，探索引起全要素生产率变化的原因，提出提高全要素生产率的方法。20世纪70～80年代学者们更多地研究产业尤其是制造业的全要素生产率增长率问题。如，萨贝尔等（Subal C et al.，1966）关于瑞士制造业，莫杜等（R E Mordue et al.，1979）关于英国食品和酒类行业，以及周国伟和沃克（K W Chau & A Walker，1988）关于香港建筑产业全要素生产率的测度与评价研究等。20世纪80年代开始，关于全要素生产率的区域比较与评价研究日益增多。如丹尼斯·玛吉（Dennis R Maki，1985）关于加拿大各区域的全要素生产率的变化研究，史蒂夫·道里克和阮德寿（Steve Dowrick & Duc Tho Nguyen，1989）关于 OECD 各国家的全要素生产率测度、比较与评价研究。保罗·克鲁格曼（1994）关于东亚经济增长的研究也属于以区域为对象的全要素生产率变化研究。

　　20世纪后期基于更多样本容量，使用微观、高频数据的研究日益增多，使得研究结果更加可靠、精确。关于工业企业、公共交通、银行和医院等营利性机构的全要素生产率问题也被广泛研究。如，克伦威尔和珀培（Cromwell J & Pope G C，1989）等通过对美国1981～1986年劳动力与全要素生产率的年度变化，研究美国联邦医疗保险计划实施的效果。结果发现，尽管样本期内全要素生产率均在下降，但是在1983年美国联邦医疗保险计划实施以后，全要素生产率下降速度减缓，也就是说，新计划的实施对提高医院的劳动生产率是有作用的。莫希·金和雅各布·韦斯（Moshe Kim & Jacob Weiss，1989）等对以色列银行的全要素生产率增长问题进行建模与估计，结果发现，在1979～1982年，以色列银行全要素生产率以年均7.8%的速度增长，但在1981～1982年，这一增速已放缓至仅2.9%。将全要素生产率增长分解为其主要成分——规模经济与产出增长、分支效应和技术变化效应以后发现，规模经济和产出增长约占增长的80%，而开设更多的分支机构和技术变革占增长率的20%。但是，从变化趋势看，样本期内分支机构的增长和技术变革的重要性日益增加，其中，小型银行开办更多的分支机构对快速提高全要素生产率更加有效。其他还包括西迪基·绍伊布·阿拉姆（Siddiqui Shoaib

Alam，2021）基于 Malmquist – DEA 模型对印度保险公司全要素生产率的研究。近年来，随着统计数据的不断丰富，使用高频数据对工业企业、银行、交通和保险等微观企业，或具体到某一个产品全要素生产率进行研究的中国学者逐渐增多，如，李星星、李卫忠（2020）关于中国物流上市公司的研究和范丹、付嘉为（2021）关于中国上市公司全要素生产率的研究等。

在全要素生产率测度的基础上，进一步做关于全要素生产率的来源、影响因素和变化规律的研究也日益增多，如侯赛因·阿卜杜和奥斯卡·瓦雷拉（Hussein Abdoh & Oscar Varela，2020）关于企业资产增值以及全要素生产率提高背后的原因的研究。希勒·马蒂亚斯和莎泽尔·托马斯等（Siller Matthias & Schatzer Thomas，et al.，2021）分析了 190 个欧洲区域的全要素生产率增长特征，特别是区域知识溢出对全要素生产率增长的驱动作用，采用一种不同于常用邻接矩阵的知识溢出建模新方法，发现全要素生产率溢出与研发支出、文化价值和可感知的治理质量等因素存在较强的直接效应，研究结果也表明，区域社会的进步与开放是有效利用现有知识的前提。

中国学者对全要素生产率的研究最早可追溯到郑绍濂和胡祖光（1986）、胡祖光（1986），他们在对国外全要素生产率做全面的理论综述的基础上，对我国的生产率指标提出了改进意见，并应用中国数据对中国工业企业的全要素生产率进行了测度。20 世纪 90 年代，尤其是保罗·克鲁格曼基于全要素生产率分析指出，包括中国香港、新加坡、韩国和中国台湾在内的东亚新兴工业化经济体 20 世纪 60 年代以来创造的经济快速增长的奇迹不可持续，且该观点被证实以后，中国经济增长前景问题引起了国内经济学者的高度重视，他们先后对中国地区、产业和企业各个方面的全要素生产率进行测度，开启了对中国经济增长源泉的反思。

刘溶沧和赵京兴（1999）通过建立生产模型，运用全要素生产率的方法论证了资本要素、体制改革和对外开放是影响经济增长的重要因素，而技术进步和管理对经济增长的作用不显著。张军和施少华（2003）根据 1952 ~ 1998 年经济统计数据，测算了中国经济增长中的全要素生产率（TFP）贡献，结果发现，1952 ~ 1978 年中国全要素生产率（TFP）指数不仅没有增长，反而有所退步。改革开放之后 1978 ~ 1998 年全要素生产率（TFP）水平显著提高。伍青生、李湛和蔡来兴（2001）对比了中国和韩国经济发展中国外资源要素对经济增长的影响，特别是技术进步对经济增长的贡献。认为仅有资本要素驱动而没有全要素生产率提高的经济快速增长是难以持续的。利用外国的先进装备，不能根本改变国际竞争力，也不利于经济的长期稳定和可持续发展。郭庆旺等（2005）根据1979～2003年中国省级区域面板数据，测度出中国各省、区和市的全要素生产率指数及其分解指数，并对三个指数的分布动态演进进行了分析，认为中国不同区域经济增长中，技术进步的贡献存在显著差异。樊纲、易纲和李岩（2003）也认为，中国经济增长存在过度依赖资本要素驱动的问题，中国经济的长期可持续增长需要培育内生动力。提升中国经济效率需要从体制改革、技术创新、人力资本和国际金融等方面共同努力。

关于中国全要素生产率研究的文献很多，这些研究对发现中国经济增长中的问题，调整中国经济政策和建立创新型国家的战略等起到很大的作用。但是这些文献鲜有基于城市这一重要决策单元开展的研究，而城市现在已经逐渐成为中国经济社会重要的组织者、运营者和考核对象。另外也没有将全要素生产率的测度与区域经济结构转型等建立充分的联系。

对全要素生产率的研究除了在研究对象方面逐渐从宏观的国家、产业向微观的企业延伸外，更主要的创新应该是在全要素生产率的测度方法方面。早期测度方法主要是基于全要素生产率定义给出的，被称为增长核算法。如，阿布拉莫维茨（1956）、索洛（1957）、苏巴尔·库姆巴卡尔和阿尔马斯·赫什马蒂（Subal C Kumbhakar & Almas Heshmati，1966）等的研究。增长核算法以新古典增长理论为基础，分为代数指数法（AIN）和索洛余值法（SR）。前者表示为产出增长比率与要素投入增长率的比值；后者用产出增长比率减去要素（资本和劳动）投入的增长比率，将其"余值"作为全要素生产率增长估计值。增长核算法基于全要素生产率定义，意义明确，便于理解。但是这一方法的最大问题是，假定要素投入完全有效率，生产始终在可能性边界上进行，"余值"的大小完全由生产可能性边界移动决定，生产可能性边界移动的力量完全由外生的技术进步推动。事实上，无论是国家和地区还是个体企业，生产活动一般只发生在生产可能性边界之内，在生产可能性边界之上的情况非常偶然，总是存在大小不等的要素（资本、劳动力等）投入效率损失。根据这种"余值"计算出的全要素生产率，不仅包括技术进步的作用，还包括知识溢出、规模效应、组织管理引起的效率变化，以及随机误差的影响。因此，增长核算法已不能科学测度全要素生产率指数及其结构变化。

20世纪90年代，随着计量经济学建模方法和计量工具软件的发展，基于经济计量法的全要素生产率测度方法被广泛应用。经济计量法又分为隐含变量法和潜在产出法，隐含变量法实际上是将索洛余值法的"余值"作为计量模型中的一个解释变量。因此，这种方法同样隐含着一个假定，即生产在可能性边界上进行，经济资源能够得到充分利用。经济计量法中被广泛应用，具有全新思路的是前沿生产函数法（frontier production function），或者称为潜在产出法（potential output approach）。根据法雷尔（Farrell，1957）等的研究，前沿生产函数法将经济增长归为要素投入增长、技术进步和既有技术的有效利用三个部分，估算出技术进步率和技术效率，从而得出全要素生产率增长率。前沿生产函数法根据是否引入参数又可分为引入参数的随机前沿法（stochastic frontier analysis，SFA）和不引入参数的数据包络分析（data envelopment analysis，DEA）。中国不同城市影响产出的因素众多，生产函数形式复杂，分布规律不明确，不适合使用参数的随机前沿法。因此，本书研究选择避免了较强的理论约束，求解方便的数据包络分析法，又因为使用的数据结构为面板数据，选择 DEA-Malmquist 指数法。解决了一般数据包络分析不能单独估算决策单元全要素生产率的问题，能够进行主体间的横向比较和纵向趋势判断。应用 DEA-Malmquist 指数法还能将全要素生产率（TFP）进一步分解为技术进步率（TC）和技术效率（EC）两个部分，这对于理解经济增长的源泉，判断经济增长方式及其转型是极其必要的。

DEA-Malmquist 的基本原理是对于一个投入产出系统，假设生产要素投入为 K，产出为 M，投入集合 $x \in R_+^K$，产出集合 $y \in R_+^M$，ω 为在前沿面生产时产出与要素投入之间的扩张比率，在每一个特定时期 $t = 1, 2, 3, \cdots, T$，技术参考集处于固定规模报酬 C 和技术环境 S 条件下，距离生产前沿面的距离函数可表示为：$D_i(x, y) = \min\{\omega : (x/\omega, y) \in (C, S)\}$。由于 Malmquist 指数描述

的是各决策单元在不同时期 t 和 $t+1$ 的效率变化, 需要分别给出它们的距离函数:

$$D_i^t(x^t,y^t) = \min\{\omega:(x^t/\omega,y^t)\in(C,S)\}$$

$$D_i^{t+1}(x^{t+1},y^{t+1}) = \min\{\omega:(x^{t+1}/\omega,y^{t+1})\in(C,S)\}$$

基于时期 t 和时期 $t+1$ 的距离函数, 可以分别测度在时期 t 和时期 $t+1$ 技术条件下的技术效率变化, 分别是:

$$M_i^t = \frac{D_i^t(x^t,y^t)}{D_i^t(x^{t+1},y^{t+1})}, M_i^{t+1} = \frac{D_i^{t+1}(x^t,y^t)}{D_i^{t+1}(x^{t+1},y^{t+1})}$$

根据法尔等 (Fare et al., 1994) 的研究, 通过对处于不同时期技术条件下的两个 Malmquist 指数取几何平均值, 从而实现对效率变化的测算。得到基于投入前沿面 (C,S) 条件下的 Malmquist 效率指数:

$$M_i^{t+1}(x^{t+1},y^{t+1},x^t,y^t) = \sqrt{\frac{D_i^t(x^{t+1},y^{t+1})}{D_i^t(x^t,y^t)}\frac{D_i^{t+1}(x^{t+1},y^{t+1})}{D_i^{t+1}(x^t,y^t)}} \quad (4.1)$$

进一步对式 (4.1) 进行处理, 可以将该指数分解为技术进步率 TEC 和技术效率 EFF:

$$M_i^{t+1}(x^{t+1},y^{t+1},x^t,y^t) = TEC_i^{t+1}(x^{t+1},y^{t+1},x^t,y^t) \times EFF_i^{t+1}(x^{t+1},y^{t+1},x^t,y^t)$$

其中, TEC 和 EFF 分别是:

$$TEC_i^{t+1}(x^{t+1},y^{t+1},x^t,y^t) = \sqrt{\frac{D_i^t(x^{t+1},y^{t+1})}{D_i^{t+1}(x^{t+1},y^{t+1})}\frac{D_i^t(x^t,y^t)}{D_i^{t+1}(x^t,y^t)}} \quad (4.2)$$

$$EFF_i^{t+1}(x^{t+1},y^{t+1},x^t,y^t) = \frac{D_i^{t+1}(x^{t+1},y^{t+1})}{D_i^t(x^t,y^t)} \quad (4.3)$$

根据式 (4.1)、式 (4.2) 和式 (4.3) 可以看出, 全要素生产率水平取决于技术进步率和技术效率的水平。其中, 技术进步率描述了前沿面在时期 $(t,t+1)$ 变化的几何平均值。$TEC>1$ 表示生产可能性边界向外移动, 技术进步; $TEC=1$ 表示 $(t,t+1)$ 时期决策单元, 技术没有发生改变; 当 $TEC<1$ 则表明其与最优决策单元组成的生产前沿面的差距在进一步拉大。技术效率反

映从 t 到 $t+1$ 时期决策单元到生产前沿面的追赶过程。$EFF>1$ 表示决策单元趋向前沿面,技术效率增进;$EFF=1$ 表示从 t 到 $t+1$ 时期决策单元在同一位置,技术效率不变;而 $EFF<1$ 则表明远离前沿面,技术效率减退。分解指数 TEC 和 EFF 之一大于 1 时,将促进 TFP 的提高,小于 1 时则导致 TFP 的降低。

二、数据来源与处理

使用 DEA-Malmquist 指数方法计算全要素生产率过程中用到的产出变量国内生产总值,已经在第一节收集并整理。而从资本投入到经济产出,不仅是当年资本投入的结果,历年资本投入同样发挥了作用,因此,还必须将固定资本投资流量转换成固定资本存量。固定资本存量的处理是一个难题,希克斯(1981)认为资本测量是经济学者们交给统计学家最困难的任务。不同国家和地区对固定资本存量的计算方式不同。一个基本的共识是研究生产率问题所需的资本存量应该是生产性资本存量,而不能是财富性资本存量。两者不同之处在于,前者是用资本品的相对效率加权累计,而后者对资本品换算成可比较的市场价后,可以根据资本品的性质用不同的折旧率加权后累计。财富性资本存量计入国民生产总值账户,表示国家拥有的资本财富;而生产性资本存量反映固定资本的生产能力,是生产率测算过程中资本投入的一个基础变量。生产性资本存量估算中最常用的方法是永续盘存法。

基于永续盘存法的生产性资本存量 K_t 的计算公式是:

$$K_t = \sum_{\tau=0}^{\infty} d_\tau K_{t-\tau} \tag{4.4}$$

其中,K_t 为期末(记为时期 t)的资本存量,$K_{t-\tau}$ 为 τ 期前的固定资本存量,d_τ 表示役龄为 τ 的固定资产相对于新资本品的产出效率。记:当期固定资本的相对效率为 1,退役后的固定资本相对效率为 0。则:$0 \leq d_\tau \leq 1$,且有 $d_\tau \leq d_{\tau-1}$。应用式(4.1)计算资本存量 K_t,d_τ 的确定非常困难。目前对固定资产相对效率 d_τ 的计算,主要有三种类型——单驾马车型(one-hoss-way)、线性递减型和几何递减型。其中理论简单、应用方便的是几何递减型。这种方法假设资本品的相对效率在寿命期内呈几何级数下降，取资本重置率等于折旧率。此时相对效率为：

$$d_\tau = (1 - \delta)^\tau \qquad\qquad (4.5)$$

其中，δ 为折旧率。将式（4.5）代入式（4.4）。根据无穷递缩等比数列求和公式可得：

$$K_t = k_t + (1 - \delta)k_{t-1} + (1 - \delta)^2 k_{t-2} + \cdots \qquad (4.6)$$

其中，k_t 为当期新增加的固定资本投入，这一变量数值分别在《中国城市统计年鉴》、各地方统计年鉴与国民经济和社会发展统计公报中获取。由于固定资本投入在各类年鉴中均按当年价格统计编入，需要将各年固定资产投入名义值换算成可比较的实际值。为研究方便，选择 2000 年为基期，采用和GDP 一致的平减方法。基于式（4.6）计算资本存量还必须解决好两个问题：一是选择一个合适的折旧率 δ；二是确定基期资本存量 K_0。张军等（2004）基于 1952~2000 年的中国固定资本中建筑安装工程、设备工器具和其他费用的比例构成（63%，29% 和 8%），在固定资产相对效率 d_τ 呈几何级数递减型假定下，折旧率取 9.6%。现行中国税法对固定资产折旧年限所做的规定中，建筑安装工程折旧年限为 20 年，设备工器具折旧年限为 10 年或者 5 年。本书研究样本 2005~2018 年固定资产结构发生了较大变化，三类固定资产比例构成为 67.8%、19.7% 和 12.5%。按照这样的比例构成和不同类别固定资产的折旧年限，可将折旧率调整为 9.1%，这是本书以后各部分涉及固定资产折旧时均用到的折旧率。

基期资本存量的估算对最终资本存量影响很大，不同学者基期选择不同，计算方法不同，结果差异巨大。根据既有文献，基年一般选择在社会主义改造元年（1952 年）或改革开放的元年（1978 年）这两个具有特殊意义的年份。邹至庄（1993）、王小鲁和樊纲（2000）、张军和章元（2003）等按1952 年价格计算，各自推断 1952 年中国固定资产的存量分别为 1030 亿元、1600 亿元和 800 亿元，结果差异较大。黄勇峰和任若恩（2002）及李治国、唐国兴（2003）等按 1978 年价计算中国固定资本存量，也存在较大差异。为了降低这种偏差，实践中另一个有效的计算方式是选择样本期初始年为基年。按该年的投入流量除以样本期内的资本增速，同时考虑折旧率影响。霍尔和琼斯（Hall & Jones，1999）在估计 1960～1970 年各国资本存量时，以 1960 年为基期，用基年投资流量除以样本期内各国投资增长的几何平均数加上折旧率。杨小凯（Young，2000）用类似的方法估计出 1952 年中国固定资本存量约为 815 亿元（1952 年价格）。实际上这种方法是将基年以前各年的增速按样本期增速计算，采用无穷递缩等比数列求和的方式往前追溯。

本书研究样本期为 2005～2018 年，距离两个特定基年已经相对久远，因此选择样本期初年为基年，采用等比求和的方式，同时考虑折旧的影响。通过构造如下模型，估算初始资本存量。

$$K_{t-r} = k_{t-r} + \frac{1-\delta}{1+\lambda}k_{t-r} + \frac{(1-\delta)^2}{(1+\lambda)^2}k_{t-r} + \cdots = \frac{1+\lambda}{\lambda+\delta}k_{t-r} \tag{4.7}$$

其中，K_{t-r} 为初始资本存量，k_{t-r} 为初始资本投入流量，λ 为 $t-r$ 年之前各年资本投入平均增速，取初始年份至当期资本投入增长几何平均值。$\frac{(1-\delta)^i}{(1+\lambda)^i}k_t$ 为 $t-r$ 年之前各年的投入流量（$i=1,2,\cdots,r-1$）。

劳动力是全要素生产率测量中另一个投入变量，也是最重要的生产要素。根据生产理论，在不考虑短期劳动质量的情况下，选择工时数为最适当的劳动力变量，或者选择包括工资及工资以外的社会保险等在内的全部劳动者报酬。但是工时数指标在中国并没有完整的统计数据，而劳动者报酬仅有工资的统计，对于非工资收入和个体从业人员的收入难以计量。因此，OECD 在比较了多种方案后认为全职工作的就业人员数仍然是劳动力变量的最佳选择。国内外关于全要素生产率测量的研究中，对于这一指标也是选择就业人员数。因此，本书研究参考既有文献，将包括个体从业者在内的全部城市从业人员作为劳动力投入变量，记为 L。

三、中国城市全要素生产率及其分解指数测度

以 2000 年为基期的 GDP 平减指数对 286 个城市固定资产投资进行平减，按 2005～2018 年的各城市资本投入几何平均增速作为基年以前的资本增速，

根据样本期内固定资本结构，资本折旧率取为 $\delta = 9.1\%$，按公式（4.7）计算出 286 个样本城市基期（2005 年）初始资本存量。以 2005 年各城市初始资本存量为基础，根据公式（4.6）测算样本期内 286 个城市每一年的累积资本投入。由此，得到包括国内生产总值、累积资本投入和劳动力投入的三个变量，纵向从 2005～2018 年，横向覆盖 286 个地级以上城市的面板数据。基于模型（4.1）建立一个投入集 $x = \{k, l\}$，产出集 $y = \{GDP\}$，时期 $t = 1$，$2, \cdots, 14$，具有 286 个决策单元的 DEA-Malmquist 指数模型。应用 DEAP2.1 软件包，将程序编辑为不考虑规模收益变化，以投入为主导的 CRS 模型。根据运行结果，记录样本期内全部样本城市全要素生产率（TFP）及其分解指数技术效率（EFF）和技术进步率（TEC），其中年度间的测度结果见表4.4。

表 4.4 　　　　　**2005～2018 年中国城市各年度全要素生产率指数**

年份	EFF	TEC	PE	SE	TFP
2005～2006	1.133	0.900	1.102	1.028	1.020
2006～2007	1.045	0.965	1.023	1.022	1.008
2007～2008	0.983	1.039	0.997	0.986	1.022
2008～2009	1.039	0.984	1.009	1.029	1.022
2009～2010	0.907	1.069	0.920	0.986	0.969
2010～2011	0.999	1.005	0.995	1.004	1.004
2011～2012	0.988	0.996	0.988	1.000	0.984
2012～2013	0.998	0.944	1.004	0.994	0.942
2013～2014	1.026	0.938	1.006	1.020	0.962
2014～2015	1.069	0.906	1.067	1.002	0.968
2015～2016	0.999	0.982	1.000	0.998	0.981
2016～2017	0.972	1.007	0.976	0.996	0.979
2017～2018	0.949	1.028	0.940	1.010	0.975
均值	1.007	0.981	1.001	1.006	0.987

表 4.4 给出了 2005～2018 年中国城市全要素生产率（TFP）指数及其分解指数技术效率指数（EFF）和技术进步率指数（TEC）。由于计算中采用了

不考虑规模效益变化的 CRS 模型，也就是说规模效益仍然包含在综合指数中。中国 14 年来全要素生产率指数平均水平为 0.987，小于 1，说明样本期内资本投入和劳动力投入之外的人力资本、技术进步、规模效益等经济增长因素并没有充分发挥作用，产出的增长率小于传统生产要素劳动力、固定资本投入的增长率，社会经济发展中存在着抑制经济增长的制约因素。弄清楚这些制约因素是解决当前经济增长中效率不高问题的前提。将样本期内的全要素生产率水平做纵向比较和横向分解，可以发现，样本期内，技术效率（EFF）指数为 1.007，技术进步率（TEC）的均值为 0.981，全要素生产率水平较低主要是由技术进步率较低引起的。纵向看样本期内中国城市全要素生产率水平 2009 年以前全部大于 1，技术进步率和技术效率带来生产效率提升的作用明显，技术进步率和技术效率的下滑主要发生于 2009 年之后。之所以发生这样的变化是与 2008 年肇始于美国而后席卷世界的金融危机分不开的。

2008 年以后，美国等西方资本主义国家贸易保护主义开始抬头，2016 年以美国总统特朗普上台和英国脱欧为标志，世界政治格局急剧变化，逆全球化思潮泛滥。表 4.5 给出了中国 2005～2018 年进出口贸易的情况，可以看出，尽管在绝对数上 14 年间中国进出口总额均在增长，但是相对于国内生产总值，无论是进口还是出口下降明显。构成国内生产总值重要部分的出口水平由 2005 年的 33.68% 下降到 2018 年的 17.95%。其中金融危机发生以后的 2009 年出口占国内生产总值的比例更是骤然下降了 7.67%，相应的 2009～2010 年度全要素生产率水平从过去几年对经济增长正的贡献（>1）转为负的贡献（<1）。技术进步率和技术效率带来的生产率增长遭遇到世界市场规模的刚性约束。由此带来样本期内，特别是金融危机之后中国全要素生产率水平的下降。这种下降尤其是对改革开放以来，经济增长较快、技术水平较高、外向型特征突出的城市表现更为明显。包括江苏、浙江、上海和广东等在内的长三角地区和珠三角地区平均 TFP 指数均小于 1，传统外向型特征突出的温州市、东莞市 TFP 指数仅为 0.961 和 0.941，大大低于全国平均水平。

表 4.5　　　　　　　　2005～2018 年中国对外贸易及国内生产总值比较

1	2	3	4	5	6	7	8
年份	出口总额（亿元）	进口总额（亿元）	进出口总额（亿元）	国内生产总值（亿元）	出口依存度 2/5（％）	进口依存度 3/5（％）	外贸依存度 4/5（％）
2005	62648.09	54273.68	116921.77	185998.9	33.68	29.18	62.86
2006	77597.89	63376.86	140974.74	219028.5	35.43	28.94	64.36
2007	93627.14	73296.93	166924.07	270704	34.59	27.08	61.66
2008	100394.9	79526.53	179921.47	321229.5	31.25	24.76	56.01
2009	82029.69	68618.37	150648.06	347934.9	23.57	19.72	43.3
2010	107022.8	94699.5	201722.34	410354.1	26.08	23.08	49.16
2011	123240.6	113161.4	236401.95	483392.8	25.49	23.41	48.9
2012	129359.3	114801	244160.21	537329	24.07	21.37	45.44
2013	137131.4	121037.5	258168.89	588141.2	23.32	20.58	43.9
2014	143883.8	120358	264241.77	644380.2	22.33	18.68	41.01
2015	141166.8	104336.1	245502.93	686255.7	20.57	15.2	35.77
2016	138419.3	104967.2	243386.46	743408.3	18.62	14.12	32.74
2017	153309.4	124789.8	278099.24	831381.2	18.44	15.01	33.45
2018	164128.8	140881.3	305010.09	914327.1	17.95	15.41	33.36

资料来源：国家统计局（www.stats.gov.cn）。

值得肯定的是，尽管经济增长中全要素生产率带来的产出增长受到世界贸易市场萎缩的制约，但是通过供给侧改革，中国经济不断调整供给对于需求的响应水平，依靠自主创新，中国经济增长中的技术进步率贡献明显增强，2014 年以后技术进步率指数（TEC）逐年上升，对经济增长的贡献从 0.906 上升到 2018 年的 1.028。

比较样本期内技术进步率指数和技术效率指数，无论是从时间序列的角度，还是从城市截面单元的角度，二者往往反向背离，技术进步率高的年份或城市往往对应较低的技术效率，表现一致的年份和地区较为少见。2008～2009 年，东部沿海地区城市全要素生产率中技术进步率的贡献大于技术效率的贡献，内陆城市 TFP 中技术效率的贡献大于技术进步率的贡献。但是 2008 年世界金融危机导致包括沿海地区技术进步率的下降，主要原因在于金融危机和贸易保护主义的抬头，不仅降低了中国城市出口水平，也大大降低了代表新技术、新工艺的先进设备的进口，抑制了资本体现式技术进步。相应地，这一时期也有技术资源的配置优化和利用增强。不过，在供给侧改革和经济增长驱动力转型的政策指导下，中国经济增长中的技术进步率贡献逐步走出低谷，2016～2017 年、2017～2018 年已经连续两个计算周期技术进步率大于1，表现出显著的正增长。

第四节　中国城市全要素生产率水平空间分布研究

应用地理信息系统软件 ArcGIS 将样本期内 286 个城市全要素生产率数据标注到地图上，用分级色彩显示不同城市 TFP 增长的区域表现。以全要素生产率均值 0.987，反映经济增长中 TFP 正负贡献的临界点 1，以及四分位数和极值点在内的 5 个值作为分级组限，结果发现，北京、深圳、上海、合肥等 54 个城市全要素生产率大于 1，这些区域经济增长中除资本投入和劳动力贡献外，技术进步、资源配置对经济增长也起到积极的促进作用。福州、济南、南通和长沙等区域样本期内尽管全要素生产率水平小于 1，但是仍然超过平均值。可以看出，样本期内中国经济增长中技术进步贡献较高的地区集中在中东部区域，其中一个标准差的方向性椭圆覆盖的地区基本集中在科教资源密集的中东部区域，长短轴的差距较大，一个标准差椭圆内的极化现象突出，根据长轴的方向，这种差距主要表现为东北—西南方向的差距。从全国整体来看，根据椭圆的位置中国城市全要素生产率的差异主要表现为东南—西北方向的差异。全国整体的全要素生产率差异表现和一个标准差椭圆内的全要素生产率差异表现恰好相反。相对于全国人口和人力资本的集聚来看，样本期内中国城市全要素生产率一个标准差椭圆面积较大，覆盖了除东北之外，中国人口地理分界线胡焕庸线的大部分地区。

选择二进制 Queen 邻接（两个城市只要有公共边或公共顶点即认为相邻）构造空间权重矩阵。计算出样本期内中国 286 个城市全要素生产率 TFP 全局莫兰指数：Moran's I = 0.565，对应的 P 值小于 0.001，表现出显著的空间自相关性。这种较高的空间关联也反映了经济增长的空间集聚性特征，这种空间集聚与人力资本的积聚、知识溢出和技术溢出密切相关。为了反映这种较高的空间关联在 286 个城市间具体的分布情况，进一步做局部莫兰指数（local Moran's I），在 1 万次随机化情况下，获得 Lisa 集聚差异分布图。在 0.05 的显著性水平下，高—高集聚有 64 个城市，低—低集聚有 51 个城市，高—低和低—高集聚关系合计仅有 18 个城市，其余样本城市之间集聚状态不显著。高—高集聚状态城市主要集中在以北京为中心的城市群、长江沿线的城市带和以广州、深圳为中心的珠三角城市。而低—低集聚主要集中在新疆、青藏高原和海南等科教基础薄弱、技术进步相对落后的边远城市。

样本期内，中国城市全要素生产率指数发生了较大的变化，这种变化不仅体现在年度间的增减，区域间的结构变化也非常显著。为了反映这种变化关系，分别将样本期初 2005～2006 年度和样本期末 2017～2018 年度的全要素生产率 TFP 指数标注到地图上，为了客观比较两个不同时期 TFP 的变化，除了最大值之外，分级组限选择相同的数值。

结果发现，经过 13 年的变化，中国大部分城市全要素生产率出现不同程度的下降。一个标准差椭圆的面积、位置、椭圆度和长轴的方向基本没有变化，说明样本期间中国全要素生产率的变化是系统性的，全国范围内的整体分布格局未变。进一步以 Queen 邻接构造二进制权重矩阵，分别测算出城市间全要素生产率 TFP 空间自相关系数，2015～2016 年 Moran's I = 0.5456，2017～2018 年 Moran's I = 0.5435，均在 5% 的显著性水平上显著。显示出全要素生产率空间关系并没有发生大的改变，TFP 值下降具有普遍性。以引进先进技术装备为主要形式的外生技术进步对经济增长贡献的减少具有全局性和系统性。

第五节　本章小结

全要素生产率指数是分析劳动力要素和资本要素投入之外，能带来经济增长诸因素贡献水平的计量标准，这些因素可能是资源配置、规模经济，但主要是人力资本、技术进步因素。因此，全要素生产率是反映经济增长质量的重要指标，是评价经济增长驱动力的理论基础。为了研究不同经济结构下的绩效水平，本章基于 DEA-Malmquist 指数法对 2005～2018 年，中国 286 个城市全要素生产率指数及其分解指数做了测度，分析了各类指数基于时间序列的变动特征及其趋势，以及基于地理信息的各类指数空间关联关系等，为本书后面各章的论述提供了基础。全要素生产率指数 TFP 可以分解成技术效率指数 EFF 和技术进步率指数 TEC，技术效率指数 EFF 又可以分解成纯技术效率和配置效率。由于样本期内 2008 年爆发了世界性的金融危机，以及西方国家贸易保护主义的作祟，技术进步的作用受到市场规模的限制，生产率的提高遭遇需求端的刚性约束。同时，长期以来以进口先进技术装备为主的资本体现式技术进步带来的效率提高，也引起严重的生态环境问题。全要素生产率对经济增长的贡献受到非技术因素的制约。

基于 286 个城市 14 年的全要素生产率测度结果，其中 194 个城市全要素生产率小于 1，仅有 92 个城市全要素生产率大于 1，平均 TFP 指数为 0.987。样本期内，就全国城市整体来说，全要素生产率没有对中国城市的经济增长产生积极的作用。进一步从分解指数看，技术效率指数为 1.007，技术进步率指数为 0.981。中国经济增长中的全要素生产率贡献不足的根本原因是技术进步率没有发挥促进作用。2008 年以来，特别是 2016 年美国总统特朗普上任以来，"美国退群"、英国脱欧，逆全球化思潮泛滥，全球经济一体化进程被严重阻滞，孤立主义和贸易保护主义甚嚣尘上，整个世界经济增长大幅下滑。中国经济尽管经受住了严峻考验，但是也不可避免地受到一定影响，进出口总额在经济总量中的比例由样本期初 2005 年的 62.86% 下降到样本期末 2018 年的 33.36%，14 年间下降了近 30%。由于中国进口产品中机电设备、集成电路等高技术生产物质占进口总额的 50% 以上，进口总额的下降导致中国资本体现式的技术进步受到影响，也带来技术进步率对经济增长贡献的不足。2012 年以来中国政府构建新发展格局，谋划新常态下的发展新思路，确立了供给侧结构化改革的战略方向，以及依靠国内国外两个市场的"双循环战略"。加强了自主创新的力度，将创新驱动作为经济增长的主要驱动力，中国经济增长中的技术进步贡献不断向稳向好的方向发展。当然任何一个经济体不可能在任何一个产业链中均占有产业链的上游，主导产业的发展。何况中国还是一个发展中国家，尽管我们拥有比任何一个国家更完善的产业体系，但在高技术领域，我们还有很长的路要走。

从全要素生产率的空间分布和空间自相关性上来看，样本期内中国城市全要素生产率整体上以东南—西北方向的差异为主，一个标准差椭圆位于国土东南区域。一个标准差椭圆内的差异又主要表现为东北—西南方向的差异，长短轴差异较大，显示出一个标准差椭圆内的沿长轴方向全要素生产率有较大的差异。从长轴的方向看，全要素生产率一个标准差椭圆的分布和三类人力资本的分布形式都有较大的差异，前者接近45度，而三类人力资本的倾斜程度更高。中国城市全要素生产率的增长机制更多地受投资的影响，与人力资本的关系还需要做进一步的结构分析。

第五章　中国城市绿色全要素
生产率的测度

　　根据中国 286 个样本城市 2005～2018 年固定资本投资、劳动力和国内生产总值三个投入产出数据，经过平减和从流量到存量等的数据处理，应用 DEA-Malmquist 指数方法测度了各城市全要素生产率及其分解指数。基于这些指数可以比较中国城市经济增长中技术进步率的贡献，以此判断中国城市经济增长驱动力、结构和转型状态。但是，全要素生产率及其分解指数只是反映了经济增长中的技术进步成分。这种技术进步是通过引进生产设备实现的资本体现式技术进步，还是自主创新实现的技术进步，却无从判断。鉴于此，本章拟通过测度绿色全要素生产率及其分解指数，进一步甄别技术进步是自主创新的技术进步，还是引进的资本体现式技术进步。由于以装备进口实现的资本体现式技术进步使中国成为制造业大国，经济产出迅速增长，但同时导致大量的资源消耗和大量废水、废气、废渣的产生，由此导致经济增长中的"杰文斯悖论"凸显。经济增长中技术进步带来的效率提高，没有减少能源、物质的消耗，却加速了资源枯竭，造成更多的环境污染、更大的生态破坏，最终抑制了经济可持续增长。面对日益严峻的环境生态问题，中国政府提出了碳减排目标。基于弱处置效应，实现经济增长前提下的碳减排，传统的生产模式必须改变。以进口高端技术装备的大规模制造模式尽管能带来全要素生产率的提高，但是较高的物质消耗和必然产生的废弃物难以带来绿色全要素生产率的提高。因此，实现经济长期可持续的增长，不能依靠以先进技术装备引进为主导的资本体现式的外生型技术进步，而必须走自主创新的发展之路。自主创新型技术进步提高了产品的附加值，降低了生产成本，企业获取了因创新带来的超额利润，而不再依靠通过大量的物质资源消耗获取报酬。自主创新的增长模式能够减少废弃物排放，降低污染水平，实现长期稳定可持续的增长。本章将在全要素生产率的测度中考虑负向产出，计算绿色全要素生产率，为判断城市经济增长中自主创新的贡献提供量化分析的基础。

第一节　中国城市污染物排放分析

测度分析中国城市绿色全要素生产率水平，需要考虑各类环境污染排放等非期望产出。尽管不同文献在非期望产出外延范围的确定中包括的指标类型不同，但涵盖的主要是废水、废气和废渣等各类环境污染物，这些污染物物理属性、化学成分差异巨大，但在数量上往往又存在较高程度的相关性。吴军（2009）在地区工业全要素生产率的研究中，对非期望产出污染排放的指标选取了工业废水中的化学需氧量（COD）和废气中的二氧化硫（SO_2）两类污染物。岳书敬、刘富华（2009）和杨俊、邵汉华（2009）等的研究只考虑了工业二氧化硫的排放。陈诗一（2010）和谌莹、张捷（2016）在全要素生产率水平的估算中将表示非期望产出变量仅设定为二氧化碳（CO_2）。将二氧化碳作为非期望产出的唯一变量计算过程简单，能将绿色全要素生产率水平与绿色发展、温室效应等充分联系起来，但不能完全反映经济增长可持续的条件。李兰冰和胡均立（Li & Hu，2012）的研究中主要考虑了生产过程中二氧化硫和二氧化碳这两类气体污染物的排放。随着中国各个地区环境数据统计的不断完善，学者们根据自己研究目标、研究方法等的不同选择了更多的非期望产出变量。万伦来和朱琴（2013）取废水、废气和固体废物的污染排放量三种变量作为计算绿色全要素生产率的非期望产出数据。黄建欢、许和连（2016）等选择废水中化学需氧量排放量、废水排放总量、废气排放总量、二氧化硫排放量、工业粉尘排放量、工业固体废物排放量和工业烟（粉）尘排放量等 7 个工业排放物指标作为非期望产出，将 7 个污染物排放指标通过熵权法和因子分析法综合构建环境污染指数，进一步测度绿色全要素生产率指数。

一般来说，早期的研究污染物指标选取较少，近期的研究指标选取较多，这一方面是由于统计数据不断完善，另一方面也是人们对于绿色生产的理解更加深刻。绿色生产不仅是碳排放和温室效应问题，所有生产过程中污染环境的非期望产出都能导致生态环境的破坏，抑制经济可持续增长。综合文献分析，以更宏观的省级以上区域为单元的分析选择污染指标较多，以较微观的城市为截面单元的分析污染指标选择较少。例如，同样是黄建欢、许和连两位学者的研究以省级区域的研究选择了 7 个污染物指标，而以 191 个城市为样本的研究选择了 4 个污染物指标。这主要是因为，一些规模较小、发展滞后的城市在统计数据采集方面不完善，部分数据缺失。而更宏观的区域统计指标较完善，数据收集相对容易。本书研究以 286 个地级市为截面单元，样本量大，特别是边远地区和一些刚刚晋级、拆分的地级市，如化学需氧量排放、固体废弃物排放数据指标不够完整。为保证数据时间序列的完整性，本书研究选择了包括工业废水、二氧化硫和工业烟（粉）尘在内的 3 个污染指标作为绿色全要素生产率计算中的非期望产出，并将三种污染物使用熵权法加权合并为一个污染物总指数。

第二节　中国城市污染物总量分析

城市污染物种类繁多，有些并非产生于生产过程，而是消费过程中产生的，不能尽数全部选取。根据研究目的，我们仅选取由社会生产过程中排放，具有代表性且目前统计资料相对齐全的各类污染，包括工业废水、二氧化硫和工业烟（粉）尘，分别记为 WH、SO_2 和 YC。为保持资料的一致性，样本区域选择仍然为 286 个地级及以上城市，时间选择为 2005 ~ 2018 年。样本中包含的城市数量占中国内地地级市数量的比重超过 4/5，且包括全部直辖市、计划单列市和省会城市等，具有较强的代表性，覆盖范围广、人口密度大、经济总量占比高。这些数据分别来自《中国城市统计年鉴》《中国环境年鉴》和各省市历年的统计年鉴等。将全国 286 个城市污染物汇总统计，结果见表5.1、表5.2 和 表5.3。

表5.1　　　　2005~2018年全国286个城市工业废水排放描述性统计

年份	观测数（个）	平均值（万吨）	中位数（万吨）	标准差（万吨）	增长率（%）
2005	286	7966.09	4645.0	11500.68	—
2006	286	7919.42	5023.0	10795.52	-0.59
2007	286	8442.75	5026.0	12029.22	6.61
2008	286	8097.12	4751.0	10715.60	-4.09
2009	286	7857.73	4853.0	10506.79	-2.96
2010	286	7933.20	5268.5	9879.44	0.96
2011	286	7791.13	5528.0	9353.27	-1.79
2012	286	7367.01	5158.5	7919.66	-5.44
2013	286	7143.39	5055.5	7588.29	-3.04
2014	286	6781.74	4821.5	7331.14	-5.06
2015	286	6586.39	4563.5	7223.89	-2.88
2016	286	5207.61	3510.5	6175.21	-20.93
2017	286	4368.85	2558.0	5475.58	-16.11
2018	286	4510.90	2578.5	7421.87	3.25

资料来源：《中国城市统计年鉴》（2006~2019年）。

表5.2　　　　2005~2018年全国286个城市工业二氧化硫排放描述性统计

年份	观测数（个）	平均值（吨）	中位数（吨）	标准差（吨）	增长率（%）
2005	286	69287.33	54210.0	69926.21	—
2006	286	68782.67	54595.0	69071.04	-0.73
2007	286	67686.47	54337.5	66270.88	-1.59
2008	286	63701.15	52212.0	60359.78	-5.89
2009	286	59696.49	51458.0	55156.31	-6.29
2010	286	59509.37	48253.0	59317.60	-0.31
2011	286	65087.28	48082.5	63781.45	9.37
2012	286	59281.38	44677.5	55501.73	-8.92
2013	286	53665.84	37919.0	57502.64	-9.47
2014	286	54530.12	40787.5	49019.05	1.61
2015	286	48883.37	38356.0	42465.92	-10.36
2016	286	25838.03	18160.0	25485.12	-47.14
2017	286	18066.05	12307.5	19475.70	-30.08
2018	286	13948.31	8932.5	16872.49	-22.79

资料来源：《中国城市统计年鉴》（2006~2019年）。

表 5.3　　　2005～2018 年全国 286 个城市工业烟（粉）尘排放描述性统计

年份	观测数（个）	平均值（吨）	中位数（吨）	标准差（吨）	增长率（%）
2005	286	30897.45	23536.0	30375.82	—
2006	286	28401.91	20907.0	26394.02	-8.08
2007	286	24422.69	18448.5	21801.35	-14.01
2008	286	21710.18	16564.0	18924.03	-11.11
2009	286	19566.92	15204.5	16896.70	-9.87
2010	286	19061.64	13871.0	17588.62	-2.58
2011	286	33527.12	22761.5	43396.52	75.89
2012	286	31315.04	20412.0	39335.69	-6.60
2013	286	34628.61	21740.0	63370.41	10.58
2014	286	43400.20	30320.5	49948.14	25.33
2015	286	48636.68	25720.5	139352.40	12.07
2016	286	24493.35	13333.0	34577.51	-49.64
2017	286	18081.69	10068.5	22290.21	-26.18
2018	286	17983.64	9647.0	37966.54	-0.54

资料来源：《中国城市统计年鉴》（2006～2019 年）。

表 5.1、表 5.2 和表 5.3 分别给出了中国 286 个城市三类代表性污染物排放的描述性统计结果。可以看出，三类污染物在样本期内的增长率整体表现为下降趋势，反映出中国在环境保护和节能减排方面成效显著，在保持经济适度增长的同时实现了较高的环境效益。表 5.1 显示，样本期内全国工业废水排放均值从 2005 年的 7966.09 万吨，降低到 2018 年的 4510.9 万吨，14 年时间降低了 43.4%，中位数也呈下降趋势，不仅如此，区域间污染物排放的离散程度逐渐收敛，样本标准差从 2005 年的 11500.68 万吨下降到 2018 年的 7421.87 万吨。说明样本期初工业废水排放高的城市加强了废水排放的管制，并取得较好的效果。样本期内绝大部分年份工业废水排放呈下降趋势，尤其是 2016 年和 2017 年分别比上一年度下降 20.93% 和 16.11%。

表 5.2 显示样本期内工业二氧化硫的排放情况，变化趋势和工业废水排放相类似，但是下降得更快，区域间差异更小。工业二氧化硫排放均值从 2005 年的 69287.33 吨下降到 2018 年的 13948.31 吨，14 年间下降了 79.9%，区域间离散程度从 69926.21 个标准差下降到 16872.49 个标准差。样本期内

大部分年份工业二氧化硫排放下降明显，尤其是 2016～2018 年每年下降 20% 以上。表 5.3 是关于城市工业烟（粉）尘排放的描述统计，同样显示出下降的趋势，不同的是，工业烟（粉）尘在样本期内曾发生强烈的反弹，表现在 2011～2015 年，烟尘排放均值从 2010 年 19061.64 吨猛增到 2015 年的 48636.68 吨。原因是 2011 年后，统计报表制度发生变化，将粉尘纳入了统计指标。烟（粉）尘指标包含了工业粉尘。从 2014 年起，烟（粉）尘又增加了工业无组织排放量。因此，这里的数据增大只是指标调整的原因，实际上，样本期内烟（粉）尘排放均呈现出显著下降趋势。

中国城市工业污染物排放的下降，反映出中国经济结构转型已经启动，在部分城市产生了显著的效果。样本期内中国经济增长速度有所减缓，导致以 GDP 为期望产出的全要素生产率水平出现负增长，其中除金融危机和以美国为首的世界贸易保护主义抬头之外，中国加大环境治理、重视节能减排也是原因之一。倘若结合非期望产出各类污染物的下降，测度绿色全要素生产率水平，或许能更准确地评价中国经济增长中技术进步和人力资本的贡献。

第三节　中国城市环境污染指数及负荷

为综合评价城市污染排放情况，减少部分城市在个别年份较大统计偏误带来的影响，利用熵权法将三类污染构建环境污染指数（EI）作为生产中废弃物的产出指标，同时也作为绿色全要素生产率计算中的非期望产出变量。环境污染指数在 $[0,1]$，越接近于 1 污染越严重，越趋近于 0，污染排放越少。这样环境污染指数一方面可以评价不同城市环境质量和彼此关联，另一方面为进一步测算绿色全要素生产率做准备。利用熵权法构建环境污染指数（EI），第一步，要将各个指标的数据进行标准化处理。假设给定了 K 个指标 $X_1, X_2 \cdots, X_k$，其中 $X_i = \{X_1, X_2, \cdots, X_n\}$，对各指标数据按公式 $Y_{ik} = \dfrac{X_{ik} - \min(X_{ik})}{\max(X_{ik}) - \min(X_{ik})}$ 进行标准化处理。第二步，求矩阵的信息熵。根据信息熵的定义，$E_j = -\dfrac{1}{\ln(n)} \displaystyle\sum_{i=1}^{n} p_{ij} \times \ln(p_{ij})$，其中，$P_{ij} = \dfrac{Y_{ij}}{\displaystyle\sum_{i=1}^{n} Y_{ij}}$，如果 $P_{ij} = 0$ 则定

义 $p_{ij} \times \ln(p_{ij}) = 0$。最后根据信息熵权重的计算公式 $\omega_j = \dfrac{1 - E_j}{k - \displaystyle\sum_{j=1}^{k} E_j}$，计算出

三类污染物指标中各自所占的权重。

基于上述公式，计算出 2005～2018 年三类污染物的权重指标，见表 5.4。

表 5.4　　　　　　　2005～2018 年中国城市污染三类废弃物权重指数

年份	ω_w	ω_s	ω_y
2005	0.4385	0.2804	0.2811
2006	0.4301	0.2889	0.2810
2007	0.4528	0.2750	0.2722
2008	0.4458	0.2779	0.2763
2009	0.4549	0.2698	0.2754
2010	0.4216	0.2871	0.2913
2011	0.3575	0.2844	0.3581
2012	0.3429	0.2820	0.3751
2013	0.2777	0.2909	0.4314
2014	0.3554	0.2690	0.3756
2015	0.2547	0.1749	0.5703
2016	0.3449	0.2665	0.3886
2017	0.3664	0.2898	0.3437
2018	0.3446	0.2593	0.3960

根据表 5.4，利用三类污染物权重对标准化后的工业废水、二氧化硫和工业烟（粉）尘水平，加权构建中国城市环境污染物指数 EI。

$$E_i = \sum_{j=1}^{k} \omega_{ij} \times X_{ij} \quad (i = 1, 2, \cdots, n) \qquad (5.1)$$

基于式（5.1）计算出的环境污染物指数 EI 介于（0,1），越趋于 1 表示该城市污染排放水平越高，越趋于 0 表示该城市污染排放水平越低。这种污染指数用来计算绿色生产效率尚可，毕竟较高的 EI 伴随着较高的国内生产总

值和较高的要素投入。但是简单地将环境污染指数用来表示城市污染的状况还不够。城市污染水平还受到区域面积、地理环境、修复能力和污染排放集中程度等影响。为了客观反映城市污染的实际状况，研究中引入污染负荷（pollution load）这一概念。污染负荷是指某区域或某环境要素对污染物的负载量。不同污染物的负载计算方式不同，水污染一般用单位径流面积污染承载量计算，大气污染使用空间污染浓度计算。为便于对区域污染进行整体评价，本书研究将三类不同污染物标准化，使用熵权法加权合成一个环境污染物指数 EI，相应地，将污染负荷定义为单位面积（万平方千米）上的环境污染指数（EI）承载水平，记为 PL。

$$PL = \frac{E_i}{S_i} \quad (i = 1, 2, \cdots, n) \tag{5.2}$$

基于式（5.2），计算出 2005～2018 年中国 286 个城市的环境污染负载水平 PL，见表 5.5。

表 5.5　　　　　**2005～2018 年中国城市环境污染负荷水平描述性统计**

年份	平均值	标准差	最小值	最大值	求和
2005	0.1202	0.1403	0.0006	0.9000	34.3852
2006	0.1276	0.1427	0.0007	0.9092	36.4912
2007	0.1353	0.1901	0.0005	2.352	38.6830
2008	0.1399	0.1653	0	1.3764	40.0243
2009	0.1353	0.1546	0	1.1772	38.6981
2010	0.1410	0.1615	0	1.1793	40.3397
2011	0.1005	0.1182	0	0.8317	28.7459
2012	0.1079	0.1287	0	0.8508	30.8479
2013	0.0875	0.1014	0	0.7351	25.0151
2014	0.1154	0.1414	0.0008	1.0024	32.9991
2015	0.0729	0.0967	0.0005	0.7943	20.8418
2016	0.1164	0.1557	0.0006	1.0876	33.3032
2017	0.1186	0.1619	0.0011	1.1254	33.9292
2018	0.0635	0.0846	0.0007	0.5382	18.1564

表 5.5 显示样本期内中国城市环境污染水平整体呈下降趋势，平均污染负荷由 2005 年的 0.1202 下降到 2018 年的 0.0635，14 年的时间下降了 47.2%，降幅明显。区域间的离散程度也正在下降，城市污染水平显示出一定的收敛趋势。样本期间中国各个城市在重视经济效益的同时，更加重视绿色生产，强调生态效益。"金山银山不如绿水青山"的发展理念正逐渐深入人心，而且越是污染严重的城市减排的力度越大，环境治理的效果越显著。

第四节 中国城市污染空间分布

借助地理信息系统分析工具 ArcGIS 将样本期初和期末两个时间点的环境污染负荷水平（PL）落到中国城市区域地图上，并使用探索性空间数据分析工具 Geoda 研究中国城市环境污染负荷（PL）的空间整体自相关性和局部区域关联模式及空间表现。

以不同色彩反映污染载荷级别，其中，样本期初 2005 年的分布使用自然断点法，为了便于比较，样本期末 2018 年的分布使用和 2005 年相同的断点。即以 2005 年的数据分级反映期末 2018 年的环境污染载荷（PL）区域分布。结果显示，中国城市环境污染负荷（PL）的空间分布状况在样本期间发生了显著的变化。2005 年中国在长三角和京津冀地区集聚了较多污染严重的城市，到了 2018 年这种情况有了较大的改变。一是高污染城市减少，二是集聚程度下降。一个标准差椭圆显示，2005 年椭圆面积较小，全国整体环境污染的区域集中度大；椭圆的长轴比短轴长很多，椭圆度大，方向性强，一个标准差椭圆内的污染分布南北差异大于东西差异，污染负荷的区域间分布更集中。2018 年的椭圆面积增大，短轴和长轴几乎接近，方向性较弱，南北差异下降，东西更加平衡，无论是全国整体还是一个标准差椭圆内的各个城市之间污染集中度都有降低，高污染地区得到有效治理。

进一步建立 Queen 邻接形式的空间（0，1）权重矩阵，两个城市（城市 i、城市 j）只要有公共边或公共顶点，都认为相邻，权重 $W_{ij}=1$，否则 $W_{ij}=0$。以此（0，1）矩阵为权重矩阵，测算中国城市环境污染负荷（PL）空间自相关指数（Moran's I），并做出 Moran's I 散点图，反映区域间污染水平的空间自相关性。2005 年样本期初的莫兰指数为 0.3772，伴随概率 P 值为 0，表明样本期初城市之间整体呈现显著的空间自相关性。同样地，建立以 Queen 邻接的空间权重矩阵，进一步测度样本期末 2018 年的城市间 PL 莫兰指数，结果为 0.3062，伴随概率 P = 0.001。进一步做出 Moran's I 散点图，结果如图 5.1 和图 5.2 所示。可以看出，位于第一象限的散点更多，期初、期末环境污染负荷均存在显著的正的空间自相关性，但是经过 14 年的环境污染整治和技术进步，不仅环境污染负荷 PL 水平下降，环境污染的空间关联传递也被抑制，中国生态环境持续向好，经济增长质量不断提升。

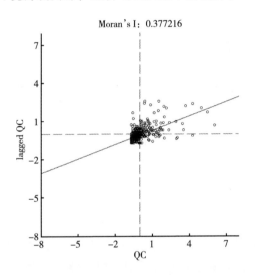

图 5.1　2005 年环境污染负荷莫兰散点图

　　图 5.1 和图 5.2 反映了中国城市之间的整体显著自相关性，但是整体相关并不能反映具体的两两相关关系，也无法反映样本城市集聚的空间位置情况。为此进一步测算局部莫兰指数（local Moran's I）和绘制 Lisa 空间集聚差异分布图。

　　选择以 Queen 邻接的空间权重矩阵，在一万次随机化情况下分别绘制样本期初 2005 年和样本期末 2018 年的局部 Lisa 积聚差异图。在 0.05 显著性水平下，其中灰色部分为彼此相关关系（集聚）不显著的区域，其他为集聚显著的区域，显著集聚区域还可以进一步区分为高—高集聚（HH）、低—低集

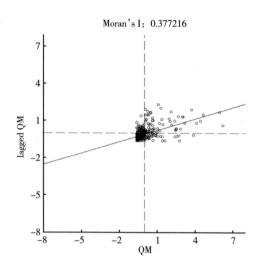

图 5.2　2018 年环境污染负荷莫兰散点图

聚（LL）、低—高集聚（LH）和高—低集聚（HL）四种情况。高值集聚表示一个地区环境污染负荷 PL 高，与之相邻的地区环境污染负荷 PL 也高，其他集聚状态可做相似解释。高值集聚和低值集聚在全部样本城市中的占比远远高于高—低集聚和低—高集聚，显示了区域环境污染排放的显著正的自相关性。无论样本期初还是期末，高值集聚都主要发生在沿海、京津冀地区，西部地区和东北地区为低值集聚，说明城市污染排放状态具有高度稳定性，具有较强的路径依赖特征。但同时，样本期初的高值集聚和低值集聚的城市数量高于样本期末，说明加快经济转型、加强环境治理有助于弱化自发状态下的路径依赖，打破环境污染排放的毗连效应。

　　进一步将中国城市环境污染负荷空间 Lisa 集聚差异图、中国国内生产总值增长的区域分布图，以及中国城市全要素生产率 TFP 分布情况进行比较，可以发现，总体上国内生产总值（GDP）和全要素生产率高的地方也往往是污染排放高的地方。但是进一步做城市间的结构分析和时间上的纵向比较，发现样本期内，GDP 和 TFP 高值集聚（HH）城市的增长数量超过了环境污染负荷高值集聚（HH）城市的增长数量；而 GDP 和 TFP 低值集聚（LL）城市减少的数量远远多于环境污染负荷低值集聚（LL）减少的数量。说明中国城市在样本期内实现经济增长的同时，污染物排放得到有效控制，一部分城市在经济增长方式转型方面取得一定的进展。高投入、高产出、高污染的要素驱动型和投资驱动型增长模式有所改变，城市经济增长中的创新驱动特征初见端倪。当然深入研究经济增长中的创新成分和绿色生产的效果，还要将GDP产出、要素投入和非期望产出结合起来，测算中国城市样本期内绿色全要素生产率的发展变动情况。

第五节　中国城市绿色全要素生产率测度与时空变迁

一、国民经济绿色核算体系的演变

绿色全要素生产率的测度是分析评价城市经济转型的数据基础。依赖GDP的传统经济增长评价方式由于不能客观反映人的闲暇时间、资源消耗、环境污染和生态破坏等，已不能客观反映经济增长的质量以及人民幸福和社会经济发展实际需要。由此，从20世纪70年代以来，世界各国政府、各类国际研究机构和学者对传统国民经济核算体系不断进行改进。并于1993年由联合国统计署正式出版《综合环境与经济核算手册》（*The System of Integrated Environmental and Ecnomic Accounting*，SEEA）。其中一个重要的方面是将生产过程中的资源消耗、污染物排放的外部性和环境治理成本等计入GDP统计过程，对传统GDP进行修正，提出绿色GDP这一概念。绿色GDP概念提出后，关于到底哪些应该纳入绿色GDP的计算中，学者们提出了一系列改进的方法，构建了不同的核算体系。分别于2000年和2003年推出了SEEA操作手册，对包括污染物排放和处理、环境退化损失等涉及的计量和计价方法提出参考方案。

《综合环境与经济核算手册》（SEEA）的出版，特别是SEEA（2003）推出后，世界各国分别根据自己的国情编制了环境与经济核算综合核算体系。如美国、日本等一些发达国家按照《综合环境与经济核算手册》提供的操作方式，对本国各类地下自然资源进行了统计核算，编制出较为完整的SEEA实例体系。欧盟在《综合环境与经济核算手册》（2003）框架下制定了环境经济综合核算的欧盟模式，被称为 NAMEA 体系。基于这一核算体系，在挪威和芬兰开始相关试点工作。包括墨西哥、菲律宾、泰国、巴布亚新几内亚和博茨瓦纳在内的发展中国家，也在世界银行等国际组织帮助下开展了绿色国民经济核算的试点工作。

中国作为负责任的大国，肩负着为促进全球绿色发展做贡献的责任。为了树立和落实全面协调、以人为本和可持续发展观，建立资源节约与环境友好型社会，加快实现向环境保护为导向的工作目标、工作重点和管理途径转变。国家环境保护总局和国家统计局于 2004 年 3 月联合启动了"中国绿色国民经济核算（简称绿色 GDP 核算）研究"项目，并于 2005 年开展了全国十个省市的绿色国民经济核算和污染损失调查评估试点工作，最终提交了《中国绿色国民经济核算研究报告（2004）》，为中国绿色国民经济核算做了开创性的工作。

绿色 GDP 的提出及环境经济综合核算工作在世界各国的开展，说明资源环境和生态保护问题已深入人心，它使人们不再仅仅将增长当作一切经济工作的重点。构建一个人与自然和谐发展、生态保护良好、环境宜居的地球家园是人类的共同目标。但是真正将绿色 GDP 作为国民经济核算指标，还存在一系列的困难。

首先，绿色统计的基础工作还远远不够。各类污染物指标、资源损耗指标、资源功能变异指标等难以定量、计价，这方面的统计基础工作任重道远。其次，关于污染物外部性导致的损失计量问题。污染排放带来的经济损失更多体现在污染物的负外部性上，环境退化成本就是环境污染造成的经济损失，这种损失是绿色国民收入核算的关键问题，也是绿色国民收入核算中的难点。不仅计价困难，而且如何计入 GDP 的理论准备尚不充分。再次，绿色国民经济核算的国际比较问题。绿色国民经济核算还有一个国际协调问题。传统上，进行综合国力的国际比较是衡量国内生产总值的多少，如果有的国家使用绿色国民经济核算，而有的国家不使用绿色国民经济核算，甚至不相信、不承认温室效应和全球变暖这样的事实，则国家之间就无法相互比较。即使都使用了绿色国民经济核算，也还存在一个口径问题。最后，绿色国民收入的实施还存在资源环境损耗与经济发展不同步和因资源环境产权不明晰而引发的问题等。

二、绿色全要素生产率研究进展

从 21 世纪初开始，研究环境污染、资源退化对经济增长影响的问题，转移到了绿色全要素生产率测度方面。使用绿色全要素生产率（GTFP）分析评价经济增长质量、生态环境保护和可持续发展问题具有以下两个方面的优点：一是传统上全要素生产率（TFP）本身即具有测度技术进步贡献、衡量投入产出效率、评价经济发展质量的作用；二是绿色全要素生产率（GTFP）能够根据研究对象的实际将影响环境的污染排放、物质资源要素的消耗等环境变量结合进来，更为准确地反映经济发展的质量。

绿色全要素生产率的引入与广泛使用经历了一个较长的历程。传统全要素生产率已经给出了要素投入之外技术进步、人力资本和资源配置等对经济增长的贡献。基于保罗·罗默技术进步内生化和卢卡斯人力资本内生化增长理论，只要摒弃纯粹依靠要素投入的粗放型模式，就能实现经济的可持续增长，似乎经济可持续增长问题已经解决了。但是内生增长理论并没有回应"杰文斯悖论"问题。19 世纪经济学家杰文斯（Jevens，1865）发现，技术进步提高了煤炭的使用效率，但煤炭消耗总量却反而更多。电子文档可以相当程度上替代纸质文档，减少纸张的使用，而激光打印机的出现与普及又增加了纸张的使用。这种未考虑非期望产出和资源环境因素对全要素生产率影响的效率测度，其结果可能会对产业结构调整产生误导，对地区经济绩效评价产生偏差，对社会福利真实性造成扭曲。正如南奈尔等（Nanere et al.，2007）所指出的，不考虑环境因素或者不能正确考虑环境因素会给生产率度量带来有偏的结果。随着技术的不断进步，高效率生产带来的资源约束和生态环境污染问题日益突出。实现经济的可持续增长，不仅需要从全要素生产率 TFP 的角度予以研判，还要从绿色全要素生产率 GTFP 的角度进一步分析。

从 21 世纪初期，许多学者们开始将环境因素纳入效率和全要素生产率的研究中。这种考虑了环境变量的全要素生产率，表述上有所不一，先后被称为生态效率、环境效率、绿色效率、绿色全要素生产率等。在计算方法上主要包括三种不同的方法。最初的方法是将污染物指标作为一种投入要素添加到投入向量集，应用数据包络分析模型分析决策单元的效率。比如莱因哈特（Rheinhard，2000）等将污染物作为投入要素，分别使用数据包络分析随机生产前沿模型对荷兰牛奶生产加工企业的绿色全要素生产率进行了测度，并比较了两种方法的差异。海露和维曼（Hailu & Veeman，2001）同样采用数据包络分析的方法分析了加拿大造纸工业的绿色全要素生产率问题。王波等（2000）将工业生产过程中的污染排放作为投入要素，与资本和劳动投入一起来研究决策单元（DMU）的绿色全要素生产率，并证明用这种方法所做的效率评价与多目标规划的帕累托有效解具有异曲同工的作用。陈诗一（2009）基于扩展的新古典增长模型，用索洛（Solow）余值法将二氧化碳排放作为一个投入要素对我国工业经济增长效率情况进行了测度与评价。类似使用这种方法的文献还包括拉马奈坦（Ramanathan，2005），李胜文、李新春等（2010），张江雪、朱嘉（2012），匡远凤、彭代彦（2012）等的研究。这一时期由于绿色国民经济核算思想尚未普及，学者们普遍将这种引入了环境要素的全要素生产率测度称为绿色全要素生产率。由于这种做法不符合实际生产过程，而且污染物和资源投入并不能保持一定的同比例关系，这样的测算方法理论基础不充分，结果也不可靠。

绿色全要素生产率测度的第二种方法是在方向性距离函数（directional distance function，DDF）中纳入了非期望产出的数据包络分析（DEA）方法。钱伯斯等（Chambers et al.，1996）和钟等（Chung et al.，1997）在技术效率分析框架中，将污染排放作为非期望产出和期望产出 GDP 一起引入模型中，提出了基于方向性距离函数的绿色全要素生产率数据包络模型。在实践上合理地拟合了各种污染排放和废弃物等负向产出在生产中的实际过程，在理论上反映了对经济增长效率的制约作用。对于测度真实经济增长效率，客观评价经济增长质量提供了可信赖的方法。使用方向性距离函数与曼奎斯特—卢恩伯格生产指数（MLPI）模型，国内外学者对不同国家、地区、产业和企业的绿色全要素生产率（GTFP）做了广泛的研究。

李金东和朴俊波等（Jeong-Dong Lee & Jong-Bok Park，et al.，2002）估算了污染排放的负外部性，将其作为非期望产出纳入非参数方向性距离函数，测度了 1990 ~ 1995 年韩国电力工业绿色全要素生产率（GTFP）和全要素生

产率（TFP），认为在考虑了二氧化硫（SO_2）、二氧化氮（NO_2）后，GTFP
比 TFP 低 10%，效率测度中考虑非期望产出的因素非常重要；法尔（Fare）
在 1989 年、1994 年和 1997 年使用不同方法对包含环境因素的全要素生产率
问题进行研究，并于 2004 年和 2006 年对效率评价中污染物的不同处理方法
进行了比较分析，认为方向性距离函数方法在衡量绿色全要素生产率时更为
准确，并推荐使用方向距离函数和控制环境变量的数据包络分析（DEA）
模型。

　　国内学者涂正革（2008）、涂正革和肖耿（2009）的研究发现，环境全
要素生产率已成为中国工业节能减排、高速增长的核心动力。产业环境结构
优化是中国工业增长模式转变的中坚力量，对促进经济效率提升、质量改善
有显著贡献。王兵、吴延瑞（2010）基于中国 30 个省份 1998 ~ 2007 年的面
板数据，运用 SBM 方向性距离函数和曼奎斯特—卢恩伯格（MLPI）测度了
资源环境约束下的环境全要素生产率指数及其分解指数，认为过多的能源投
入以及二氧化硫（SO_2）和工业化学需氧量（COD）的排放是绿色全要素生
产率低于传统全要素生产率的主要原因。从区域来看，东部地区无论是绿色
全要素生产率还是传统全要素生产率都高于中西部地区。陈诗一（2010）基
于方向性距离函数对 1980 ~ 2008 年中国工业 38 个两位数行业的绿色全要素
生产率进行了估算，发现考虑环境约束的绿色全要素生产率比传统全要素生
产率低很多，样本期内出台的节能减排政策，特别是针对重工业的环境规制
对工业绿色全要素生产率改善效果显著。近年来，使用方向性距离函数对不
同地区、产业绿色全要素生产率测度的文献持续增多，已经成为经济增长绩
效和可持续发展评价的主要工具。胡鞍钢等（2008）认为，这样估算得到的
绿色全要素生产率更具生产经济性含义。因此，本书研究也将运用 SBM 方向
性距离函数和曼奎斯特—卢恩伯格（MLPI）方法估算绿色全要素生产率
（GTFP）。

　　绿色全要素生产率测度的第三条路径是建立在绿色国民经济核算体系基
础上，一部分学者在全要素生产率的测度中用绿色 GDP 替代 GDP 作为产出
要素，这样的方法理论基础充分，与实际生产过程相符合。但是如前所述，
各个国家和地区的绿色 GDP 统计资料并不充分，应用这一方法的学者基本上

都是在传统 GDP 的基础上，根据自己的理解，增减包括森林的价值、污染的影子价格、环境退化成本等得到绿色 GDP 值，以此计算绿色全要素生产率。还有如尹向飞（2021）等基于索洛全要素生产率测算方法对传统 GDP 进行修正，估算出绿色 GDP，进一步测度绿色全要素生产率。实际上，由于绿色 GDP 本身测度的困难，而且缺乏统一的核算体系，这一方法尚处于研究和探索中。

三、绿色全要素生产率测度模型

经典全要素生产率测度方法索洛余值法仅考虑劳动和资本的投入，其作为 TFP 的测度已经被考虑参数的前沿分析法（SFA）和非参数的 Malmquist 指数法所替代，但是 SFA 和 Malmquist 指数法不能解决需要考虑污染排放等非期望产出的绿色效率测度问题。为了将环境污染这类非期望产出或者说坏产出整合到投入产出评价模型中，以更合理地评价生产率，钟等（Chung et al.，1997）提出了方向性距离函数。其后，福山和韦伯（Fukuyama & Weber，2009）、王兵等（2010）和刘诗一（2010）等均采用方向性距离函数和曼奎斯特—卢恩伯格生产指数（MLPI）结合的方法测算考虑了能源投入、废水、二氧化碳、二氧化硫和固体废物等排放的绿色全要素生产率。

为了将能源环境要素与传统的经济要素（资本、劳动、产出）一并纳入分析框架，参考法尔等（Fare et al.，2007）的分析方法，本书研究将中国 286 个城市分别看作一个生产决策单元构造每一时期的最优生产前沿面。假设各决策单元遵循同样的投入产出要素结构和同样的投入产出函数。各决策单元在生产中使用 n 种投入，生产出 m 种期望产出，产生 k 种非期望产出。

定义：投入向量集为 $X_t = (x_{1t}, x_{2t}, \cdots, x_{nt}) \in R^{it}$，期望产出向量集为 $Y_t = (y_{1t}, y_{2t}, \cdots, y_{mt}) \in R^{jt}$，非期望产出向量集为 $B_t = (b_{1t}, b_{2t}, \cdots, b_{lt}) \in R^{lt}$。$X_t, Y_t,$ B_t 满足投入产出规划模型为：

$$Q(X_t) = \{(Y_t, B_t) : X_t \text{ 可以生产出} (Y_t, B_t)\} \tag{5.3}$$

模型（5.3）需同时满足如下两个环境公理。

公理 1：期望产出与非期望产出是"零和的"（null-joint）。如果 $(Y_t, B_t) \in Q(X_t)$，当 $B_t = 0$ 时，则 $Y_t = 0$。也就是说，期望产出必然伴随着非期望产出，生产可能性边界经过原点。

公理 2：非期望产出是弱可处置的。如果 $(Y_t, B_t) \in Q(X_t)$，要使 $(\theta Y_t, \theta B_t) \in Q(X_t)$，则需 $0 \leq \theta \leq 1$。表明在既定投入下，减少非期望产出必须以牺牲期望产出为代价，在期望产出增加或不减的情况下，不可能实现非期望产出的减少。生产可能性边界为凸性函数。

图 5.3 给出了既定投入 X_t 下，两种产出 Y_t, B_t 的生产可能性边界，反映了期望产出与非期望产出间的弱可处置性和"零和性"特点。

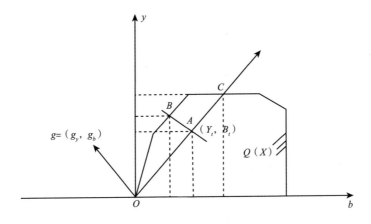

图 5.3 绿色生产可能性边界及方向距离函数

由图 5.3，技术由 $A(Y_t, B_t)$ 点所属的可能性集 $Q(X_t)$ 表示。它经过原点，生产可能性边界凸性。图中如果不考虑非期望产出的影响，在既定投入 X_t 下，产出 $Q(X_t)$ 可达到生产可能性边界 C 点。考虑生产的负外部性，产出 $Q(X_t)$ 扩展只能沿着向量 $g = (g_y, g_b)$ 的方向到达生产可能性边界的 B 点。与 C 点相比，B 点的期望产出和非期望产出都有所下降，反映了非期望产出的弱可处置性。记生产决策单元 A 距离生产可能性边界的距离为 η。根据法尔等（Fare et al., 1994），则有：

$$\vec{D}(X_t, Y_t, B_t; Y_t, -B_t) = \max \eta \tag{5.4}$$

记各截面单元观察值的权重为 λ_t^k，式（5.4）满足如下约束条件：

$$\text{s. t.} \sum_{k=1}^{K} \lambda_t^k y_{km}^t \geqslant (1+\eta) y_{km}^t, \sum_{k=1}^{K} \lambda_t^k b_{kl}^t = (1+\eta) b_{kl}^t, \sum_{k=1}^{K} \lambda_t^k x_{kn}^t \leqslant x_{kn}^t,$$

$$\sum_{k=1}^{K} \lambda_t^k = 1, \lambda_t^k \geqslant 0$$

其中，$\sum_{k=1}^{K} \lambda_t^k = 1$ 表明生产规模报酬是可变的，选择 VRS 模型。

在式（5.4）的基础上，利用 t 和 $t+1$ 当期，$t+1$ 期技术的 t 期，t 期技术的 $t+1$ 期的 4 个距离函数，构成两个不同时期距离变化的几何平均数。该几何平均数反映了从 t 到 $t+1$ 时期的效率变化，称作曼奎斯特—卢恩伯格生产率指数：

$$ML_t^{t+1} = \left[\frac{1 + \vec{D}_t(X_t, Y_t, B_t; Y_t, -B_t)}{1 + \vec{D}_t(X_{t+1}, Y_{t+1}, B_{t+1}; Y_{t+1}, -B_{t+1})} \times \right.$$

$$\left. \frac{1 + \vec{D}_{t+1}(X_t, Y_t, B_t; Y_t, -B_t)}{1 + \vec{D}_{t+1}(X_{t+1}, Y_{t+1}, B_{t+1}; Y_{t+1}, -B_{t+1})} \right]^{1/2} \quad (5.5)$$

根据格罗斯科普夫（Grosskopf，2003）的研究，模型（5.5）还可以进一步分解为技术效率变化指数（GEFF）和技术进步率指数（GTEC）两个部分：

$$ML_t^{t+1} = GEFF_t^{t+1} \times GTEC_t^{t+1}$$

$$GEFF_t^{t+1} = \frac{1 + \vec{D}_{t+1}(X_t, Y_t, B_t; Y_t, -B_t)}{1 + \vec{D}_{t+1}(X_{t+1}, Y_{t+1}, B_{t+1}; Y_{t+1}, -B_{t+1})} \quad (5.6)$$

$$GTEC_t^{t+1} = \left[\frac{1 + \vec{D}_t(X_t, Y_t, B_t; Y_t, -B_t)}{1 + \vec{D}_{t+1}(X_t, Y_t, B_t; Y_t, -B_t)} \times \frac{1 + \vec{D}_{t+1}(X_{t+1}, Y_{t+1}, B_{t+1}; Y_{t+1}, -B_{t+1})}{1 + \vec{D}_t(X_{t+1}, Y_{t+1}, B_{t+1}; Y_{t+1}, -B_{t+1})} \right]^{1/2}$$

$$(5.7)$$

模型（5.5）、模型（5.6）和模型（5.7）说明，曼奎斯特—卢恩伯格（ML）生产率指数（绿色全要素生产率 GTFP）的变化取决于技术进步率指数（GTEC）和绿色技术效率指数（GEFF）的变化。绿色技术进步率指数（GTEC）反映技术进步使得生产边界外移，技术效率指数（GEFF）反映既有技术的有效利用，可以衡量决策单元优化技术利用向前沿面趋近的程度。

GTEC > 1 表示技术进步导致生产可能性边界的向外移动，反之则将向原点移动；GTEC = 1 表明技术进步在相邻两期并未带来生产能力的变化。技术效率指数 *GEFF* > 1 表明前沿面下的决策单元向前沿面的趋近，效率改善，而 *GEFF* < 1 则表明其与最优决策单元组成的生产前沿面差距在进一步拉大，效率退步；当曼奎斯特指数 *ML* > 1 时，全要素生产率水平 *GTFP* 提高。*GEFF* 或 *GTEC* 指数之一大于 1 时，将带来 *GTFP* 提高，反之即导致 *GTFP* 降低。

四、变量选取与数据处理

投入与产出指标的选择以及决策单元的构成，对于准确测度绿色全要素生产率至关重要。出于数据获取和数据处理的方便，关于全要素生产率或绿色全要素生产率的研究中，学者们大多数都是基于省级层面的区域数据，或至多两位数分类的产业数据。但是经济增长在更微观的区域和部门间差异明显，同一省级区域不同城市不论在经济增长方式、经济增长水平，还是经济增长速度方面都有很大区别，尤其是地级以上城市是我国经济建设的决策主体和组织者。因而用省级宏观区域数据难以描述经济增长中的结构差异和区域不平衡状态，从更微观的城市区域展开研究更能发现经济单元的效率变化。

自从绿色全要素生产率（包括绿色效率、绿色全要素生产率等）概念提出以来，学者们开展了对不同国家、区域、行业等方面绿色全要素生产率的研究，这些研究中涉及的变量或多或少，其中核心的、所有研究都涉及的变量包括劳动和资本两类投入变量，以及期望产出变量国内生产总值（GDP）。除此之外，学者们根据各自的研究目的，在投入变量中引入了能源投入、土地投入等。非期望产出根据数据的可得性，早期研究引入的变量较少，一般仅包括二氧化硫、二氧化碳中的一种或两种，随着统计数据逐渐完善，近期的研究涉及的变量增多，如黄建欢（2016）的研究中引入了包括工业废水中化学需氧量（COD）排放量、工业废水排放总量、工业废气排放总量、工业 SO_2 排放量、工业粉尘排放量、工业固体废物排放量和工业烟（粉）尘排放量，共 7 个变量。尽管非期望产出引入变量越来越多，在绿色效率测度中一般是将多个非期望产出，用熵权法或主成分分析法综合成一种指数参与计算。

本书研究选择中国 286 个地级以上城市为决策单元，采用 2005～2018 年共 14 个年份的面板数据。投入变量选用资本累积投入（K）和用就业人数表示的劳动（K）两个变量；期望产出变量为各城市的 GDP 水平。由于样本期内有些城市为新晋地级市，有的发生了区划的调整等，数据获取难度大。为保证所有指标在样本期内的数据完整性，对于非期望产出选择了最具代表性的二氧化硫、废水和工业烟（粉）尘三种污染物，并将它们综合成一种污染指数（EI）。基于既有文献，各类非期望产出具有较高的线性相关性，选择更多的非期望产出对污染指数影响较小，对区域绿色全要素生产率计算结果不构成显著影响。全部投入变量和期望产出变量在第四章已经被整理完成，并参与到区域全要素生产率（TFP）的计算中，表示非期望产出的环境污染指数（EI）见本章第三节。

五、绿色全要素生产率测算结果及分析

根据模型（5.5），基于上述投入产出数据，利用 Matlab 软件测度出规模报酬不变条件下中国城市绿色全要素生产率（GTFP）ML 指数及分解指数——绿色技术效率指数（GEFF）和绿色技术进步率指数（GTEC）。并将三个指数从以下三个角度进一步分析研究。测度结果见表 5.6。

表 5.6　　　　中国城市总体的全要素生产率指数及其分解指数

年份	GTFP	GEFF	GTEC
2005～2006	1.0058	1.0424	0.9649
2006～2007	1.0123	1.0382	0.9751
2007～2008	1.0157	0.9885	1.0276
2008～2009	1.0232	1.0045	1.0186
2009～2010	0.9968	0.9841	1.0129
2010～2011	1.0569	0.9643	1.0961
2011～2012	0.9940	0.9943	0.9998
2012～2013	1.0091	0.9655	1.0451
2013～2014	0.9372	1.0116	0.9265
2014～2015	1.0470	1.0281	1.0184

续表

年份	GTFP	GEFF	GTEC
2015～2016	0.9640	0.9913	0.9724
2016～2017	0.9994	1.0095	0.990
2017～2018	1.0636	1.0125	1.0505
平均值	1.0091	1.0024	1.0067

表 5.6 显示在规模报酬不变的假设条件下，中国城市 2005～2018 年绿色全要素生产率（GTFP）指数年均增长率为 0.91%，绿色技术进步率（GTEC）年均增长率为 0.67%，绿色技术效率（GEFF）的年均增长率为 0.24%，可见样本期内中国城市绿色全要素生产率（GTFP）增长主要来自绿色技术进步的贡献，绿色技术效率的贡献较小，这与涂正革和肖耿（2005）、吴军（2009）、陈诗一（2010）、黄建欢（2018）等学者的研究结论一致。进一步对三者做线性相关分析并进行显著性检验，结果显示，GTFP 与 GTEC 相关系数为 0.818，呈显著正相关关系。GTEC 与 GEFF 的相关系数为 −0.595，呈显著负相关关系，而 GTFP 与 GEFF 的相关系数为 −0.025，结果并不显著。可见样本期内绿色全要素生产率（GTFP）指数的增长主要依靠技术进步推动的生产前沿面外移。促进既有技术的充分利用，实现绿色技术效率改善，是提高绿色全要素生产率水平的重要方面。GTEC 与 GEFF 为显著的负相关，说明绿色技术效率常常在绿色技术进步率低的时候表现出增长的趋势。

从各年来看，样本期初 2005～2009 年，中国城市绿色全要素生产率均大于 1，表现为正增长，而且增长率逐年增大。2009 年之后，中国各城市整体的绿色全要素生产率水平呈增减震荡趋势，而且震荡幅度逐年增大。这种情况是之前研究所未曾有过的现象，产生这种情况的原因并非偶然。金融危机之前，通过进口先进的技术装备带来的体现式技术进步和日益增大的世界市场，使得中国经济可以实现一定阶段的持续增长和效率改善。随着金融危机爆发和国际贸易环境变化，尤其是体现式技术进步导致的生态环境问题日益严峻，改变经济增长方式，必须实现结构转型，实现创新驱动下的绿色生产。自主创新与高端技术装备引进，虽然都能带来技术进步，都能实现效率的提高和经济增长，但是它们的差异明显。其一，起作用的时间不同，由自主创新导致的经济增长时滞较长，而引进技术装备可以很快改变生产中的技术提升，效率提高较快。其二，自主创新带来的经济增长，是一种更高附加值、低要素投入和污染排放的可持续增长，而引进技术装备作用下的高效率生产需要大量的要素投入，生产出大量的产品，附加值较低，需要广阔的市场，容易导致贸易争端，而且由于非期望产出的弱处置效应，环境污染不可避免。

正是由于金融危机以后，中国经济结构的调整，依靠自主创新的增长作用周期长，导致经济效率的震荡，且振幅逐渐增大。当然随着中国自主创新能力的增强、科技转化效率的提高，这种自主创新驱动型的增长将会呈现出持续性和平衡性。

进一步做截面单元绿色效率测算结果的分析。由于截面单元众多，关于各年度的城市绿色效率表现不在书中展示，只做时间序列的描述性统计分析，结果见表5.6。对城市绿色全要素生产率，从区域异质性和区域关联性两个方面予以研究。

如前所述，样本期内全部城市 GTFP 平均增长率为 0.97%，其中 228 个城市实现正增长，占比 79.7%，其余 58 个城市平均绿色全要素生产率水平下降。可见样本期内大部分城市实现了绿色效率的提升，增长最大的城市为北京、长沙、西安和深圳，它们分别实现了 6.08%、5.89%、5.73% 和 5.52% 的增长。北京作为首善之都，聚集了全国最优秀的创新资源，通过技术创新实现了低要素投入、低能耗、低污染和高产出。尽管北京不是经济增长最快的城市，但是经济增长的质量是最好的，实现了创新驱动下绿色发展和可持续发展。长沙成为样本期内绿色效率增长第二位的城市也是理所当然，2007年长株潭地区成为中国"两型社会"先行先试试验区，在此之后湖南省先后成立湖南省两型社会研究中心、湖南大学两型社会研究院和中南大学两型社会研究院，产学研各界致力于资源节约型、环境友好型的"两型社会"建设，集聚优秀人才，加快创新发展，取得显著成效，尤其是不依赖房地产、不依赖土地财政的经济增长，增长质量好，人民实惠多、幸福感强。西安作为历史古都，一方面旅游景点众多，另一方面科教资源雄厚，建设低碳绿色的经济增长模式，实现经济结构转型，既有物质基础又有科技教育支撑。位于绿色效率增长前列的还有深圳，作为改革开放的排头兵，面对金融危机后

国际贸易环境的变化，积极调整发展思路，加强科技投入。研发经费投入从
2005～2018年年均增长16.0%，全社会研发投入强度达到全球领先水平。依
靠科技创新实现高质量发展，目前深圳在5G、基因测序、3D显示、新能源
汽车、无人机等领域的创新能力处于世界前沿。正是依靠原始创新驱动，深
圳实现了绿色效率的显著增长，向创新驱动型经济增长方式转型的步伐领先
全国。

58个绿色效率负增长的城市中因为数据不完整去掉三亚之外，剩下的57
个城市中，下降幅度最大的三个城市为四平、绥化和东莞。四平和绥化作为
传统工业城市，近年来随着东北老工业基地的整体没落一起沉沦，由于没有
把握住新兴产业的发展机会，依然固守传统重工业的产业结构，加之人才流
失严重，技术创新不足，四平、绥化依然徘徊在高投入、高消耗和高污染等
低效率生产状态之中。东莞作为和深圳毗邻的城市，曾经也是改革开放的排
头兵，经济发展的领头雁，但是长期依赖国外市场的加工贸易形式容易受到
国际市场变动的影响。样本期内受国际经济下行、国际贸易环境恶化的影响，
东莞经济遭遇严重冲击。20世纪90年代及21世纪初期，东莞和深圳一起在
改革开放红利的作用下，经济迅速腾飞。但是面对世界市场的变化，深圳加
快了科技创新的步伐，实现了经济结构深化和转型。而与此同时，东莞长期
固守在承接深圳淘汰的落后产业中。由于人口红利逐渐消失，劳动用工成本
增加，以及土地价格攀升等使得这类外资企业进一步向东南亚转移。东莞这
种以劳动密集、加工出口为主的产业结构，在恶化的世界市场环境中遭遇严
重的冲击，导致这个位于改革开放前沿的城市绿色全要素生产率落后于全国
大部分城市。

六、绿色全要素生产率的空间效应分析

城市绿色全要素生产率的空间效应包括了空间异质性和空间依赖性两个
方面。首先将中国286个城市绿色全要素生产率（GTFP）值标注到地图上，
并根据数据分布区域，分别以绿色全要生产率均值减一个标准差、正负增长
分界点1、绿色全要生产率均值、绿色全要素生产率均值加一个标准差和最

大值 1.062 作为分组组限，结果表明中国绿色全要素生产率水平整体上中东部地区较高，但是与全要素生产率 TFP 的空间分布有所不同的是，高值区域由东南沿海向中部偏移，一个标准差椭圆也表现出同样的变动方向，但长轴两边不呈对称分布，而是向右下凸向东南方向。说明在考虑了污染物排放之后，反映中国城市经济绩效的绿色全要素生产率东南沿海一带表现更好。在全要素生产率测度中表现优秀的中部地区，负向产出拖累了绿色全要素生产率，环境生态问题突出。

中国城市绿色全要素生产率 GTFP 的空间表现还显示出强的空间依赖性，呈现高高和低低的集聚状态。以 Queen 邻接构造（1，0）空间权重矩阵（相邻为 1，不相邻为 0），以之为权重，计算出空间自相关系数 Moran's I = 0.5920，在 0.01 的显著性水平下，中国城市绿色全要素生产率（GTFP）表现出显著的空间依赖关系。进一步做局部自相关的分析，选择 1 万次随机化排列后，用红色区域表示高值集聚，蓝色区域表示低值集聚，灰色地区集聚状态不显著，浅蓝色为低—高集聚，粉色为高—低集聚。高—高集聚和低—低集聚的城市分别达到 73 个和 50 个，高值集聚主要集中在以北京为中心的京津冀城市群，并沿着海岸线向南北延展，向南到达长三角区域，从长三角区域沿长江向西辐射至武汉城市圈。而低值集聚主要发生在西部各省份城市之间。具有高—低和低—高关系的只有 20 个和 1 个。这样的集聚状态说明各城市之间具有较高的正自相关关系，显示出显著的空间依赖性。

将表示中国城市全要素生产率的空间分布状态，与表示中国城市绿色全要素生产率的空间分布状态进行比较，可以发现，全要素生产率表现好的区域与城市绿色全要素生产率高的区域在很大范围内是重合的。后者一个标准差椭圆更凸向东南，反映出在考虑了非期望产出以后，中国城市绿色全要素生产率向科技教育基础好、人力资本水平高的地区倾斜。高值集聚数量超过城市全要素生产率的高值集聚数量。从两种效率局部空间自相关 Lisa 集聚差异图中，可以发现城市绿色全要素生产率空间区域分布比全要素生产率空间区域分布的高值集聚数量多，低值集聚数量略少。高值集聚区域前者主要分布在从北京到上海之间的沿海地带，包括胶东半岛，后者主要集中在以北京为中心的东西城市带、长江经济带和珠三角区域。低值集聚区域两者区域分布高度一致。高—高集聚有 64 个城市，低—低集聚有 51 个城市，高—低和低—高集聚关系合计仅为 18 个城市，另有 228 个城市之间集聚状态不显著。高—高集聚状态城市主要集中在以北京为中心的城市群、长江沿线的城市带和以广州、深圳为中心的珠三角城市。而低—低集聚主要集中在新疆、青藏高原和海南等科教基础薄弱、技术进步相对落后的地区。

　　进一步比较中国绿色全要素生产率样本期初和样本期末空间分布的变化，考察中国经济增长方式的时空变迁，为研究经济转型提供直观的数据基础。分别将样本期初 2005～2006 年和样本期末 2017～2018 年的中国城市绿色全要素生产率 GTFP 指数标注到地图上。为了便于比较两个时期 GTFP 的变化，分级色彩断点都按 2005 年 286 个数据的最大最小值、上下 4 分位数和 1 确定。选择 1 作为其中一个断点，是因为 GTFP 大于 1 表示绿色全要素生产率对经济增长有正的贡献，小于 1 表示没有贡献。

　　由于上四分位数大于 1，三个关键的区域是 GTFP 值从上四分位数到 2005 年 GTFP 最大值之间的分布区域为表现优秀的区域。样本城市中从 1 到上四分位数之间的区域为绿色全要素生产率表现好的区域。GTFP 值小于 1 的区域为绿色全要素生产率表现差的区域。比较来看，2005～2018 年，全国绿色全要素生产率大于 1 的城市明显减少，减少的地方主要集中在东北地区和内蒙古一带。一个标准差的方向性椭圆的面积略有缩小，全国整体的绿色全要素生产率水平差异化增大。长轴代表的方向基本相同，位于胡焕庸线东部，并且与胡焕庸线平行。绿色全要素生产率高值区域处于中国城镇化水平高、人口密度大、人力资本积累水平高的区域。但是一个标准差内部 2005 年蓝色和紫色表示的较高 GTFP 区域更多更密集。可见 2005～2018 年，中国城市绿色全要素生产率水平总体上呈下降的趋势。

第六节　本章小结

　　绿色全要素生产率指数是传统投入要素之外，资源配置、规模经济、技术进步和人力资本等各因素在考虑了非期望产出后，对经济增长贡献程度的度量。因此，绿色全要素生产率不仅能反映技术进步等对经济增长的影响，还反映基于这种技术进步的生产是否被环境生态所包容，能不能实现可持续增长，是评判经济增长是不是创新驱动的依据。为了研究不同经济结构下的绩效水平，本章基于方向性距离函数，使用曼奎斯特－卢恩伯格指数法对中国 2005~2018 年 286 个城市的绿色全要素生产率指数及其分解指数进行测度，分析各类指数的时空变化，比较样本期内各类指数变动特征。借助地理信息系统和空间探测分析工具，将绿色全要素生产率的时空变化标注到地图上，以便更直观地考察不同城市之间绿色全要素生产率变化的空间依赖性和空间异质性，为本书建立人力资本结构与绿色全要素生产率之间的关系提供理论基础。

2001 年中国加入世界贸易组织以后，中国经济全球化不断深化，在国际市场的地位逐年提高，与此同时，中国经济受世界经济变化的影响也逐渐增大。2006 年进出口额达到国内生产总值的 67%，中国经济深深嵌入世界产业链、供应链之中。但是，2008 年肇始于美国的金融危机带来的衍生效应，加上大国博弈的加剧，导致贸易保护主义抬头，全球化趋势逆转。这对我国产品出口、高技术设备的引进，以及国际科技合作等造成严重的影响。现代化大生产背景下，任何国家都不可能拥有全部产品的完整产业链，中国制造遭遇到的世界市场萎缩约束了中国现代大规模生产的产能释放，不仅导致全要素生产率下降，同样使得中国经济增长中的绿色全要素生产率下降。不过由于绿色全要素生产率更多地依赖于自主创新，相对于以先进技术装备引进驱动的全要素生产率受外部经济影响的程度降低。所以，样本期内中国经济增长中的全要素生产率水平整体上低于绿色全要素生产率水平。

在绿色全要素生产率测算过程中，将废水、二氧化硫和工业烟（粉）尘三种污染物加权计算出环境综合指数，作为非期望产出参与到计算过程中。在样本期内恰好 2011 年污染物排放统计指标加入了工业粉尘，记为工业烟（粉）尘，在 2015 年这一指标又加入了无组织排放的数量。统计指标数据的变化可能会对绿色全要素生产率的测度存在一定的影响，为了保证结果的稳健性，计算中采取了将数据标准化后再加权的方法，需要的数据信息仅限于地区之间的差异性。当然后续的研究中将采取更有效的方法，获取更准确的统计资料改进计算。从 286 个城市环境污染负荷水平 PL 变化看，样本期内中国城市污染水平呈下降趋势：从 2005 年的城市单位面积污染负荷 0.1202 下降到 2018 年的 0.0635，尤以京津附近城市污染指数下降明显。城市污染的空间自相关性显著，但是污染的空间关联关系正在被遏制，中国城市经济增长的环境效益在不断提升。

使用考虑了 SBM 方向性距离函数的 Malmquist-Luenberger 生产指数法（MLPI）进行绿色全要素生产率的测度，结果表明中国城市 2005～2018 年，绿色全要素生产率指数年均增长了 0.91%，其中，绿色技术进步率贡献了 0.67%，绿色技术效率贡献了 0.24%，绿色技术进步的贡献大于绿色技术效率的贡献。从地区表现看，北京、长沙、西安和深圳绿色全要素生产率领先全国；四平、绥化和东莞绿色全要素生产率排名位列全国 286 个样本城市的后三位。从时间上看，样本期内中国城市绿色全要素生产率整体呈下降的趋势，尤其是在 2008 年世界金融危机之后，大部分年份绿色全要素生产率对经济增长的贡献为负值。从城市绿色全要素生产率的空间表现看，中国城市绿色全要素生产率高的地区主要集中于中国中东部地区，整体上表现出显著的空间自相关性。高—高集聚城市数量多于全要素生产率的高—高集聚城市数量，低—低集聚城市数量两种接近。相较于全要素生产率的空间分布，绿色全要素生产率空间分布中一个标准差椭圆的位置明显向左偏移。包括武汉、合肥、西安和长沙等中部城市在内的科教文化和自主创新能力强的城市具有较高的绿色全要素生产率，改变了中国经济增长方式的版图。相反，样本期内东北地区绿色全要素生产率下降明显。调整传统产业结构，提高科技创新能力，充分发挥市场机制作用是东北地区的出路。

样本期内，受世界金融危机影响，绿色全要素生产率整体下降，但是相较于全要素生产率下降的幅度较小。可见提高自主创新能力，改变"两头在外"的依赖性经济增长方式，实施双循环战略，构建国内国际相互促进的新发展格局，是保持经济持续稳定增长的重要保证。

第六章 中国城市经济增长方式分类及转型

引　言

改革开放以后，中国经济高速增长，借助"两种资源、两个市场"，从2010 年至今，中国已经连续 11 年成为全球规模最大的制造业国家。但由此造成的对资源环境的过度消耗和破坏已经引起人们的反思。尽管中国经济增长已经告别了单纯依靠要素投入的方式，但是投资驱动的经济增长在获取高产出的同时，依旧无法摆脱高消耗、高污染的老路。在生态环境问题日益突出，人均资源日趋紧张的约束下，转变经济增长方式就成了中国经济可持续增长要解决的首要问题。云鹤、吴江平等（2009）认为，对经济增长方式的研究本质上就是在探寻经济长期增长的动力与源泉的研究，并在此基础上寻求资源节约、环境友好的集约型增长方式，实现经济转型。

古典经济理论认为资本要素积累是经济增长的关键，但是资本边际报酬递减规律表明，这种要素驱动的增长不具有可持续性。新古典经济增长理论认为，外生的技术进步推动了经济长期增长，但是依靠引进先进技术装备的大规模制造一方面受制于人，另一方面又导致严重的高消耗、高污染问题。以引进先进技术装备为主要形式的技术进步，可以提高人均技术装备率，实现经济增长。这是一种新古典经济增长理论意义上的技术进步，称为外生型技术进步。市场的约束和生态环境的压力说明，依靠这种技术进步不能实现经济长期可持续增长。20 世纪 80 年代以来，美国经济学家罗默（Romer，

1986）和卢卡斯（Lucas，1988）分别发现了对技术进步和人力资本的投资具有边际报酬递增作用，递增的报酬保证了经济的长期增长。强大的外部性又使得这两种投资的收益不可能为投资者独享，更多的收益为社会所获得，消除了私人投资带来一家垄断的可能，确立了内生增长理论。

经济的可持续增长，需要从依赖要素扩张的传统增长方式，转型到创新驱动的增长轨道；从依赖技术引进的外生型技术进步升级到环境友好、资源节约的原始创新驱动的增长方式中。20 世纪 90 年代，美国经济学家、诺贝尔经济学奖得主保罗·克鲁格曼关于东亚经济增长的论述说明，要素驱动和外生型的技术进步不能保证经济的可持续增长，这种经济增长形式容易遭受国际市场环境动荡的冲击。1997 年的一场在泰国爆发的金融危机很快波及整个东南亚，所谓"东亚奇迹"酿成"东亚危机"。"东亚危机"表明依靠全要素生产率提高的经济增长才具有可持续性。

保罗·克鲁格曼关于亚洲经济增长因没有技术进步成分而不可持续的论断，主要是基于经济体在发展中的主导权问题和在国际市场上的竞争力问题。随着大规模生产引起的资源枯竭、碳排放、环境污染日益严峻，经济的可持续增长还要结合生态环境问题一并考虑。而全要素生产率能够考察经济增长中技术进步的成分，但不能考察经济增长中污染排放、生态环境恶化的成分。能够同时考察技术进步和环境污染情况的指标是绿色全要素生产率。限于资源环境的约束，实现经济可持续增长，不仅需要从全要素生产率的角度予以研判，还要从绿色全要素生产率的角度进一步分析。与全要素生产率相比，绿色全要素生产率在计算过程中考虑了非期望产出，改变了各决策单元产出在前沿面上的位置，计算结果不同于全要素生产率。

基于全要素生产率方法对一国或一个地区经济增长中创新作用的研究很多，随着资源约束和生态环境的压力增大，"杰文斯悖论"现象凸显。为了准确表达技术进步在经济可持续增长中的作用，近年来这一研究拓展为用绿色全要素生产率方法替代全要素生产率评价经济增长的质量。尤其是随着绿色国民经济核算日益深入人心，应用范围不断扩大，计算机技术的进步不断改进了绿色全要素生产率测度方法，为我们判断经济结构转型、研究人力资本结构与经济转型关系提供了技术保障。

选择中国城市作为经济增长方式转型的研究对象是基于以下两个方面：一是中国各城市之间全要素生产率、绿色全要素生产率存在时空差异；二是中国城市众多，不同城市人力资本结构、科教文化基础、技术水平和自然生态环境等差异巨大。第四章和第五章的分析也显示了中国城市经济增长的差异化表现与卢卡斯（1990）等基于国别的经济增长研究具有相似之处。因此，可以通过比较各城市全要素生产率和绿色全要素生产率的变化，判别城市经济增长驱动因素、增长方式，结合时间维度确定经济转型情况。进一步将这种 TFP 和 GTFP 的变化与各城市人力资本结构相联系，研究它们的结构化关系，为促进人力资本结构优化，提高中国经济增长质量提供政策建议。

第一节　经济增长方式的类型

一、经济增长方式判别标准

经济增长通常是指一个经济体在一个较长时期跨度内国民生产总值的持续增加。而经济增长方式通常指决定经济增长的构成要素、要素配置方式，以及要素驱动力。经济增长方式可以从不同角度进行分类。根据构成要素在经济结构中的地位和作用，从低级到高级可以划分为要素驱动型、投资驱动型和创新驱动型；根据经济主体和经济客体的关系，从低级到高级可以划分为资源配置型和资源再生型等。低级增长方式是高级增长方式的基础，高级增长方式包容了低级增长方式。从低级别增长方式到高级别增长方式的跃迁称为经济转型或经济转轨。本书研究从劳动力、资本、创新在经济增长中的地位和作用出发，判别不同地区经济增长方式，确定是否实现经济转型，为此，先要确立经济增长方式的标准。德鲁克曾说"如果不能衡量，就无法管理"。根据本书第四章论述，经济转型的衡量标准就是根据经济增长速度、全要素生产率和绿色全要素生产率三个指标的表现。由于样本期内，全部城市 GDP 均实现了正增长，最低的鞍山市平均增长率为 0.6%，可以说全部城市至少都存在要素驱动型经济增长。但是否存在投资驱动型和创新驱动型增长，还要看全要素生产率（TFP）和绿色全要素生产率（GTFP）的表现。

基于 Rao-Blackwell 定理：在理性的世界里，所有的判断都是统计学。由于各个城市 TFP 和 GTFP 的计算都是基于 2005～2018 年十三个时期数据的几何均值，为了判定每个城市经济增长方式，还需要应用统计的方法，基于样本对更长时期的城市经济绩效表现做出判断。为此构造如下两个假设。

假设 1：全要素生产率小于 1，城市为要素驱动型。H_1：TFP < 1。

假设 2：绿色全要素生产率大于 1，城市为创新驱动型。H_2：GTFP > 1。

检验从假设 2 开始，如果接受了假设 2，则认为该城市为创新驱动型。如果拒绝假设 2，就应该检验假设 1，判定是否为要素驱动型。如果假设 1、假设 2 同时被拒绝，说明该城市未达到创新驱动的标准，但经济增长又不仅限于要素投入贡献，则判定该城市为投资驱动型。由于每个城市仅有 13 个时期的 TFP 和 GTFP 数值，假设检验中的统计量选择小样本下的 t 统计量。

$$t = \frac{x_i - 1}{s_i / \sqrt{n}} \tag{6.1}$$

其中，x_i 表示第 i 个城市样本期内 *TFP* 或 *GTFP* 的几何均值；s_i 表示第 i 个城市样本期内 *TFP* 或 *GTFP* 的标准差；n 为每个城市 *TFP* 和 *GTFP* 的样本数，由 2005～2018 年 14 年的数据计算出的 *TFP* 和 *GTFP* 值均为 13，因此 n 取 13；显著性水平选择 0.1。

二、中国城市经济增长方式的类型

按照上述经济增长方式判别标准，对每一个城市进行假设检验。由于是研究性假设，将所要证明的结论"某某城市为创新驱动型"放在备择假设，相应地，某某城市不是创新驱动型作为原假设。同样地，对要素驱动型城市的检验也遵循同样的规则。基于这样的检验规则，以北京为例，检验过程如下。

H_1：北京不是创新驱动型城市（GTFP ≤ 1）。

H_2：北京是创新驱动型城市（GTFP > 1）。

根据北京 13 个年度的绿色全要素生产率值，计算出均值为 1.061，样本标准差为 1.131，t 统计量为：$t = \dfrac{x_i - 1}{s_i/\sqrt{n}} = \dfrac{1.061 - 1}{1.131/SQRT\ (13)} = 1.679$，对应的 p 值为 0.059，在 10% 的显著性水平上，拒绝原假设，接受北京是创新驱动型城市的假设。以此方式对每一个城市进行检验，判别结果见表 6.1。

表 6.1   **中国城市经济增长方式类型**

要素驱动型 （55 个）	投资驱动型（178 个）	创新驱动型 （53 个）
唐山市 运城市 通辽市 鞍山市 四平市 齐齐哈尔市 鸡西市 伊春市 佳木斯市 牡丹江市 黑河市 绥化市 湖州市 金华市 阜阳市 宿州市 亳州市 宣城市 厦门市 莆田市 漳州市 宁德市 赣州市 宜春市 平顶山市 许昌市 黄石市 孝感市 荆州市 衡阳市 韶关市 汕头市 江门市 茂名市 东莞市 梅州市 阳江市 揭阳市 北海市 三亚市 巴中市 安顺市 昆明市 铜川市 拉萨市 玉溪市 渭南市 汉中市 商洛市 定西市 平凉市 中卫市 陇南市 武威市 金昌市	天津市 白银市 秦皇岛市 邯郸市 张家口市 承德市 沧州市 晋中市 临汾市 包头市 赤峰市 来宾市 邢台市 巴彦淖尔市 锦州市 盘锦市 葫芦岛市 吉林市 辽源市 通化市 白山市 宁波市 松原市 哈尔滨市 潮州市 鹤岗市 大庆市 无锡市 呼和浩特市 连云港市 河源市 镇江市 温州市 泰州市 宿迁市 绍兴市 衢州市 台州市 舟山市 蚌埠市 六安市 淮北市 阜新市 铜陵市 安庆市 南通市 滁州市 乐山市 池州市 福州市 三明市 泉州市 马鞍山市 南平市 龙岩市 景德镇市 萍乡市 鹰潭市 吉安市 漯河市 抚州市 临沂市 开封市 洛阳市 鹤壁市 清远市 南阳市 新乡市 濮阳市 商丘市 钦州市 荆门市 信阳市 驻马店市 周口市 十堰市 遵义市 宜昌市 嘉峪关市 襄樊市 安阳市 黄冈市 咸宁市 随州市 株洲市 邵阳市 岳阳市 永州市 常德市 郴州市 怀化市 南宁市 大连市 柳州市 张掖市 湛江市 肇庆市 重庆市 惠州市 汕尾市 梧州市 防城港市 贵港市 玉林市 百色市 贺州市 黄山市 海口市 自贡市 泸州市 德阳市 宜宾市 绵阳市 遂宁市 广安市 达州市 南充市 眉山市 资阳市 曲靖市 保山市 白城市 昭通市 丽江市 思茅市 临沧市 延安市 兰州市 内江市 天水市 酒泉市 庆阳市 西宁市 银川市 吴忠市 阳泉市 乌鲁木齐市 克拉玛依市 廊坊市 长治市 晋城市 朔州市 吕梁市 乌海市 云浮市 鄂尔多斯市 石嘴山市 呼伦贝尔市 乌兰察布市 沈阳市 安康市 本溪市 丹东市 营口市 盐城市 辽阳市 铁岭市 朝阳市 固原市 双鸭山市 七台河市 丽水市 芜湖市 淮南市 九江市 新余市 上饶市 济南市 潍坊市 攀枝花市 六盘水市 聊城市 滨州市 娄底市 珠海市 佛山市 莱芜市 德州市	咸阳市 北京市 长沙市 西安市 深圳市 成都市 青岛市 苏州市 雅安市 东营市 桂林市 合肥市 武汉市 榆林市 泰安市 烟台市 上海市 杭州市 菏泽市 张家界市 湘潭市 益阳市 太原市 崇左市 宝鸡市 长春市 中山市 贵阳市 威海市 济宁市 扬州市 郑州市 抚顺市 广州市 衡水市 日照市 南京市 枣庄市 焦作市 徐州市 淮安市 三门峡市 忻州市 南昌市 常州市 石家庄市 鄂州市 淄博市 保定市 嘉兴市 广元市 河池市 大同市

从表 6.1 可以看出，全部 286 个样本城市中，有 178 个城市表现为投资驱动，占全部样本城市的 62.2%。改革开放后，中国经济经过 40 余年的不

断积累，这些城市已经完成从要素驱动向投资驱动的跨越。经济增长驱动力不再是传统的要素驱动，主要来自投资驱动，这种投资以引进国外先进技术装备为主。先进的机器设备、高效的生产工具蕴含着技术的进步。这是一种资本体现式的技术进步，通过接受发达国家或地区的技术溢出，提高了人均技术装备率，获取了技术外部性的红利，根据新古典经济增长理论，这是一种外生型的技术进步。投资驱动下的经济增长，相当于外生技术进步驱动下的经济增长。这种技术进步一方面促进了全要素生产率的增长，另一方面也带来了严重的生态环境问题，未能实现低碳环境下的绿色生产。中国大部分城市的经济增长目前停留在这样一个增长阶段。这是一种过渡型的经济增长方式，是工业化过程中，从要素驱动型向自主创新驱动型增长的一个必经阶段。

依赖人口、土地和矿山等资源要素驱动的城市有 55 个。要素驱动型的城市主要集中在如昆明、阜阳、黑河、定西等中西部和东北地区。这些城市经济增长中主要依靠生产要素的大量扩张，依靠大量开采环境资源和对产品或原料粗加工的方式来进行生产，生产过程高能耗、高投入、低产出、低质量。生产的产品附加值低，替代性强，需求弹性大，受市场波动影响大。一般来说，要素驱动型的城市现代高技术产业发展滞后，科技创新力不足。尽管也有如厦门、东莞等开放较早、外向型经济显著的城市，但是它们或是受到区域规模的限制，或是受到产业转移的影响，样本期内产业结构调整没有跟上技术进步的节奏，产出效率落后于全国平均水平。

实现创新驱动型的城市仅有 53 个，这些城市不仅全要素生产率大于 1，而且绿色全要素生产率也大于 1，实现了从投资驱动跃迁到创新驱动。这种创新能够通过技术溢出产生高的社会价值，低投入高附加值，不依靠大规模的制造，创新的产品替代性小、需求刚性，受市场规模变化的约束小，能实现低资源消耗、低污染排放、高产出效益。53 个创新驱动型城市主要集中于东部沿海城市，包括了我国科教基础雄厚、创新力较强的科技中心城市，如北京、上海、南京和合肥等，也包括了生态资源、文化旅游资源丰富的城市，如桂林、张家界、咸阳和日照等旅游中心城市等。更多的则是改革开放起步较早，结构调整转型较快，科技投入高，高技术产业占比较高的城市，如深圳、杭州、苏州和广州等。

由于 GTFP 是在原 TFP 测度基础上施加了一个表示非期望产出的向量，当一个城市期望产出非常大，即使非期望产出较高，环境污染严重，绿色全要素生产率水平也可能很高。而较高的期望产出既可能是源于高效率部门产出效率的提高，也有可能源于低效率部门向高效率部门看齐导致的价格上升。所谓的"鲍莫尔成本病"现象不仅存在于产业之间，区域之间也会存在这种情况，尤其是在强调均衡性转移支付的中央财政预算机制下，53 个高 GTFP 城市中如石家庄、大同等部分城市可能会存在这种情况，它们在城市经济协调发展中享受到政策的红利，当然这些依靠价格上升带来的高效率还要经过时间的检验，尤其是房地产长期调控政策的检验。为进一步研究 GTFP 的来源，在后面的研究中可以引入技术创新水平较低的部门，如房地产业的产值或房价等因素，将其作为控制变量，测度它导致的 GTFP 变化，挤出 GTFP 增长的"水分"，分析 GTFP 的真正来源及结构关系。

第二节　三类城市绿色全要素生产率变动趋势

第五章对 286 个城市 2005～2018 年的总体绿色全要素生产率指数（GTFP）以及分解项绿色技术进步率指数（GTEC）和绿色技术效率指数（GEEC）的时空演变已经做了初步分析。本章又进一步根据不同城市绿色全要素生产率和全要素生产率的表现，将全部城市划分为增长方式不同的三类。但是基于中国城市的发展实际，即使同一类型城市在产业结构、生态环境、文化教育、科技创新和人力资本等方面也存在较大差异。由绿色全要素生产率和全要素生产率定义的三种城市经济增长方式，同类型城市之间有些可能只是"雷同"。绿色全要素生产率大于 1 的 53 个城市真的都是创新驱动型吗？全要素生产率小于 1 的 55 个城市全都是技术水平差，人力资本积累低，只能靠劳动密集、资源密集产业支撑吗？为此，分别对创新驱动型、投资驱动型和要素驱动型三类增长方式的城市绿色全要素生产率及其分解项样本期间的变动趋势进行具体分析。

一、创新驱动型城市绿色全要素生产率变动趋势

创新驱动型增长方式下城市应该是高新技术企业众多、创新产品涌现、知识密集、技术密集的城市。城市充满创新活力，资源转换型科技创新人力资本、促进资源合理配置的企业家人力资本和促进资源充分利用的制度型人力资本占比较高。图 6.1 给出了创新驱动型城市 13 个样本年间绿色全要素生产率及其分解项技术进步率指数、技术效率指数的时间变化趋势。

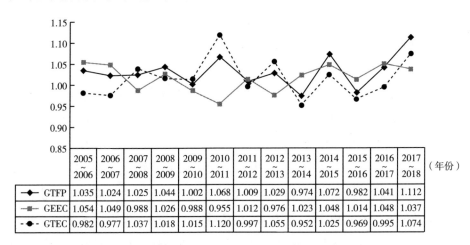

	2005~2006	2006~2007	2007~2008	2008~2009	2009~2010	2010~2011	2011~2012	2012~2013	2013~2014	2014~2015	2015~2016	2016~2017	2017~2018	（年份）
GTFP	1.035	1.024	1.025	1.044	1.002	1.068	1.009	1.029	0.974	1.072	0.982	1.041	1.112	
GEEC	1.054	1.049	0.988	1.026	0.988	0.955	1.012	0.976	1.023	1.048	1.014	1.048	1.037	
GTEC	0.982	0.977	1.037	1.018	1.015	1.120	0.997	1.055	0.952	1.025	0.969	0.995	1.074	

图 6.1 创新驱动型城市 GTFP 及其分解项的时间变化趋势

图 6.1 显示，2005～2018 年中国创新驱动型城市绿色全要素生产率从 2005 年的 1.035 上升到 2018 年 1.112，年均增长 3.2%，远远高于全国各城市 0.97% 的平均增长速度；绿色全要素生产率曲线在 2008 年以后波动幅度明显增大，且在 2013～2014 年出现了负增长。这种情况与 2008 年世界金融危机相关。2008 年金融危机以后，中国外贸出口受到严重冲击，这给中国尤其是外向型经济依赖程度较高的城市经济带来困扰，也使得绿色全要素生产率水平出现波动，甚至导致负增长。由此，中国经济进入结构转型的关键期，确立了创新驱动型的经济增长目标，正是在这种调结构、稳增长政策指导下，中国经济重新焕发出活力。创新型企业、创新型产业、创新型城市开始涌现。2016 年以后，尽管逆全球化思潮愈演愈烈，面对不利的国际市场环境，中国

城市绿色全要素生产率 GTFP 仍然保持增长，说明中国城市创新活力增强，创新驱动型城市增多，中国经济进入了高质量增长轨道。

从图 6.1 中我们还可以看出，创新驱动型城市的技术进步率对绿色全要素生产率增长的贡献明显大于绿色技术效率的贡献，印证了创新驱动型城市经济增长中科技创新的作用。样本期内绿色技术效率的变化整体上较平稳，但在 2008 年以后出现较大幅度的下降，2012 年又逐渐回升到样本期初的绿色技术效率水平。在绿色技术进步率和绿色技术效率关系中，绿色技术进步率起着主导性的作用。绿色技术进步率对绿色全要素生产率的影响更大。

二、投资驱动型城市绿色全要素生产率变动趋势

投资驱动型增长方式下城市通过引进国外技术装备和外商直接投资（FDI）等形式聚集了大量拥有先进技术装备、资本密集和技术密集型的企业。这些企业大多分布在设备制造、石油化工、重型机械和电力能源工业领域，也包括一些"两头在外"，以生产终端产品为主的制造业。这些企业技术创新的贡献没有高技术企业明显，或者存在难以克服的环境污染问题，与创新驱动型增长方式相比，投资驱动更依赖于直接购买先进技术装备，通过大规模生产获取经济报酬，提高生产效益，而不是通过自主研发获取创新的溢出效应。在这种增长方式下，同样有较高的产出效率，但是由于消耗了大量的物质资源，产生大量废水、废气和废渣等非期望产出，在带来了 GDP 增长、产出效率提高的同时，也导致了污染的加剧、资源的大量消耗，破坏了生态平衡，"杰文斯悖论"使得这种生产方式难以实现经济可持续增长。当不考虑环境污染等负向产出时，投资驱动型城市具有较高的全要素生产率，这种全要素生产率的提高来自外生技术进步，接受了被溢出的技术。借此，投资驱动型城市获得大规模生产的能力，获取竞争性报酬。这种投资驱动型的增长方式因为消耗大量的能源物质，产生大量的污染物，导致严重的生态环境问题，不能实现经济的可持续增长。

从图 6.2 可以看出，样本年份期间中国投资驱动型城市绿色全要素生产率整体平稳，围绕在 1 的上下波动，增长速度接近于全国 286 个样本城市 1%

的平均增长率；2008 年以后受世界金融危机的影响，全球化逆转，给"两头在外"的投资驱动型城市带来较大影响。一方面，大规模制造生产出的产品受到国际市场萎缩的困扰；另一方面，技术改进需要的先进设备进口遭遇到技术壁垒。投资驱动型城市绿色技术进步率和绿色技术效率都在下降，导致绿色全要素生产率下降明显。投资驱动型城市对国外市场的依赖性较强，容易遭到国际市场变化的冲击，消费终端及外贸出口的下滑对这类城市经济增长的影响较大。

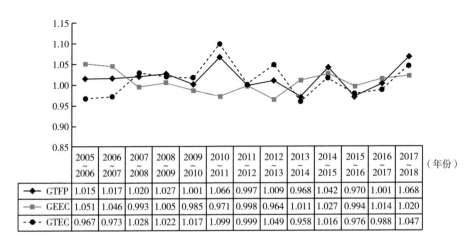

	2005~2006	2006~2007	2007~2008	2008~2009	2009~2010	2010~2011	2011~2012	2012~2013	2013~2014	2014~2015	2015~2016	2016~2017	2017~2018
GTFP	1.015	1.017	1.020	1.027	1.001	1.066	0.997	1.009	0.968	1.042	0.970	1.001	1.068
GEEC	1.051	1.046	0.993	1.005	0.985	0.971	0.998	0.964	1.011	1.027	0.994	1.014	1.020
GTEC	0.967	0.973	1.028	1.022	1.017	1.099	0.999	1.049	0.958	1.016	0.976	0.988	1.047

图 6.2　投资驱动型城市 GTFP 及其分解项的时间变化趋势

从绿色全要素生产率与分解指数的关系看，相较于创新驱动型城市，绿色技术进步率对绿色全要素生产率 GTFP 的贡献更大，两者的相关系数达到 0.75。说明投资驱动型城市在经济增长中更加依赖先进的技术装备，而对既有技术资源的有效利用做得不够。从投资驱动向创新驱动转型的过程中，充分发挥既有技术资源的作用，提高纯技术效率和资源配置效率也是节能降耗，降低非期望产出，提高绿色全要素生产率，实现向创新驱动型城市转型的重要途径。

三、要素驱动型城市绿色全要素生产率变动趋势

要素驱动型是指主要依靠土地、资源和劳动力等生产要素来促进经济增

长，市场通过对生产要素的需求获取发展动力的发展方式。这是一种基础性的、原初的经济增长驱动方式，是经济体在资本积累不足、科技创新能力不强情况下的生产方式。这种驱动方式下，城市经济增长速度缓慢，绿色全要素生产率水平低下。

要素驱动型城市是以劳动密集型、资源密集型产业为主体的城市，图6.3描述了要素驱动型城市绿色全要素生产率及其分解项的时间变化趋势。从图6.3中可以看出，样本期内无论是绿色技术进步率还是绿色技术效率大部分年份都表现为负增长，绿色全要素生产率水平平均值小于1。经济增长中只有资本要素和劳动力要素的贡献，技术进步和资源配置的贡献为负，或者说技术进步和资源配置贡献不足以补偿非期望产出的负向效应。要素驱动型城市以传统农业、传统手工业、畜牧业、矿产资源、初级产品加工业等产业占比较大。这些产业高技术渗透性低，劳动密集、资源密集，生产过程中现代化生产工具装备率低，生产的产品附加值低。尽管不会产生大量的污染排放，但是如采矿业、原材料加工业等由于直接作用于土地、森林、矿藏和江海河流等，同样也会导致严重的生态问题。

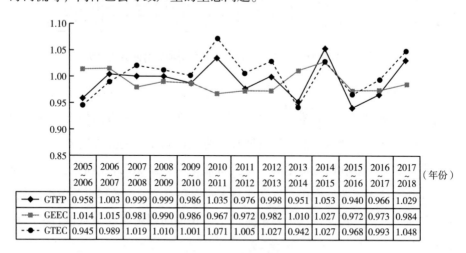

图6.3 要素驱动型城市 GTFP 及其分解项的时间变化趋势

样本期内，绿色技术进步率和绿色技术效率对要素驱动型城市的绿色全要素生产率并未产生明显的提升作用，尤其是绿色技术效率在最近几年一直呈下降趋势，这说明以要素驱动、污染密集为特征的城市不仅产业技术创新落后，而且对既有技术的利用也没有改善。因此，要想提升要素驱动型城市的绿色全要素生产率，一是要提高生产过程中的技术装备率。用现代化的生产工具改造传统产业，促进传统产业的现代化，提高生产效率。通过加强人工智能、大数据、云计算、物联网等现代信息技术在生产、流通环节的应用，发挥信息化赋能的作用，让传统产业拥有现代化生产的动能。二是加速传统产业向现代高技术产业的转型升级。20世纪90年代，爱尔兰从传统畜牧业为主，加快产业转型，依靠软件和生物工程产业，经济结构实现由传统畜牧养殖向现代高技术知识型产业的转型，经济增长率一度飙升到欧洲榜首。他山之石可以为中国城市的增长方式转型提供借鉴，只有有针对性地加速人才培养，提高人力资本积累水平，才能提高绿色全要素生产率，实现经济转型。

第三节　中国城市绿色全要素生产率收敛性分析

基于绿色全要素生产率水平将286个城市划分为创新驱动型、投资驱动型和要素驱动型三种类型。它们既是经济结构转型的结果，也反映了转型的过程。当两个或多个城市间绿色全要素生产率水平趋于收敛说明它们之间存在向某一类型转化的趋势。为了使分析目标更明确，弄清不同城市绿色全要素生产率样本期内和未来的演化趋势，反映三种类型城市彼此之间经济增长方式的转型情况，本节在前文的基础上对城市绿色全要素生产率进行收敛性分析。

一、区域收敛理论

经济增长绩效的区域收敛分析可区分为 β 收敛和 σ 收敛。前者指初期绩效水平较低的截面单元比初期绩效水平较高的截面单元在生产率或效率方面以更快的速度增长，各经济体的绩效增长率与初始水平负相关（$\beta < 0$）。后者是指各个截面单元之间的生产率或效率离散程度（方差或标准差）时间序列递减。沈坤荣和马俊（2002）将 β 收敛和 σ 收敛分别对应到经济变量的流

量变化研究和存量间关系研究中。鲁里埃尔·罗比尼和夏威尔·萨拉-伊-马丁（Nouriel Roubini & Xavier Sala-i-Martin，1995）根据是否考虑截面单元的异质性，将 β 收敛分为绝对 β 收敛和条件 β 收敛，绝对 β 收敛不受截面单元异质性影响，无论是否加入附加变量，β 均小于 0；条件收敛受截面单元异质性的影响，只有在加入附加变量后，β 的取值才表现为负值，显示出收敛的态势。条件 β 收敛下，截面单元之间的差距一直存在，但是增长路径趋同，增长率相对一致。在一个包含众多经济体的收敛性研究中，常常出现整体上呈离散趋势，但其中经济基础条件相似的经济体收敛到局部稳定的状态。加勒（Galor，1996）将这种局部稳定态称为"俱乐部收敛（club convergence）"。

基于收敛理论的经济增长研究，从早期对增长绝对数量变化的测度分析，发展到近年来对经济增长效率趋势方面的研究，其中主要的就是对全要素生产率和绿色全要素生产率变化关系的研究。宋学明（1996）对中国改革开放后区域间国民收入的收敛性进行了检验，认为总体来说，经过 15 年的发展，中国经济增长符合新古典增长理论，符合"先富带动后富"的政策设计，落后地区比先富裕起来的沿海地区增长更快。申海（1999）通过对落后地区和富裕地区的收入、消费与产出收敛性进行测度，发现中国不同区域消费、收入和产出均存在显著的 β 收敛，其中消费和收入的收敛性强于产出的收敛性。王铮和葛昭攀（2002）分析了 1985 年后中国经济增长的收敛性及区域经济差异变化，发现中国东、中、西部之间的经济发展速度存在差异，就全国来说，不存在绝对 β 收敛，但是存在条件 β 收敛。东、中、西部各自收敛于自己的稳态。刘夏明等（2004）认为，中国经济在 20 世纪 80 年代存在短暂的收敛，90 年代后中国经济总体差距拉大，这种差距尤其表现在沿海和内地之间，各地区内部也不存在所谓的俱乐部收敛。直到 2004 年，关于区域经济收敛性的研究仅限于收入或产出的绝对量方面。2005 年，韩晓燕、翟印礼（2005）基于巴罗（Barro，1990）的方法检验了我国农业生产率的收敛性和形成 β 收敛的条件，发现中国 1985 ~ 2002 年农业生产率经历了从发散到条件收敛的过程，其中，市场化水平、教育、灌溉率是导致区域异质性的条件变量。郭庆旺等（2005）基于非参数 DEA-Malmquist 指数方法，测算了 1979 ~ 2003 年中国省级区域全要素生产率及其分解指数技术进步率和技术效率，利用核密度估计对三者分别做分布动态演进分析。结果表明，中国省份全要素生产率差异较大且逐步增大，这种差异主要来源于技术进步率差异，技术效率的影响较小。在这之后从全要素生产率的角度对关于区域、行业增长质量收敛性的研究逐渐增多。其中包括彭国华（2005）、傅晓霞和吴利学（2006）、涂正革（2007）、张军和陈诗一等（2010）以及孟宪春和张屹山（2020）等的研究。

随着对节能减排和可持续发展的重视，关于区域或行业绿色全要素生产率收敛性的研究日益增多。在收敛性的异质性条件方面，普遍引入环境规制差异作为条件变量，如胡晓珍和杨龙（2011）、李斌和彭星（2013）以及孙亚男和杨名彦（2020）等的研究。

无论是绝对收入收敛性研究，还是相对效率收敛性研究，基本上都是基于省级区域的数据，从城市角度开展的研究很少。这样的研究存在两个方面的问题：一是样本量少，犯取伪错误的可能性增大，检验效能（power of test）降低，不能保证结果的科学性。基于统计数据的研究，估计误差随样本量增大边际递减，在相同的置信度水平下，样本量越大，精确度越高，结论越科学。二是中国各省级区域大多幅员辽阔，同一区域内部各个城市之间有可能存在较大的空间异质性，以省级区域间的收敛与离散变化，不能充分反映中国经济增长区域差异的真实情况。因此，对286个地级以上城市全要素生产率及其分解指数增长演化趋势进行收敛分析，集聚创新资源，增强创新实力，创建能在价值网格中发挥显著增值作用并占据领导和支配地位的区域创新中心。发挥区域创新中心在创新资源流动中的组织、协调、引领和控制作用。在创新溢出、知识溢出和技术溢出中实现区域技术创新平衡，提高区域技术进步率和技术效率，促进绿色全要素生产率水平的提高，实现向创新驱动的经济增长方式转型是十分必要的。

二、中国城市绿色全要素生产率收敛性分析

基于收敛性理论，对绿色全要素生产率及其分解指数的收敛性及收敛速度进行分析，对于判别城市绿色全要素生产率增长差异的时间演化趋势具有

重要意义。以下分别使用 σ 收敛、绝对 β 收敛和条件 β 收敛分析方法，分析286 个城市整体的绿色全要素生产率和三大不同增长方式下的城市绿色全要素生产率收敛情况，为提高中国城市整体的绿色全要素生产率水平，评价中国城市经济转型效果提供研究进路和探索方向。

（1）σ 收敛。城市绿色全要素生产率的 σ 收敛是指不同城市绿色全要素生产率的方差、标准差或变异系数随时间的演化趋于减小。将全国 286 个城市作为整体及按增长类型划分的三类城市分别计算它们的样本标准差，结果如图 6.4 所示。

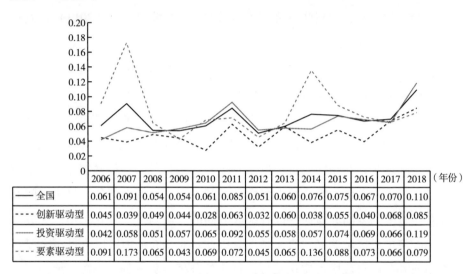

	2006	2007	2008	2009	2010	2011	2012	2013	2014	2015	2016	2017	2018	（年份）
—— 全国	0.061	0.091	0.054	0.054	0.061	0.085	0.051	0.060	0.076	0.075	0.067	0.070	0.110	
---- 创新驱动型	0.045	0.039	0.049	0.044	0.028	0.063	0.032	0.060	0.038	0.055	0.040	0.068	0.085	
—— 投资驱动型	0.042	0.058	0.051	0.057	0.065	0.092	0.055	0.058	0.057	0.074	0.069	0.066	0.119	
---- 要素驱动型	0.091	0.173	0.065	0.043	0.069	0.072	0.045	0.065	0.136	0.088	0.073	0.066	0.079	

图 6.4　中国城市 GTFP 标准差时间演化趋势

图 6.4 为全国整体、创新驱动型、投资驱动型和要素驱动型城市以曼奎斯特—卢恩伯格指数表示的绿色全要素生产率标准差的时间演化趋势，反映了城市整体和三种增长方式下城市绿色全要素生产率的差异扩大或缩小程度。从全国 286 个城市整体看，在样本期内 GTFP 标准差震荡上行，总体上绿色全要素生产率指数不存在 σ 收敛，这样的结论与余泳泽（2015）、刘华军（2018）等的研究是一致的。只是既有文献主要是以省级区域为截面单元，以地级以上城市为截面单元的区域绿色全要素生产率分析是对 GTFP 的时空演变特征研究的深化。

根据三种驱动类型的城市绿色全要素生产率标准差，创新驱动型城市之间的离散程度平稳且显著小于其他两种类型城市，显示出创新驱动型城市在绿色全要素生产率变化中具有较高的一致性。与之相反的是要素驱动型城市，要素驱动型城市绿色全要素生产率波动幅度大，且离散程度高于其他两类城市和全国城市整体，说明要素驱动型城市绿色全要素生产率分化严重，部分城市在加快先进技术装备投入，促进技术进步，严格环境规制，向投资驱动型和创新驱动型城市转型。投资驱动型城市绿色全要素生产率标准差介于创新驱动型和要素驱动型之间，它在样本期内的表现与全国整体表现最为接近。这种情况主要受投资驱动型城市在全部城市中所占比例较高影响。三种类型的城市在样本期末都存在离散程度增大的情况，说明科技创新驱动力带来了全要素生产率增长，但是科技创新风险又会导致城市增长绩效差异扩大。

（2）绝对 β 收敛。绿色全要素生产率绝对 β 收敛，是指结构相同、条件相似的截面单元的绿色全要素生产率具有均等化趋势，随着时间推移达到同一稳态，GTFP 增长率与初始水平负相关。基于这一定义，建立如下模型反映各经济体之间的收敛关系。

$$GGT_{it} = \alpha + \beta \ln GT_{i0} + \varepsilon \tag{6.2}$$

其中，GGT_{it} 为第 i 城市从 0 到 t 期的绿色全要素生产率平均增长率，用几何均值表示。GT_{i0} 为 i 城市期初绿色全要素生产率 GTFP 指数。在式（6.2）中如果 β 值为负且显著，表明样本期内绿色全要素生产率水平的区域差异逐渐缩小，存在绝对 β 收敛，估计结果见表 6.2。

表 6.2　　　　　　　　绿色全要素生产率指数的绝对 β 收敛检验

参数与统计量	城市整体	创新驱动型城市	投资驱动型城市	要素驱动型城市
α	0.005 ***	0.007 ***	0.006 ***	0.002
β	−0.081 ***	−0.028	−0.119 ***	−0.095 ***
R^2	0.267	0.039	0.233	0.674
F	103.626 ***	2.088	53.430 ***	109.706 ***
D.W				2.416

注：*** 表示在1%的水平上显著。

表6.2给出了基于式（6.2）计算的绿色全要素生产率绝对β收敛的检验结果。可以看出，以286个城市为整体的回归结果$\beta<0$，且在1%的显著性水平上显著，这表明全国绿色全要素生产率指数存在绝对β收敛。初始绿色全要素生产率水平低的城市，绿色全要素生产率增长更快，经济结构转型正在发生。从三类经济增长方式的不同城市各自回归结果看，投资驱动型和要素驱动型城市$\beta<0$，并且在1%的显著性水平上显著。这两类城市各自存在组内绝对β收敛，其中要素驱动型城市拟合优度达到0.674，初始绿色全要素生产率的城市在技术进步和节能减排方面具有较大的改进空间。创新驱动型城市尽管也有$\beta<0$，但是t检验不显著，而且拟合优度低，F值也较小，同样不显著。因此，创新驱动型城市绿色全要素生产率不存在组内收敛情况，当城市绿色全要素生产率水平达到一定的阈值以后，进一步提高将变得越发困难。此外，创新驱动型城市中绿色全要素生产率水平较高的城市，集聚了更多的创新要素。在"马太效应"作用下，创新驱动型城市难以达成显著的绝对收敛。

（3）条件β收敛。绝对β收敛性检验中，创新驱动型城市尽管$\beta<0$，但是未能通过显著性水平的t检验。这种情况可能产生于绝对β收敛性检验中各经济体具有完全相同的基本经济特征的假定，这并不符合实际，从而导致基于模型（6.2）的检验并不能真实反映绿色全要素生产率增长与初始水平间的关系。影响城市全要素生产率增长差异的因素很多，基于新增长理论，可选取R&D投入、人力资本作为控制变量，又由于作为被解释变量的全要素生产率是考虑了环境因素的绿色全要素生产率，因此有必要引入一个反映生态环境条件差异的变量，这里选择环境规制变量。将研发投入、人力资本和环境因素三个控制变量加入绝对β收敛检验模型中，得到条件β收敛模型式（6.3）。加入这些条件变量之后，如果$\beta<0$且显著，初始水平越低的城市绿色全要素生产率增长越高，不同的经济体趋向于自身的稳态，将这种情况称为条件β收敛。

$$GGT_{it} = \alpha + \beta \ln GT_{i0} + \gamma \ln MRD_i + \lambda \ln MPC_i + \theta \ln MER_i + \varepsilon \qquad (6.3)$$

其中，MRD_i表示不同城市各年累积研发经费投入均值。MPC_i表示各城市人力资本水平样本期内的均值，第三章给出了三种不同类型的人力资本水平，但是它们是基于创新定义的，以创新能力确定标准，以创新活动方向确定类型。在检验区域绿色全要素生产率收敛性研究中，作为控制变量的人力资本应尽量选择更具基础性和一般性的变量，这里用各城市受教育水平为大专以上人口在总人口中的占比表示，占比越高，人力资本水平越高。MER_i 表示各城市环境规制强度，不同文献对环境规制强度指标的变量选择各不相同。部分学者从环境污染的排放端考虑。克里斯特（Christer，2005）、吴玉鸣（2006）、李永友（2008）等直接用单个污染物的排放量表示，或将多个污染物排放量加权构造一个污染指数，如黄建欢（2016）等的研究。还有学者从投入端考虑，如傅京燕（2006）采用单位 GDP 的能源消耗，或相反，如李玲（2012）等采用能源效率，即单位能源消耗的 GDP 产出。基于数据的一致性，这里仍然使用第四章基于熵权法测算的多个污染物加权构造的环境污染指数，同样取样本期内各年的均值。

表6.3 为对绿色全要素生产率进行条件 β 收敛检验的估计结果。可以看出，在控制了各城市研发经费投入、人力资本水平和环境污染因素后，样本期内全国 286 个城市整体和不同经济增长方式三类城市 β 值均为负值，且在 0.01 的显著性水平上显著。样本期内初始水平越低的城市绿色全要素生产率增长越高，不同城市正在向更高级的经济增长方式转型，但是要完全达到一致的创新驱动，还受制于研发投入、人力资本和环境规制水平等，不同的经济体趋向于自身的稳态。

表6.3　　　　　　　绿色全要素生产率指数的条件 β 收敛检验

参数与统计量	城市整体	创新驱动型城市	投资驱动型城市	要素驱动型城市
α	0.007 ***	0.008 ***	0.007 ***	0.003 **
β	− 0.092 ***	− 0.043 ***	− 0.176 ***	− 0.293 ***
γ	0.012 ***	0.037 ***	0.022 ***	0.004 *
λ	0.020 ***	0.027 ***	0.022 ***	0.017 ***
θ	− 0.036 ***	− 0.018 **	− 0.047 ***	0.002
R_a^2	0.566	0.397	0.684	0.785
F	183.255 ***	34.658 ***	97.088 ***	122.301 ***

注：*、**、*** 分别表示在 10%、5% 和 1% 的水平上显著。

综合上述分析可以发现，基于方差和标准差的 σ 收敛性研究，无论是全国还是不同增长结构类型的城市之间，均不存在收敛性趋势。绿色全要素生产率反映了经济增长的质量，落后地区可以通过要素投入增加、投资增加在短期内提高经济增长速度，但是通过提高绿色全要素生产率的方式实现经济长期可持续的增长还需要在技术创新投入、人力资本投资等方面的长期积累。绝对 β 收敛检验显示了这种绿色全要素生产率的追赶也是有可能的，要素驱动型和投资驱动型城市存在绝对 β 收敛，而创新型城市不存在绝对 β 收敛，说明在一定门槛阈值内，绿色全要素生产率低的城市可以通过人才引进、技术渗透等实现效率的快速提升。但是这种绿色全要素生产率的提高最终受制于一个城市的科教水平、创新能力和环境治理等方面。条件 β 收敛检验显示在控制了上述三个因素后，所有城市均显著收敛。不同城市各自收敛于自己的稳态，也说明了要实现城市经济结构转型，必须设置合理的环境规制标准与强度，提高城市人力资本水平，提高科技创新能力等，而这些将是一个任重道远的过程，考验一个城市，甚至整个国家的社会治理、历史传承、民族意志等。

第四节　本章小结

经济的高质量增长需要从要素驱动转向投资驱动，从投资驱动转向创新驱动。改革开放之后的前 20 多年，中国经济增长一直依赖土地、矿藏、劳动力等资源要素的扩张性投入，这种要素驱动型经济增长方式的目标是尽可能完成一定数量规模的要求，很难有效率、效益等质量方面的考虑，更谈不上经济增长的可持续性。这样的增长模式在当时的历史时期对于摆脱贫困、实现温饱、解决就业问题起到重要作用。随着人均收入逐步提高以及人口结构、资源要素的变化，这种要素驱动型的经济增长遭遇到瓶颈。首先，工资成本的增加和现阶段中国人口老龄化进程的加快，使得经济增长中的人口红利消失，劳动力要素的扩张性投入难以为继。其次，资源要素的长期开发，已经透支了土地、矿藏、森林、河流等资源的应用潜力，受制于自然资源的有限性和生态环境的保护，依靠资源要素投入的增长路径已经不可持续。最后，资本要素是直接或间接投入于最终产品和劳务生产过程中的中间产品以及金融资产。经过长期的资本积累，中国已经建立起国民经济发展需要的庞大资本要素储备，当前面临的问题是在现有技术环境下资本要素与劳动力要素、资源要素的匹配问题。过多的资本要素投入造成资本边际效率下降，抑制了经济增长。

要素驱动的经济增长不仅不能带来效率改进、质量提高，连规模数量都难有新的跨越。而且靠劳动力要素实现的总量增长，不能提高人均收入水平，经济增长仅靠要素驱动是不行的。投资驱动不同于外延式的资本要素扩张，更在于投资的资本品凝结了更先进的技术，是一种蕴含着外生技术进步的投资。先进技术装备不仅实现了产出总量扩张，还促进了效率提升。产出增长率超过要素投入增长率，发挥了技术进步对生产的作用，使得全要素生产率提高。但是这种体现于资本品中的外生型技术进步，在高效率创造国民收入的同时，由于非期望产出的弱可处置性效应和"零和效应"，必然伴随着大量污染物的产生，"杰文斯效应（Jevons effect）"凸显。能源和资源过度消耗、环境受到破坏，生态系统不断恶化。这样的增长尽管有了高效率，但仍然不是高质量的增长，这样的技术进步导致了经济增长和环境保护之间的冲突，实现可持续增长必须走出"杰文斯困境"。

经济增长从投资驱动转型到创新驱动是长期可持续发展的需要，既有生态环境的保护问题，也有市场规模的约束。创新驱动型经济增长通过知识创新、技术创新、制度创新和管理创新等，实现资源优化再生，减少污染排放。通过提高产品附加值，创造经济利润，而不是依赖产能的无限扩张获取一般收益。这样的增长既有总量扩张，又有效率提高，而且是一种与生态环境和谐共生的经济增长。

中国地域辽阔、城市众多，城市之间科技教育基础、技术创新能力、人力资本水平等差异巨大。这种不平衡也导致了经济增长方式的差异，286个样本城市中53个城市绿色全要素生产率显著大于1，实现了创新驱动型经济增长；178个城市全要素生产率大于1，实现了投资驱动型经济增长；55个城市全要素生产率显著小于1，属于要素驱动型经济增长方式。三种类型城市绿色全要素生产率水平受绿色技术进步率的影响大于受绿色技术效率的影响。在2008年世界金融危机中，三类城市绿色全要素生产率均受到影响，其中投资驱动型增长方式城市绿色全要素生产率下降最多，"两头在外"的生产方式易于遭受世界市场变化的影响。而要素驱动型经济增长方式的城市，由于生产规模小，产品大多限于国内市场销售，故受世界贸易变化的影响较小。

基于 σ 收敛、绝对 β 收敛和条件 β 收敛的研究表明，三种类型城市的绿色全要素生产率均不存在 σ 收敛和绝对 β 收敛，但是在施加了研发投入、人力资本和环境因素三个控制变量后，存在条件 β 收敛，说明绿色全要素生产率的变化受到城市科技、教育和环境等因素影响。在上述三个条件稳定的情况下，城市之间各自收敛于自身的稳态。要素驱动型和投资驱动型城市要想向创新驱动转型，还应当在上述三个方面持续改进。

第七章 人力资本结构对经济
绩效的影响研究

引　言

第三章对人力资本结构及其空间分布进行了研究，第四章、第五章分别测度了中国城市全要素生产率和绿色全要素生产率，借助空间地理信息系统和探求性空间数据分析工具研究了它们的空间依赖性和空间异质性。在此基础上，本章将进一步探讨人力资本结构对中国全要素生产率和绿色全要素生产率的影响，以此判断不同类型人力资本在中国城市经济增长方式转型中的作用。1934 年美国社会学家霍曼斯提出了边际效率递减规律（law of diminishing marginal efficiency）。凯恩斯用这一规律解释资本投资的效率变化，并将其发展为资本边际效率递减规律（law of diminishing marginal efficiency of capital）。资本边际效率递减规律成为资本主义经济危机产生的三大基本心理规律之一，论证了资本主义经济增长的困境和危机的必然性。基于资本边际效率递减规律，各经济体在人口增长率和储蓄率不变的情况下，人均产出会收敛于一个稳态。但实际上，二战以后，世界各国的收入差距拉大了。根据马修·科尔和埃里克·纽迈尔（Matthew A Cole & Eric Neumayer，2003）的研究，世界各国人均收入不存在绝对收敛，包括 σ 收敛、绝对 β 收敛。但是当控制了技术和人的行为这两个参数（technological and behavioural parameters）后，人均收入会存在条件收敛，即条件 β 收敛。同样地，霍尔和琼斯（1999）发现，全球最富裕的经济体组比最贫穷的经济体组人均收入高出 32 倍，但是如果考虑全要素生产率这一因素，就会缩小到 4 倍。

从上述研究可以看出，全球收入差距扩大的事实并没有否定资本边际效率递减规律，只是由于富裕国家更高的技术水平和更好的"人的行为"带来的经济增长"克服"了资本边际效率递减，使得富裕国家更富，贫穷国家难以追赶。这种技术差异和"人的行为"差异对经济增长的驱动不同于一般生产要素的驱动作用，对技术水平和"人的行为"的投资也不同于对一般生产要素的投资。20世纪80年代末，保罗·罗默发现对技术的投资，以及卢卡斯发现对人力资本的投资，即改善"人的行为"的投资，不仅不会效率递减，甚至还能效率递增。那么这种能够带来递增收益的对技术的投资和对人力资本的投资是否会因效率递增而导致一家企业持续做大，垄断整个市场呢？罗默和卢卡斯将投资收益（效应）分为企业内部收益（内部效应）和社会收益（外部效应）。他们发现，对技术的投资和对人力资本的投资均会产生这两种不同的收益。企业能够在短期获取技术投资、人力资本投资带来的内部收益，但是由于技术的溢出、人才的流动、知识的耳濡目染和新思想、新方法的复制，长期来看，全部企业和整个社会才是技术投资和人力资本投资的主要获益者。

对技术创新和人力资本的投资是经济长期增长的基础，是不同国家和地区收入差异的根本原因。刘遵义和汪同山（1997）将两种投资并称为无形资本投资。邓珩、李静文等（2000）认为，人力资本投资是技术创新投资的基础。对技术创新投资和人力资本投资价值的研究开启了经济增长理论研究的新领域，为确定经济增长的源泉，解释不同国家和区域经济增长的差异提供了充分的理由，更为解释经济转型提供了理论框架。

第一节　研究方法

加勒（Galor，2000）研究表明，技术创新投资的增加带来收入的增加，家庭和企业可以选择更高的人力资本投资，而创新型的工作对人力资本的质和量都提出了更高的需求。两种投资的良性互动促进了人力资本水平的提高，进一步引致了经济增长绩效的改善，为经济转型提供了坚实的物质基础。学者们分别通过对农业部门和工业部门、马尔萨斯部门和索洛部门的对比研究，同样认为技术创新是从传统增长转向长期可持续增长的关键因素。田村（Tamura，2002）则论证了人力资本水平的差异导致了两种不同的增长路径——农业部门的马尔萨斯增长和工业部门的现代经济增长。随着人力资本水平的提高，农业社会进入工业社会，实现经济转型。在技术创新与人力资本对经济增长和经济转型价值及作用的研究中，早期的研究一般认为人力资本投资主要通过技术进步以产生经济效率提高。统一增长理论认为，人力资本投资和技术进步投资的作用是相互促进的。鉴于人力资本在技术创新、技术应用等方面的关键作用，以及人力资本投资回报率的不断上升，通过人力资本数量、质量与结构的研究，反映经济增长绩效和经济转型问题，越来越被经济学界所关注。

一、研究方法借鉴

在关于人力资本与经济绩效关系的既有文献中，学者们从不同的角度展开研究。在人力资本对经济增长作用的关系上，学者们主要关注两个方面的问题：一是人力资本对经济增长的作用机制问题；二是人力资本对经济绩效影响程度的计量问题。关于人力资本作用机制主要有三种观点，其中，卢卡斯（Lucas，1988）认为，人力资本能直接作用于经济增长，通过教育形成的"内部效应"和通过"干中学"形成的"外部效应"都能提高劳动生产率，产生直接的经济绩效，曼可夫和罗默（Mankiw & Romer，1992）使用跨国数据证明了这一观点。伊斯拉姆（Islam，1995）等则认为，人力资本通过影响技术进步间接作用于经济增长，生产率的提高依赖于技术创新带来的更先进机器设备和生产工艺，人力资本是技术创新的主体。阿格赫恩和豪伊特（Aghion & Howitt，1998）则综合了上述两种观点，认为人力资本既可作为要素对经济增长直接产生作用，又能通过促进技术进步间接发挥效应。这一观点目前得到普遍认可，成为世界主流观点。中国学者刘智勇、胡永远和易先忠（2008）及杜伟、杨志江和夏国平（2014）等也都普遍支持两种机制联合起作用的观点。

关于人力资本对经济绩效影响测度与评价的研究，永贝里和尼尔森（Ljungberg & Nisson，2009）、博坎富索和萨瓦德（Boccanfuso & Savard，2013）等都认为人力资本对经济增长的作用关系具有普遍性。国内包括樊儒经和张雯（2019）、邓飞和柯文进（2020）、张楠和范洪敏等（2020）、郭东杰和魏熙晔（2020）、张桅和胡艳（2020）等众多学者的研究也都支持这一结论。另有学者邵琳（2014）等研究发现，人力资本对经济增长的影响存在区域异质性，受教育水平不同的国家和地区，人力资本起到的作用也不同，教育水平越低，人力资本作用越强。

不同学者的研究中，之所以会产生人力资本对经济增长作用方向和作用程度的差异，一个很大的原因是，在构建两者关系模型中解释变量的选择和测度方法不同。常见的人力资本存量测度方法包括教育年限法、成本法和收入法等。埃利亚斯和米凯拉（Elias & Micaela，2012）基于 1980～2004 年的数据，分别使用上述方法对欧洲 14 个国家的人力资本对经济增长的影响进行实证分析。结果发现，不同的人力资本计算方法差异较大。关于人力资本经济绩效研究的另外一个方面的问题是对人力资本结构划分的研究。上述关于人力资本对于经济增长关系的研究，主要集中在人力资本总量方面，实际上不同类型人力资本对经济绩效的影响差异巨大，无论是从人力资本水平高低划分的各层级人力资本，还是从功能作用方面划分的各类型人力资本。美国经济学家库兹涅茨（Kuznets，1966）和钱纳里（Chenery，1986）率先在反映经济增长的回归方程中引入反映劳动力质量的因素，这种质量不同的劳动力就是人力资本异质性问题。他们发现影响经济增长的原因包括：（1）知识进展；（2）教育年限及教育水平；（3）就业人数及其性别结构、年龄结构；（4）劳动时间；（5）资本存量；（6）资源配置状态；（7）规模经济等。在这七个因素中，知识进展最重要，而劳动力教育水平是基本要素。他们的研究不仅强调了劳动力，还突出了劳动力受教育水平差异的影响。进一步地，爱德华·富尔顿·丹尼森（Denison Edward F，1967）通过对影响生产率的人的劳动特点进行细分，建立了异质性劳动与经济增长之间的关联。人力资本结构作为影响经济转型的重要因素在以结构主义经济学家为代表的发展经济学中也得到了重视。

　　关于人力资本结构的研究，国内学者张军、张慧慧等（2018）从微观家庭的角度讨论了中国经济发展过程中，劳动力市场就业技能结构需求的演变对家庭人力资本投资的影响，发现地区劳动力市场中对高技能劳动力需求占比提高会显著促进家庭增加人力资本投资；反之，若低技能占比提高，则会显著降低家庭人力资本投资；郭继强（2005）从能力的角度将影响经济增长的人力资本区分为具有资源转换能力的人力资本和具有资源配置能力的人力资本，并探讨了两者对经济增长的作用。进一步地，曹泽、朱小婉等（2019）根据人力资本与资源要素结合的方式，将人力资本划分为促进资源转换的科技创新人力资本、促进资源配置的企业家人力资本和促进资源充分利用的制度型人力资本。近年来，从人力资本结构出发研究人力资本在经济增长中的作用问题，日益引起学者们的关注。但是不同结构划分得到的结论往往差异较大，这关系到对人力资本的价值判断和人才政策的制订。

　　在人力资本结构划分的研究中，国外学者大多从有无技能的角度予以考量。技能获取与技能差异划分主要根据参与培训、"干中学"、迁徙等情况。基于数据可得性，中国学者对人力资本层次的划分主要从受教育水平的角度，将人力资本区分为初等教育型、中等教育型和高等教育型人力资本等。

　　但是无论是基于受教育水平划分的层次结构还是基于有无技能划分的能力结构，都没有考虑资本增值这一根本属性。比如，基于教育水平划分的初级教育型人力资本，基于有无技能划分的无技能型人力资本，在现代化的生产方式下，均难以成为具有创新驱动的源泉。基于熊彼特创新增长理论，资本在社会生产中的价值应该是具有创新作用，能创造经济利润，能生产剩余价值。不能对经济可持续增长做贡献的劳动者，只能作为一般生产要素参与经济活动。根据本书第三章的研究，在人力资本结构对经济增长绩效关系的分析中，人力资本结构的划分根据人力资本主体有无创新性贡献定义人力资本，并将具有创新作用的人力资本按参与经济活动方式的不同区分为促进资源转换的科技创新人力资本、促进资源配置的企业家人力资本和促进资源利用的制度型人力资本。三类人力资本也分别是技术创新、管理创新和制度创新的创新主体。

　　被解释变量选择全要素生产率和绿色全要素生产率，它们是判断经济增长方式类型、确定经济结构转型的重要依据。通过建立人力资本结构与绿色全要素生产率（GTFP）的回归关系，我们就可以在新增长理论框架下研究经济转型的原因。保罗·罗默（1986）、卢卡斯（1988）相继发现经济内生增长的基础是研发投入和人力资本投入。使用新增长理论所依据的全要素生产率方法，保罗·克鲁格曼（1994）推断由于东亚经济没有科技创新成分，靠投入驱动的增长不可持续，不存在所谓的"东亚奇迹"。限于资源环境的约束，实现经济的可持续增长，不仅需要从 TFP 的角度予以研判，还要从 GT-FP 的角度进一步分析。当然这样的选择得益于测度方法的改进，将非期望产出纳入全要素生产率的计算中。相对于全要素生产率 TFP，在绿色全要素生产率 GTFP 的测度中，投入端引入了资源约束和环境约束变量，产出端增加了污染物排放、碳排放等负向产出变量。

基于全要素生产率方法对一国或一个地区经济增长中创新作用的研究很多，包括技术创新、管理创新和制度创新等。随着资源约束和生态环境的压力日增，近年来这一研究进一步拓展为使用绿色全要素生产率方法。尤其是随着计算机技术的进步，这一方法不断得到改进，为我们判断经济结构转型、研究人力资本结构与经济转型的关系提供了新视角。

人力资本作为要素可以直接参与经济过程，促进经济增长，提高效率。人力资本作为载体可以间接促进经济增长，提高生产效率。不同类型人力资本通过不同的方式影响生产力，对区域生产率的增长产生作用。这种影响和作用既有时间的长短，也有强度的高低。科技创新人力资本通过技术创新促进资源转换，带来新技术、新工艺、新材料等以提高经济效率；企业家人力资本通过创新管理，优化资源配置，在企业之间通过价格这只"看不见的手"，发挥市场配置资源的作用，促进资源向效益高的地方流动；在企业内部通过计划、组织、协调和激励等手段降低管理成本，促进资源的合理配置，提高企业经济效益。制度型人力资本通过制定财政货币政策，影响私人企业投资、改善就业水平、促进技术开发等方式，提高企业资源利用水平，提高产出效率，促进经济增长。人力资本与经济增长绩效之间存在的是一种非线性复杂关系，而且还存在一定的时空差异，从时间上看，t 期的绿色全要素生产率水平并不取决于 t 期的人力资本水平，从人力资本存量的形成到经济绩效的产生存在一定的时滞。从空间上看，不同类别的人力资本除了对本地区经济绩效产生影响外，还可能通过溢出效应，对区域外的其他地区经济增长产生影响。本书第三章的研究已经论证了三类人力资本均具有显著的空间依赖性。为了捕捉不同人力资本对产出绩效的效应关系，有必要使用面板数据，建立能够反映时空效应的空间计量模型，以便准确评估人力资本结构在绿色全要素生产率（GTFP）增长中的影响，并进一步联系经济增长的方式，研究人力资本结构差异在经济转型中的不同作用。

二、模型的一般形式

1956 年美国经济学家索洛（Solow）首次给出了反映储蓄、资本积累和经济增长之间关系的模型。随着世界各国社会经济的发展，基于 Solow 模型已不能解释经济增长的可持续和差异化问题。特别是罗默（Romer，1986）、卢卡斯（Lucas，1988）确立了技术创新和人力资本对于经济增长的作用以后，从内生增长理论出发，对经济增长的实证分析一般都会纳入表示技术进步和人力资本的解释变量，构建新的模型解释变量间的结构关系。其中，曼可夫、罗默和维尔（Mankiw，Romer & Weil，1992）在传统经济增长模型基础上，增加了人力资本投资、人口增长率两个变量的计量模型，被称为 MRW 模型。诺尔斯和欧文（Knowles & Owen，1995）在 MRW 经济增长模型中引入健康资本，结果发现，人均收入与健康资本之间的关系比人均收入与教育人力资本之间的关系更强、更稳健。帕克和布拉特（Park & Brat，1996）在 MRW 模型基础上引入研发投入要素，结果显示，研发投入对经济增长具有显著影响。米尔本（Milbourne，2003）则将政府公共投资引入扩展的 MRW 模型中，结果发现，基于 MRW 模型的研究政府公共投资对人均收入没有影响，但是基于标准的普通最小二乘法（OLS）模型进行转换后的研究，可以观察到公共投资对经济增长有显著的贡献。

本书研究重点考察人力资本在经济增长中的价值和作用，在模型中引入以功能划分的人力资本结构变量，解释不同类型人力资本对于经济增长绩效的影响。罗默（1990）在把技术创新引入经济增长模型时，并不能解释技术创新的来源，倘若技术创新来源不能在经济系统内得到解释，技术创新的内生性问题就会受到质疑。直到宇泽弘文（Hirofumi Uzawa，1965）构建了一个关于人力资本和物质资本的两部门生产模型，首先发现对人力资本的投资实现了知识创造和技术进步，促进了经济增长。其次发现人力资本对于技术创新的价值，于是将人力资本要素作为技术创新的源泉引入经济增长模型，确立了人力资本和技术创新对于经济增长的内生性。但是这一研究仅把人力资本作为经济增长的间接因素，而没有反映人力资本对于经济增长的直接效应。尼尔森和菲利普斯（Nelsom & Phelps，1966）在对落后国家经济增长过程的研究中发现，受教育水平高的国家显示出强的追赶效应；本哈比和斯皮格尔（Benham & Spiegel，1994）将追赶效应和保罗·罗默的技术创新中的人力资本作用思想融合，建立了考虑人力资本对经济增长两种机制共同起作用的模型。在人力资本结构划分方面，与基于技能和教育水平高低划分的层级结构不同，本书的人力资本按照功能属性分类，突出人力资本的资本属性。不同类型人力资本彼此之间替代性较弱、互补性较强，在经济增长中的作用表现为乘积关系。

不失一般性，在柯布—道格拉斯（Cobb-Douglas）生产函数模型的基础上，引入人力资本变量，构造人力资本偏向的扩展 Cobb-Douglas 生产函数。假定 t 年第 i 区域有两种投入：资本（K_{it}）和就业（L_{it}），对应于产出 Y_{it}。生产函数模型表述如下：

$$Y_{it} = A_{it}(\cdot) \times F_{it}(K_{it}, L_{it}) = A_{it}(\cdot) \times \prod_{n=1}^{2} X_{it,n}^{\beta_n} \tag{7.1}$$

其中，Y_{it} 表示第 i 区域 t 年的国内生产总值 GDP，它们是两个基本生产要素资本 K_{it} 和就业 L_{it} 决定的函数与 $A_{it}(\cdot)$ 共同作用的结果。$A_{it}(\cdot)$ 是除两类基本投入要素外，对经济增长起作用的因素。在古典经济学理论中，由于不知道 $A_{it}(\cdot)$ 来自哪里，只知道它是经济增长中产出增长率超过要素投入增长率剩余的部分，也称其为"索洛余值"，新增长理论发现 $A_{it}(\cdot)$ 来自创新的产出，包括技术创新、组织结构创新和制度创新等。根据卢卡斯（Lucas，1988）和保罗·罗默（Paul Romer，1990）的理论，这些创新分别来自人力资本直接或间接的效应。对应不同的创新，按本书第三章人力资本结构的划分方式，将三类人力资本——具有资源转换功能的科技创新人力资本（RD）、具有资源配置功能的企业家人力资本（PE）和具有资源利用功能的制度型人力资本（SL）引入模型（7.1），由于不同类型人力资本彼此之间替代性较弱、互补性较强，所以模型中三者彼此之间表现为乘积的关系。于是有：

$$A_{it}(\cdot) = A_{it}(RD_{it}^{\beta_r}, PE_{it}^{\beta_e}, SL_{it}^{\beta_s}) = A \times RD_{it}^{\beta_r} \times PE_{it}^{\beta_e} \times SL_{it}^{\beta_s} \qquad (7.2)$$

将式（7.2）代入式（7.1），可得：

$$Y_{it} = A \times RD_{it}^{\beta_r} \times PE_{it}^{\beta_e} \times SL_{it}^{\beta_s} \times \prod_{n=1}^{2} X_{it,n}^{\beta_n} \qquad (7.3)$$

对式（7.3）两边取自然对数并对时间 t 求 1 阶导数。可得：

$$\frac{\Delta Y}{Y_{it}} = \beta_0 + \beta_l \cdot \frac{\Delta L}{L_{it}} + \beta_k \cdot \frac{\Delta K}{K_{it}} + \beta_r \cdot \frac{\Delta RD}{RD_{it}} + \beta_e \cdot \frac{\Delta PE}{PE_{it}} + \beta_s \cdot \frac{\Delta SL}{SL_{it}} \qquad (7.4)$$

其中，β_0 为一般常系数，参数 β_r、β_e、β_z、β_l 和 β_k 分别对应 5 个解释变量：科技创新人力资本（RD）、企业家人力资本（PE）、制度型人力资本（SL）、累积固定资本投入（K_{it}）和一般劳动投入（L_{it}），相对于被解释变量国内生产总值（Y_{it}）的产出弹性。根据式（7.4），将产出增长率 $\left(\dfrac{\Delta Y}{Y_{it}} \right)$ 扣除传统生产要素一般劳动投入（L_{it}）增长率和累积固定资本投入（K_{it}）增长率对产出的贡献，可得：

$$\frac{\Delta Y}{Y_{it}} - \beta_l \cdot \frac{\Delta L}{L_{it}} + \beta_k \cdot \frac{\Delta K}{K_{it}} = \beta_0 + \beta_r \cdot \frac{\Delta RD}{RD_{it}} + \beta_e \cdot \frac{\Delta PE}{PE_{it}} + \beta_s \cdot \frac{\Delta SL}{SL_{it}} \qquad (7.5)$$

根据全要素生产率的定义，式（7.5）的左边为全要素生产率，记为 TFP，右边为三类人力资本对产出增长的贡献。它们通过影响技术创新、资源配置和资源利用影响到经济增长的质量与速度，是可持续增长的源泉。随着技术创新带来的生产资料扩大、生产工具效率提升和新产品的涌现，生产能力迅速膨胀，这种扩张的生产能力肆意侵犯了人类赖以生存的自然环境。在经济效益提升的同时，资源被大量消耗，生态环境被严重破坏。过剩的产能无法得到充分利用，有限的市场不能容纳大量商品的价值实现，基于"杰文斯悖论"的存在，由投资带来的技术进步的"双刃剑"特征凸显。限于资源环境的约束，实现经济的可持续增长，不仅需要从全要素生产率的角度予以研判，还要从绿色全要素生产率的角度进一步分析。GTFP 同样来源于人力资本投资和研究开发投入，但是加入了资源约束和环境约束，产出变量增加了碳排放等负向产出。式（7.5）反映了人力资本对全要素生产率的影响，为了反映人力资本与绿色全要素生产率之间的关系，同时考虑随机因素的作用，我们将式（7.5）进一步改写为式（7.6）：

$$GTFP = \beta_0 + \beta_r \cdot \frac{\Delta RD}{RD_{it}} + \beta_e \cdot \frac{\Delta PE}{PE_{it}} + \beta_s \cdot \frac{\Delta SL}{SL_{it}} + \varepsilon_{it} \tag{7.6}$$

基于式（7.6）研究人力资本结构变化与绿色全要素生产率之间的关系，还要根据数据结构、研究目标和样本特征做具体的选择。

三、指标选取和数据来源

1. 被解释变量

被解释变量为本书第四章、第五章分别测算出来的全要素生产率（TFP）、绿色全要素生产率（GTFP）。它们是判别经济增长方式的标准，能够反映经济能否实现长期稳定可持续增长，也是检验经济增长中内生性要素贡献的尺度。

2. 核心解释变量

在人力资本结构对经济增长绩效关系的分析中，根据人力资本主体有无创新性贡献定义人力资本，并将具有创新作用的人力资本按参与经济活动的方式区分为促进资源转换的科技创新人力资本、促进资源配置的企业家人力资本和促进资源利用的制度型人力资本。分别表示为 RD、PE 和 SL。核心解释变量三类人力资本变量的选取、测度和处理见第三章。

3. 控制变量

为了验证三种类型人力资本对全要素生产率和绿色全要素生产率影响的稳健性，研究过程中选取以下三个控制变量：（1）产业结构变化（*indu*），采用第二产业增加值占 GDP 的比重表示；（2）对外开放程度（*open*），利用城

市年度实际使用外资金额占 GDP 的比重来反映城市开放水平，并通过当年美
元的平均汇率换算成人民币，然后以 2000 年为基期再将其进行平减；（3）基
础设施（*infra*），用年末实有城市道路面积进行表征。通过对上述三个变量
的控制，以反映核心解释变量在不同情况下对被解释变量的作用，保证估计
结果的无偏性。

4. 数据来源

数据的选取沿用之前各章的选取方式，考虑到样本期内因部分城市行政
规划的调整，而导致数据统计范围未能保持一致，故剔除了巢湖、三沙等地
级市，港澳台地区因可获得的统计资料有限，数据缺失较多，故不予纳入研
究范围。经过上述甄选，最终选取中国 286 个地级市数据进行研究。在时间
选取上，考虑到解释变量对被解释变量影响的时间滞后，核心解释变量按第
三章的方式选取从 2005～2017 年的数据；控制变量参照核心解释变量做同样
的选择；被解释变量按第四章、第五章基于 2005～2018 年的测度结果计算。
各指标原始数据收集自历年《中国城市统计年鉴》和《中国统计年鉴》，以
及各省份统计年鉴、城市政府统计公报等资料，部分缺失数据采用插值法进
行补充。为了消除数据异方差的影响，对各变量均进行对数处理。变量描述
性统计结果见表 7.1。

表 7.1　　　　　　　　　　　　变量描述性统计

变量	观测数	均值	标准差	最小值	中值	最大值
ln*tfp*	3718	− 0.0276	0.2787	− 1.5002	− 0.0042	0.8865
ln*gtfp*	3718	0.0799	0.1798	− 0.6980	0.0668	1.9448
ln*RD*	3718	− 0.8780	1.1549	− 4.6052	− 1.0788	4.2662
ln*PE*	3718	5.1926	0.5248	0	5.0304	8.0379
ln*SL*	3718	0.7753	0.3873	− 1.2480	0.8039	2.4208
ln*indu*	3718	− 0.7499	0.2492	− 1.9973	− 0.7157	− 0.0946
ln*open*	3718	− 4.5249	1.3477	− 12.9384	− 4.3342	− 0.2551
ln*infra*	3718	2.2367	0.6336	− 3.9965	2.2853	6.0931

第二节　人力资本影响 TFP 和 GTFP 的空间计量分析

根据前面各章的测算，样本期间全要素生产率、绿色全要素生产率、各类人力资本和环境污染指数等变量的空间全局自相关系数 Moran's I 指数值均大于0.1，且均在5%的显著性水平上显著，说明中国各地级以上城市之间经济绩效、人力资本和环境变量等各自存在显著的空间依赖关系。因此，为了更全面、准确和客观地反映这些变量彼此之间的结构关系，应该建立空间计量模型，以反映解释变量对被解释变量可能存在的直接效应和间接效应。

一、空间计量模型的选择

在进行空间计量模型识别和构建之前，首先，需要对区域之间经济变量的空间自相关性进行度量。对包含空间依赖性和空间异质性变量的空间关系进行量化有多种处理方法，其中较为普遍的做法是对样本观测点区位地理信息进行量化，即空间权重矩阵。在第四章、第五章中已经完成了 Queen 邻接权重矩阵下的 Moran's I 检验，结果显示，在5%的显著性水平上解释变量和被解释变量均具有显著的空间自相关性，说明在该邻接状态下，有必要建立空间计量模型反映人力资本与经济绩效的关系。

Queen 邻接是以空间观测单位在地理范围上是否有共同边界或共同实体点接触为空间相关判断依据的邻接方式，但是中国城市人力资本对于经济增长的溢出效应并非仅限于 Queen 邻接下才能发生。空间权重矩阵的设置关系到空间计量模型最终估计结果的信度和效度，克斯托夫（Kostov，2010）认为，空间权重矩阵如何设置与研究者分析问题的视角和对变量空间效应关系的理解有关。基于内生增长理论的经济绩效与人力资本结构的关系研究，期望考察人力资本对于经济增长不同路径下的溢出效应和作用差异。因此，为了充分反映中国人力资本对经济增长的溢出机制，除了 Queen 邻接权重矩阵外，研究中还引入了在邻接权重矩阵基础之上延伸的 K 邻接权重矩阵（K 取 2，即除了直接相邻，邻居的邻居也是我的邻居），及以各空间单元之间距离衰减函数定义的距离倒数平方空间权重矩阵。并应用这两种矩阵做两个被解释变量和三个核心解释变量的空间自相关性检验，发现它们在这两种权重矩阵形式下均存在显著的自相关性，因此有必要做基于该权重矩阵的空间计量经济分析，以进一步考察在这两种溢出路径下各解释变量对被解释变量的影响，检验人力资本的溢出机制，比较三种人力资本在不同空间溢出路径下对经济增长的作用差异。

其次，需要对空间面板模型的适用性进行判断。根据艾尔豪斯特（Elhorst，2014）等的检验方法，通过比较非空间面板模型残差项的拉格朗日乘数（LM）检验统计量以及稳健的 LM 检验统计量，来进行非空间模型与空间模型的选择，LM 检验结果见表 7.2。

表 7.2　　　　　　　　　　LM 检验和稳健性 LM 检验结果

空间权重形式	因变量	检验方式	无固定效应	空间固定效应	时间固定效应	空间时间双固定效应
Queen 邻接矩阵	TFP	LM-lag	526.6994 ***	215.7979 ***	264.6297 ***	67.4318 ***
		Robust LM-lag	90.9764 ***	121.5198 ***	16.7106 ***	1.7417
		LM-error	456.9564 ***	142.9576 ***	248.093 ***	65.6902 ***
		Robust LM-error	21.2334 ***	48.6795 ***	0.1738 ***	0.0001
	GTFP	LM-lag	40.9753 ***	229.2532 ***	28.9098 ***	93.5027 ***
		Robust LM-lag	5.5862 **	58.5248 ***	14.8522 ***	18.0227 ***
		LM-error	53.3407 ***	182.4135 ***	43.6284 ***	81.3136 ***
		Robust LM-error	17.9516 ***	11.6851 ***	29.5708 ***	5.8336 **
距离倒数平方矩阵	TFP	LM-lag	288.1971 ***	138.4448 ***	141.8418 ***	41.8924 ***
		Robust LM-lag	58.0139 ***	68.9437 ***	0.8285	1.0647
		LM-error	249.5662 ***	98.2598 ***	146.1664 ***	40.8279 ***
		Robust LM-error	19.383 ***	28.7587 ***	5.1532 **	0.0003
	GTFP	LM-lag	27.301 ***	195.8069 ***	20.0975 ***	97.0538 ***
		Robust LM-lag	24.2766 ***	57.4551 ***	39.8999 ***	16.7391 ***
		LM-error	43.0671 ***	154.5801 ***	38.1018 ***	85.4692 ***
		Robust LM-error	40.0427 ***	16.2283 ***	57.9042 ***	5.1545 **

续表

空间权重形式	因变量	检验方式	无固定效应	空间固定效应	时间固定效应	空间时间双固定效应
K 邻接矩阵 (K = 2)	TFP	LM-lag	171.1924 ***	82.9156 ***	71.9287 ***	20.5291 ***
		Robust LM-lag	43.0909 ***	42.025 ***	0.0795 *	0.0417 *
		LM-error	145.7564 ***	60.5146 ***	75.3516 ***	20.7162 ***
		Robust LM-error	17.6549 ***	19.624 ***	3.5024 *	0.02288
	GTFP	LM-lag	26.517 ***	141.5636 ***	18.6886 ***	72.3756 ***
		Robust LM-lag	16.9297 ***	55.2589 ***	23.2234 ***	19.6846 ***
		LM-error	39.039 ***	109.2246 ***	31.7254 ***	61.84225 ***
		Robust LM-error	29.4518 ***	22.9199 ***	36.2602 ***	9.1514 ***

注：*、**、*** 分别表示在 10%、5%、1% 的水平下显著。

由表 7.2 的检验结果可见，在不同权重矩阵、不同因变量、不同固定效应方式下，绝大部分检验结果在 1% 的显著性水平下拒绝了联合非显著的原假设，因此，空间计量模型适用性优于普通计量模型。

关于空间模型具体形式的选择，安瑟林（Anselin，1988）分别考虑了空间扰动项和空间滞后项对空间效应的影响，构建了空间误差模型（SEM）、空间滞后模型（SAR）、空间杜宾模型（SDM）和空间嵌套模型（GNS）四种模型。其中，空间误差模型（SEM）假定解释变量对被解释变量的空间溢出效应是随机冲击造成的；空间滞后模型（SAR）包含被解释变量的一个空间滞后算子，所有解释变量通过影响一个被解释变量，再由被解释变量的空间传导机制产生空间效应；而空间杜宾模型（SDM）则同时包含被解释变量和解释变量的空间滞后算子，可以分析两种变量的空间溢出机制，具有显著的优越性；而广义空间嵌套模型（GNS）包含解释变量、被解释变量和干扰项的交互作用。由于难以区分两种变量的内部效应、外部效应和随机效应，估计结果令人难以信服，因此，广义空间嵌套模型实践中很少被使用。前三种模型是目前比较常用的空间计量模型。由于空间滞后模型侧重于解决因变量空间相关性，而空间误差模型侧重于处理随机扰动项的空间相关性问题。而本书研究拟解决的问题是，在考虑经济绩效——全要素生产率（因变量）空间自相关性和绿色全要素生产率（因变

量）空间自相关性、三种类型人力资本（自变量）对经济绩效的空间滞后
影响关系情况下的结构关系，从问题导向角度，选用空间杜宾模型进行研
究是更加合适的选择。

最后，关于模型的随机效应与固定效应选择。由于试验设计的样本回归
限定于个体，无需以个体性质推断总体性质，因此选用固定效应是符合实际
需求的。进一步从理论上通过做空间面板模型的豪斯曼（Hausman）检验可
以确认选择固定效应模型的合理性。Hausman 检验结果见表 7.3。

表 7.3 豪斯曼（Hausman）检验结果

空间权重方式	检验模型	TFP		GTFP	
		统计量	结论	统计量	结论
Queen 邻接矩阵	空间滞后	-46. 8759 ***	固定效应	18. 868 ***	固定效应
	空间误差	191. 471 ***	固定效应	-8. 8382	随机效应
	空间杜宾	-49. 9595 ***	固定效应	-25. 5745 **	固定效应
距离倒数 平方矩阵	空间滞后	-49. 8233 ***	固定效应	30. 689 ***	固定效应
	空间误差	-76. 1729 ***	固定效应	-28. 6646 ***	固定效应
	空间杜宾	-73. 3396 ***	固定效应	-50. 5058 ***	固定效应
K 邻接矩阵 （K = 2）	空间滞后	-22. 7056 ***	固定效应	-6. 2173	随机效应
	空间误差	-77. 0129 ***	固定效应	-41. 6864 ***	固定效应
	空间杜宾	-43. 2731 ***	固定效应	-42. 9942 ***	固定效应

注：** 、*** 分别表示在 5% 、1% 的水平下显著。

由表 7.3 的 Hausman 检验结果可见，从数据驱使角度，在选择空间杜宾
模型的前提下，无论是全要素生产率还是绿色全要素生产率，无论是何种空
间权重形式，Hausman 检验结论都支持选用固定效应模型。又由于个体异质
性特征可能同时体现在空间和时间两个维度，从空间上看，面元区位的不同
可能是引起经济变量产生差异的驱使因素，即空间效应；从时间上看，面板
数据所包含的时间序列关系可能存在特定时点的异常扰动，即时间效应。基
于上述客观事实的分析，在固定效应方式下，考虑空间计量模型内同时对空
间效应和时间效应进行控制，是较为合理的。

综上所述，需要构建空间时间双固定效应控制下的空间杜宾模型，验证

不同人力资本对全要素生产率和绿色全要素生产率的影响，空间杜宾模型设定如下：

$$\ln TFP_{it} = \alpha_1 \ln RL_{it} + \alpha_2 \ln X_{it} + \alpha_3 \sum_{j=1}^{N} w_{ij} \ln RL$$

$$+ \alpha_4 \sum_{j=1}^{N} w_{ij} X_{it} + \rho w_{ij} \ln TFP_{it} + \varphi_t + \varepsilon_i + \theta_{it} \quad (7.7)$$

$$\ln GTFP_{it} = \alpha_1 \ln RL_{it} + \alpha_2 \ln X_{it} + \alpha_3 \sum_{j=1}^{N} w_{ij} \ln RL$$

$$+ \alpha_4 \sum_{j=1}^{N} w_{ij} X_{it} + \rho w_{ij} \ln GTFP_{it} + \varphi_t + \varepsilon_i + \theta_{it} \quad (7.8)$$

其中，TFP 和 $GTFP$ 分别为全要素生产率和绿色全要素生产率；w_{ij} 表示空间权重矩阵；θ_{ij} 为随机误差项；RL 为核心解释变量三类人力资本，即资源转换型人力资本 RD、资源配置型人力资本 PE 和资源利用型人力资本 SL；X 为控制变量，包含产业结构（$indu$）、对外开放度（$open$）、基础设施（$infra$）；α 为核心解释变量和控制变量的系数；ρ 为被解释变量空间自回归系数；ε_i 和 φ_t 分别表示地区效应和时间效应；i 和 t 表示城市个体和时间维度。

二、实证结果及分析

根据式（7.7）和式（7.8）对全国 286 个地级以上城市三类人力资本对区域全要素生产率和绿色全要素生产率的影响进行计量分析。为验证模型中核心解释变量的稳健性，得到无偏的解释结果，同时考察各控制变量对经济绩效的影响。计算过程中分不引入控制变量和引入控制变量两种情况分别处理。

1. 空间杜宾模型回归分析

表 7.4 和表 7.5 分别报告了以 TFP 和 GTFP 为被解释变量的空间杜宾模型回归结果。包含了以三种权重矩阵加权，以及加入和不加入三个控制变量共六种情形。

表 7.4 以 TFP 为被解释变量的空间杜宾模型回归结果

变量	Queen 邻接	距离倒数平方	K（取2）邻接	Queen 邻接	距离倒数平方	K（取2）邻接
ln*rd*	-0.0477*** (-4.9401)	-0.0473*** (-4.8879)	-0.0302*** (-3.0123)	-0.0495*** (-5.1357)	-0.0483*** (-5.0085)	-0.0319*** (-3.1977)
ln*pe*	0.0801*** (6.7078)	0.08*** (6.7743)	0.0897*** (7.3255)	0.0783*** (6.4788)	0.0774*** (6.4764)	0.0857*** (6.9259)
ln*sl*	0.0888*** (3.6116)	0.0809*** (3.3043)	0.0694*** (2.7294)	0.0922*** (3.6925)	0.0876*** (3.513)	0.0775*** (2.9963)
ln*indu*				0.014 (0.5388)	0.029 (1.1365)	0.0281 (1.067)
ln*open*				-0.0125*** (-3.7542)	-0.0125*** (-3.7758)	-0.0171*** (-5.0741)
ln*infra*				0.0023 (0.2777)	0.0019 (0.2341)	0.0056 (0.6592)
w × ln*rd*	0.1191*** (5.9544)	0.1141*** (7.3396)	0.0913*** (6.929)	0.1096*** (5.4763)	0.1094*** (7.0429)	0.0868*** (6.6159)
w × ln*pe*	0.0087 (0.4063)	0.0134 (0.7797)	0.0298*** (1.8331)	0.0188 (0.8623)	0.02 (2.155)	0.0383** (2.3226)
w × ln*sl*	-0.0816* (-1.673)	0.0011 (0.0267)	0.0389 (1.1193)	-0.0921* (-1.8053)	0.0197 (0.4648)	0.0455 (1.2657)
w × ln*indu*				0.0229 (0.5179)	-0.0494 (-1.2751)	-0.0295 (-0.8787)
w × ln*open*				-0.011* (-1.832)	-0.0092* (-1.8486)	-0.0053 (-1.1875)
w × ln*infra*				0.0407** (2.2432)	0.025* (1.7923)	0.0262** (2.2122)
w × dep. var.	0.2012*** (7.901)	0.1324*** (6.2797)	-0.2326*** (-13.3668)	0.1872*** (7.2996)	0.1244*** (5.8857)	-0.2326*** (-13.3681)
R-squared	0.7738	0.7727	0.7813	0.7756	0.7745	0.7569
corr-squared	0.0423	0.045	0.0526	0.0532	0.0549	0.0461
sigma^2	0.0191	0.0192	0.0077	0.0189	0.019	0.0206
Obs.	3718	3718	3718	3718	3718	3718

注：* 、** 、*** 分别表示在 10%、5%、1% 的水平上显著。

表 7.5　　　　　　以 GTFP 为被解释变量的空间杜宾模型回归结果

变量	Queen 邻接	距离倒数平方	K（取2）邻接	Queen 邻接	距离倒数平方	K（取2）邻接
lnrd	-0.0151 *** (-2.6047)	-0.0172 *** (-2.9703)	-0.0048 (-0.7814)	-0.0153 *** (-2.6321)	-0.0168 *** (-2.9052)	-0.0047 (-0.7792)
lnpe	0.0668 *** (9.2917)	0.0675 *** (-9.5631)	0.0742 *** (9.9529)	0.0673 *** (9.2411)	0.0663 *** (9.2694)	0.0723 *** (9.5576)
lnsl	0.0211 (1.4241)	0.0186 (1.2719)	0.0253 (1.6353)	0.0218 (1.4521)	0.0202 (1.3513)	0.0245 (1.5537)
lnindu				-0.0151 (-0.9651)	-0.0037 (-0.2438)	0.0107 (0.6674)
lnopen				-0.0061 *** (-3.0416)	-0.0061 *** (-3.0713)	-0.006 *** (-2.9052)
lninfra				-0.0018 (-0.3711)	-0.002 (-0.406)	-0.0007 (-0.1437)
w × lnrd	0.0513 *** (4.2614)	0.0581 *** (6.2566)	0.0363 *** (4.5273)	0.0494 *** (4.0962)	0.0562 *** (6.051)	0.0351 *** (4.385)
w × lnpe	0.0194 (1.4877)	0.0156 (1.5097)	0.0527 *** (5.3012)	0.0177 (1.3369)	0.0148 (1.4043)	0.0537 *** (5.3202)
w × lnsl	0.0291 (0.9908)	0.0573 ** (2.3457)	0.0389 (1.8417)	0.0006 (0.0186)	0.0452 * (1.7803)	0.0246 (1.1244)
w × lnindu				0.0845 *** (3.1755)	0.0378 (1.6281)	0.0337 (1.6441)
w × lnopen				0.0036 (1.0001)	0.0033 (1.1149)	0.0019 (0.6894)
w × lninfra				0.0094 (0.8578)	0.0071 (0.8509)	0.0123 * (1.6986)
w × dep. var.	0.2202 *** (8.7343)	0.1905 *** (9.2443)	-0.2326 *** (-13.3548)	0.2152 *** (8.5159)	0.1905 *** (9.2474)	-0.2326 *** (-13.3596)
R-squared	0.8032	0.8051	0.7813	0.8044	0.8059	0.7824
corr-squared	0.0533	0.0587	0.0526	0.0601	0.0631	0.0565
sigma^2	0.0069	0.0068	0.0077	0.0069	0.0068	0.0077
Obs.	3718	3718	3718	3718	3718	3718

注：* 、** 、*** 分别表示在 10% 、5% 、1% 的水平上显著。

　　从表 7.4 和表 7.5 的报告结果看，所有模型回归结果拟合良好，判定系数最小值为 0.7569，大部分参数通过了显著性检验，模型有很强的解释能力，能够反映解释变量对被解释变量的影响。比较不加入控制变量和加入控制变量两种情况，发现在包括三种控制变量的模型中，5% 的显著性水平上，仅有城市对外开放度有显著的直接影响。从回归结果看，对外开放度对 TFP 和 GTFP 的影响均为负，并且对 TFP 的负向影响大于对 GTFP 的负向影响，显示出依赖于引进先进技术装备驱动的经济增长更容易遭受国际经济环境恶化的冲击，而自主创新驱动的内生性技术进步带来的经济增长，尽管也会受到不利的影响，但受影响的程度较小。城市基础设施在以 Queen 邻接和 K（取 2）邻接权重矩阵的模型中对全要素生产率存在空间滞后的影响；在其他情况下，控制变量并没有对全要素生产率、绿色全要素生产率产生显著的作用。从判定系数看，控制变量的加入没有显著提高模型的解释能力，全要素生产率和绿色全要素生产率的变化主要受核心解释变量三种类型人力资本的影响。

在以 Queen 邻接和距离倒数平方为权重矩阵的模型中，TFP 和 GTFP 空间滞后回归系数大于 0，在以 K（取 2）邻接权重矩阵的模型中 TFP 和 GTFP 空间滞后回归系数小于 0，且均在 0.01 的水平上显著。说明 TFP 和 GTFP 在毗连的城市之间或空间距离很近的情况下具有正向溢出效应，而对于相隔城市之间作用形式恰好相反，邻居的邻居的 TFP 和 GTFP 表现对本地经济增长绩效产生相反的作用。

2. 空间溢出效应分解

三类人力资本空间滞后项系数表现各有不同，但是仅有科技创新人力资本在三种权重矩阵形式下完全通过了 0.05 显著性水平的检验，且系数值为正，显示了科技创新人力资本无论在何种路径下都具有显著的正向外部性。当然基于空间计量分析结果的回归系数并不能充分显示变量在复杂空间网络中的作用关系。为了解决空间计量回归系数不能直接解释自变量对因变量的空间效应的功能局限性，真实反映三类人力资本对全要素生产率和绿色全要素生产率的内部溢出效应和外部溢出效应，借鉴里萨基和佩斯（LeSage & Pace，2009）的偏微分法将三类人力资本对 TFP 和 GTFP 的总溢出效应分解为表示区域内部溢出的直接效应和区际外部溢出的间接效应。其中，前者表示解释变量对本地区被解释变量的影响，后者表示解释变量对由空间权重矩阵定义的邻接单元被解释变量的影响。效应分解结果见表 7.6 和表 7.7。

表 7.6　　三种权重矩阵下人力资本对 TFP 效应分解结果

TFP		Queen 邻接矩阵			距离倒数平方矩阵			K（取 2）邻接矩阵		
		直接效应	间接效应	总效应	直接效应	间接效应	总效应	直接效应	间接效应	总效应
不含控制变量	lnrd	-0.0436*** (-4.3755)	0.133*** (5.3996)	0.0894*** (3.3302)	-0.0434*** (-4.5566)	0.1201*** (6.8439)	0.0768*** (3.8801)	-0.038*** (-3.6229)	0.0878*** (7.2044)	0.0497*** (3.854)
	lnpe	0.0813*** (6.9177)	0.0298 (1.1587)	0.1112*** (4.2173)	0.0809*** (6.8719)	0.0269 (1.4207)	0.1077*** (5.145)	0.0884*** (6.9573)	0.0081 (0.517)	0.0965*** (6.6747)
	lnsl	0.0854*** (3.3986)	-0.0748 (-1.2708)	0.0105 (0.1695)	0.0814*** (3.3985)	0.0148 (0.3308)	0.0961* (1.9623)	0.0692*** (2.5251)	0.0182 (0.5384)	0.0874** (2.581)
含控制变量	lnrd	-0.046*** (-4.9097)	0.1213*** (4.9897)	0.0753*** (2.8293)	-0.0447*** (-4.6504)	0.1141*** (6.7507)	0.0694*** (3.5646)	-0.0401*** (-3.9873)	0.0844*** (7.0406)	0.0443*** (3.5674)
	lnpe	0.0796*** (6.6859)	0.0398 (1.5324)	0.1194*** (4.4249)	0.0783*** (6.4111)	0.0334* (1.7926)	0.1118*** (5.2727)	0.0832*** (6.4018)	0.0173 (1.1079)	0.1005*** (7.067)
	lnsl	0.089*** (3.5896)	-0.0883 (-1.4593)	0.0007 (0.0104)	0.0891*** (3.5587)	0.0356 (0.7668)	0.1247** (2.3461)	0.074*** (2.6782)	0.0259 (0.7544)	0.0999*** (2.9954)
	lnindu	0.0142 (0.5812)	0.0326 (0.6495)	0.0468 (0.9814)	0.0267 (1.0756)	-0.0498 (-1.1918)	-0.0231 (-0.5455)	0.0314 (1.1002)	-0.0328 (-0.9819)	-0.0014 (-0.0538)
	lnopen	-0.0129*** (-4.1186)	-0.0163** (-2.3883)	-0.0292*** (-4.301)	-0.0126*** (-3.8161)	-0.0121** (-2.2723)	-0.0247*** (-4.2594)	-0.017*** (-4.5666)	-0.0012 (-0.2849)	-0.0182*** (-5.0668)
	lninfra	0.0034 (0.4224)	0.0486** (2.2081)	0.0521** (2.1958)	0.003 (-0.3563)	0.0277* (1.7952)	0.0307* (1.7904)	0.0041 (0.46)	0.0223 (2.0975)	0.0264** (2.3152)

表7.7

三种权重矩阵下人力资本对 GTFP 效应分解结果

GTFP		Queen 邻接矩阵			距离倒数平方矩阵			K（取2）邻接矩阵		
		直接效应	间接效应	总效应	直接效应	间接效应	总效应	直接效应	间接效应	总效应
不含控制变量	lnrd	-0.013** (-2.2911)	0.0595*** (4.1261)	0.0465*** (2.9504)	-0.0142** (-2.3946)	0.0647*** (5.9842)	0.0505*** (3.9857)	-0.0081 (-1.2818)	0.0338*** (4.6631)	0.0257*** (3.2898)
	lnpe	0.0681*** (9.4085)	0.042*** (2.6004)	0.1101*** (6.4122)	0.0691*** (10.0146)	0.0337*** (2.9131)	0.1028*** (7.9076)	0.0712*** (9.0273)	0.0318*** (3.4729)	0.103*** (11.9912)
	lnsl	0.0224 (1.5033)	0.0433 (1.1692)	0.0657* (1.6551)	0.0219 (1.5485)	0.0728*** (2.602)	0.0947*** (2.9845)	0.0226 (1.4137)	0.0305 (1.5462)	0.0531*** (2.8839)
含控制变量	lnrd	-0.0134** (-2.3664)	0.0569*** (3.9178)	0.0435*** (2.7199)	-0.0139** (-2.4098)	0.0634*** (5.9885)	0.0495*** (4.049)	-0.0075 (-1.194)	0.0326*** (4.3127)	0.0251*** (3.1923)
	lnpe	0.0685*** (9.7858)	0.0393 (2.589)	0.1078*** (6.8666)	0.0676*** (9.5941)	0.0323*** (2.7219)	0.1*** (7.5233)	0.0695*** (8.6056)	0.0327*** (3.4382)	0.1022*** (11.7743)
	lnsl	0.0215 (1.4946)	0.0068 (0.181)	0.0283 (0.7027)	0.0232 (1.5575)	0.0586** (1.9911)	0.0818** (2.47)	0.0224 (1.3734)	0.0175 (0.8512)	0.0399** (1.9841)
	lnindu	-0.0118 (-0.7671)	0.1001*** (3.3483)	0.0883*** (3.0734)	-0.0022 (-0.1436)	0.0451* (1.6953)	0.043 (1.587)	0.0086 (0.514)	0.028 (1.3814)	0.0366** (2.2374)
	lnopen	-0.0059*** (-2.9938)	0.0028 (0.6682)	-0.0031 (-0.6969)	-0.006*** (-3.1976)	0.0026 (0.7568)	-0.0034 (-0.9309)	-0.0062*** (-2.7261)	0.003 (1.1458)	-0.0032 (-1.3495)
	lninfra	-0.0014 (-0.2872)	0.0116 (0.8241)	0.0102 (0.6647)	-0.0016 (-0.3288)	0.0073 (0.7439)	0.0057 (0.507)	-0.0015 (-0.2748)	0.011 (1.6016)	0.0095 (1.3393)

注：*、**、***分别表示10%、5%、1%的水平上显著。

从表 7.6 和表 7.7 的效应分解结果来看，本地科技创新人力资本对本地的 TFP 和 GTFP 直接效应显著为负，而邻地的科技创新人力资本对本地 TFP 和 GTFP 的间接效应则显著为正，表明科技创新人力资本具有较强的空间溢出性。对于本地科技创新人力资本对本地的 TFP 和 GTFP 直接效应显著为负，曹泽、李东（2010）研究认为，其原因一是表示中国城市科技创新人力资本的研发人员主要集中在高等院校及科研院所，而高校及科研院所的研发工作主要集中于基础类研究，短期内并不能直接创造经济效益，而且由于成本的投入，可能会对本地经济效益产生一定的抑制作用。二是因为来自政府的研发投入主要涉及如生态环境保护、健康医疗等公共项目，尤其是以国防建设为目标的研发工作，并不直接作用于本地生产力，不仅不具有提高生产效率的作用，可能一定程度上还会抑制生产效率的提高。尽管基础研究、生态环境研究、国防建设研究等并不直接作用于生产，创造经济价值，但是对于经济长期可持续增长同样重要，具有更高的溢出效应，能够带来更大的社会效益。

三种权重矩阵比较来看，尤以 Queen 邻接情况下溢出性最强，距离倒数平方次之，包括直接和非直接相邻的二阶邻接溢出性最弱，但都显示出较强的显著性。总效应为正，说明了科技创新人力资本对经济增长具有内生增长理论所揭示的以外部效应为主导的内生性特点。人力资本对经济增长具有内部效应和外部效应，其对经济长期可持续增长的作用主要表现为外部效应。正是因为科技创新人力资本的显著正外部性，带来了整个社会经济效率的提升。以间接效应为主导的三种权重矩阵总效应同样表现为直接相邻和空间距离越近情况下效应越大。引入控制变量并没有显著改变科技创新人力资本对 TFP 和 GTFP 的效应关系，仅仅稍微降低了各参数值。尽管实践中经常会使用产业结构调整、扩大对外开放和增加城市基础设施的方式促进经济增长，但是其中的效果并没有通过 TFP 和 GTFP 体现出来，只能归于要素驱动型的经济增长。对经济增长质量起决定性作用的只能是技术进步和人力资本，其中人力资本又是技术进步的溢出载体。从科技创新人力资本对 TFP 和 GTFP 的差异表现看，科技创新人力资本对 GTFP 的直接效应要好于对 TFP 的直接效应，但是间接效应相反，对 TFP 的总效应大于对 GTFP 的总效应。在考虑环境因素后，科技创新人力资本对经济增长质量的影响下降。中国城市整体上科技创新能力较弱，科技创新人力资本的作用更多地停留在消化吸收国外先进技术装备，通过促进外生型技术进步，提高全要素生产率的层次上。独立自主的原始创新对经济增长的贡献远远不够，以创新型经济增长方式为目标的城市人力资本建设任重道远。

企业家人力资本在三种权重矩阵模式下对全要素生产率和绿色全要素生产率均表现出显著的正向直接效应，而间接效应虽然均表现为正，但数值较小，仅在对绿色全要素生产率的作用中显著，总效应表现为显著的正向促进作用。企业家人力资本对 TFP 的作用和对 GTFP 的作用没有明显差异，对两种绩效的作用表现在三种空间权重模式之间也没有明显差异。总的来看，企业家人力资本对经济绩效的效应表现中，直接效应占主导地位，外部性较低，这也导致了不同空间权重模式的选择并不影响企业家人力资本的效应表现。

制度型人力资本对经济高质量增长的作用表现较为复杂。在仅考虑期望产出的全要素生产率为被解释变量的模型中，制度型人力资本在三种空间权重矩阵模式下均表现出显著的正向直接效应；间接效应无论正向还是负向均不显著。总效应仅在 K（取 2）邻接权重矩阵的情况下显著，显示出"邻居的邻居才是我的好邻居"。中国城市之间政策制度的效仿借鉴具有跨地区影响的特征，地理邻近的两个城市更多地表现出异质性。这种情况有点类似欧洲国家之间的关系，空间上隔一个国家之间的关系更加友好。在考虑了非期望产出的绿色全要素生产率为被解释变量的模型中，制度型人力资本在三种空间权重矩阵模式下都表现出正向直接效应和正向间接效应，但其中直接效应均不显著，间接效应也仅在距离倒数平方权重矩阵的情况下显著。总效应除在 Queen 邻接情况下不显著外，其余均显著，但是显著性不强。总体来说，无论是对于 TFP 的增长还是对于 GTFP 的促进，制度型人力资本均没有表现出较强的影响。中国城市制度型人力资本在政策制定方面还需要提高理论和实践水平，提高宏观经济调控的精准度，以更好地促进本地区和相邻地区资源的充分利用，为提高经济增长质量，实现经济增长转型提供支持。

3. 结论与政策建议

比较三种人力资本对 TFP 和 GTFP 的直接效应、间接效应和总效应。总体来看，企业家人力资本总效应最显著，这种显著效应主要是通过对本地TFP 和 GTFP 的直接效应实现的，间接效应不够显著。为促进经济增长质量提高，需要加快城市社会经济一体化进程，加强企业家之间的城市交流，开放市场，推动管理思想、方法和手段的相互学习借鉴，提升企业家人力资本的间接溢出效应，这对于提高城市经济增长质量，实现经济转型具有良好的作用。制度型人力资本对 TFP 和 GTFP 的作用中，无论是直接效应、间接效应还是总效应在三种人力资本中都是最低的，大部分都不显著。科技创新人力资本的效应介于企业家人力资本和制度型人力资本之间，总效应更接近于企业家人力资本，但是对 TFP 和 GTFP 影响的路径不同。科技创新人力资本主要是通过间接效应，通过知识溢出、技术溢出发挥作用。直接效应小于间接效应，提高科技创新人力资本在建设创新驱动型经济中的作用，主要是解决地方政府科技创新人力资本投入不足的问题。

控制变量的加入没有改变解释变量的解释能力和显著性水平。从模型回归结果看，产业结构没有对全要素生产率产生显著的空间效应，对外开放和基础设施建设对 TFP 的空间效应存在一定的差异，对外开放程度对 TFP 表现出显著的负向空间溢出性，基础设施水平则表现出正向的空间影响效应，但后者并不显著。三者对绿色全要素生产率都没有表现出显著的正空间效应。不仅如此，受 2008 年世界金融危机的影响和开放程度的提高，对绿色全要素生产率增长产生了显著的负效应。城市基础设施水平的提高有利于提高城市的服务能力和承载能力，从而形成理想的人力资本集聚中心。然而基础设施建设具有公共产品的属性，具有使用中的非竞争性和非排他性，是一项投入较大而直接经济效应并不显著的社会建设活动。控制变量的不显著也从另一个角度证明，实现中国城市经济转型需要通过技术进步和人力资本建设的方式实现。从人力资本的角度看，提高 TFP 和 GTFP 需要人力资本层次的深化和结构的优化，改善人力资本空间溢出的环境。三个控制变量中仅有对外开放度对 TFP 和 GTFP 具有一定的显著影响，尤其是对 TFP 的影响，但这种影响是负的，说明了投资驱动型的经济增长方式容易受到国外市场的影响。当遇到不利的国际经济环境时，贸易壁垒、技术壁垒等对"两头在外"的经济增长方式可能造成严重冲击。三类控制变量的表现显示出，经济长期可持续增长需要依靠人力资本积累的提高和人力资本结构的优化，需要向创新驱动转型。

综合上述实证分析与结论，提出以下三点政策建议。

（1）优化人力资本结构，增强创新溢出效应。三类人力资本对于全要素生产率和绿色全要素生产率的作用各有不同。比较起来，企业家人力资本作用最为显著，科技创新人力资本也呈现较强的作用，制度型人力资本对全要素生产率影响有显著的空间溢出效应，对于绿色全要素生产率作用并不显著。因此，在促进经济转型的过程中应该持续加强企业家人力资本的建设，着力培养科技创新人才队伍，提高制度型人力资本的宏观经济决策能力。基于企业家人力资本直接效应较大而间接效应基本不显著的情况，着力解决优秀企业家人力资本的溢出机制问题，营造有利于企业家经营能力、管理能力、创新能力和各种经验知识扩散的社会文化氛围。科技创新人力资本直接效应较小，样本期间甚至存在显著的负效应，本地科技创新人力资本的积累可能会抑制本地区的 TFP 和 GTFP。但科技创新人力资本间接效应显著，从空间整体来看，科技创新人力资本可以通过间接溢出效应促进整个社会的 TFP 和 GTFP，总效应显著为正。为此，政府应该承担起科技创新的责任，弥补因科技创新人力资本直接效应小，甚至为负值，所导致的地方城市科技创新人力资本投入不足的问题。

（2）提高企业家人力资本的创新意识，增强绿色创新理念。基于回归分析结果发现，促进资源配置的企业家人力资本对全要素生产率的作用，显著高于对绿色全要素生产率的作用。这显示出样本期内中国城市企业家人力资本主要致力于投资驱动型的生产方式，通过投资引进先进技术装备，企业经营范围位于产业链下游，通过大规模生产获得更高的收益。这样的经营方式能够带来全要素生产率的增长，但是不能带来生产过程中的资源节约，不利于低碳减排和环境效率的提高。提高绿色全要素生产率水平还需要调整投资经营理念，将企业主要靠大规模生产获取利润，转向依靠新产品开发、工艺改进、产品质量提高、成本降低等创新收益上来。同时企业要增强绿色生产意识，认识到"金山银山不如绿水青山"，平衡企业经济效益、社会效益和环境效益的关系，树立长期可持续发展的经营理念。

（3）加强中小城市建设，促进区域经济一体化。根据三种不同空间权重矩阵下人力资本要素溢出效应来看，科技创新人力资本和企业家人力资本溢出效应存在显著的随距离增加而衰减和随邻接阶数增加而衰减的问题，只有制度型人力资本表现出较强的跨区域溢出性。因此，加强城市之间的互动交流和深度合作，将有利于人力资本的创新溢出，尤其是有利于中小城市共享大城市丰厚的人力资本。根据第三章的研究，中国城市创新人力资本有很强的集聚性特征，提高中小城市的创新能力，实现向创新驱动型经济增长方式转型需要加强城市之间的交流合作，促进区域社会经济一体化建设，让人力资本积累薄弱的中小城市共享大中型城市高层次创新型人力资本。

第三节　本章小结

本章在之前各章的基础上，将中国城市科技创新人力资本（RD）、企业家人力资本（PE）和制度型人力资本（SL）与全要素生产率（TFP）和绿色全要素生产率（GTFP）分别纳入同一个框架，基于 2005～2018 年的中国 286 个地级以上城市的面板数据进行研究。由于解释变量和被解释变量在中国286 个城市中均表现出显著的空间自相关性，采用空间计量模型将能够更好地拟合人力资本对 TFP 和 GTFP 的影响。为了观察不同类型人力资本对于被解释变量的空间溢出效应，采用空间杜宾模型（SDM）分析三类人力资本对TFP 和 GTFP 的效应关系，并选择 Queen 邻接、距离倒数平方和 K（取2）邻接三种不同邻接权重形式，考察三种类型人力资本在不同溢出路径下的效用表现。在实证分析过程中，引入产业结构、对外开放度和城市基础设施三个变量作为控制变量。通过建立包括控制变量和不包括控制变量的两类模型，比较核心解释变量参数的变化，验证核心解释变量解释能力的稳健性。

研究得出如下结论：（1）三种类型人力资本对全要素生产率（TFP）和绿色全要素生产率（GTFP）的影响是稳健的。比较不含控制变量和含控制变量的两类模型回归结果和空间溢出效应分解项，三种权重模式下，控制变量的引入都没有改变三个核心解释变量对被解释变量的显著性，人力资本是经济绩效提升的源泉，是经济增长方式转型的最根本动力。尽管现有文献都支持产业结构、对外开放和城市基础设施对经济增长的作用，但是依赖全要素生产率和绿色全要素生产率提高的经济增长还要靠人力资本和技术创新的作用。模型中对外开放度对两种经济绩效都表现为显著的负作用，尤其是对 TFP 的负向影响更大更显著。显示了在经济增长中依靠国外市场的风险，当遇到国际市场萎缩或者不利的国际环境情况时，经济增长会受到严重的冲击。发展国内市场，实现国际国内"双循环"战略对于提高经济增长稳定性，增强经济发展韧性十分重要。

（2）空间权重矩阵的选择对三种人力资本的效应表现有显著影响。克斯托夫（Kostov，2010）认为，空间权重矩阵的设置关系到研究者分析问题的视角和对变量空间效应关系的理解。内生增长理论揭示了人力资本的内生作用，并实证分析了人力资本的内部效应和外部效应。认为人力资本的外部效应可以通过产业集聚、产业结构升级等实现。并没有给出空间溢出的路径，由于人力资本的空间溢出效应是空间单元之间的传递关系，必然受到空间距离、邻接形式等的影响，而且不同类型的人力资本在不同空间关系下的溢出效应大小不同。科技创新人力资本对 TFP 和 GTFP 的效应主要表现为间接效应，效用影响程度随邻接关系阶数的增加和距离的增大而衰减。样本期内，整体上看科技创新人力资本对 TFP 的作用大于对 GTFP 的作用，中国创新驱动型增长方式的建设任重道远。企业家人力资本在三类人力资本的效用关系中最大、最显著，主要表现为直接效应，空间单元之间的溢出性基本不显著。由于主要表现为本地直接效应，空间权重矩阵的不同对企业家人力资本的总效应并没有大的改变。制度型人力资本是三种人力资本中对 TFP 和 GTFP 作用最小的一种类型，尽管本书第三章的研究显示了制度型人力资本具有较显著的空间自相关性，但是限于制度型人力资本本身的创新溢出价值，无论是本地的直接效应还是邻接的间接效应，其对 TFP 和 GTFP 的效应作用均较小，各种空间权重状态下的效应表现绝大部分为不显著。

（3）TFP 和 GTFP 对人力资本结构的差异性需求。从三种权重矩阵下人力资本对 TFP 和 GTFP 空间溢出效应分解结果看，能对 TFP 起正向溢出效应的一般对 GTFP 也能起到正向溢出作用。两者对于人力资本结构的需求整体上是一致的，但也存在部分差异，一是 GTFP 的提高比 TFP 的提高需要更多的科技创新人力资本，在科技创新人力资本对 TFP 和 GTFP 的作用关系中，随着其对创新驱动型经济增长方式愈发重要，科技创新人力资本的间接溢出效应很大，直接效应也在改善。企业家人力资本对于 TFP 和 GTFP 的作用非常接近，因此无论是投资驱动型的经济增长方式还是创新驱动型的经济增长方式对企业家人力资本都有较强的需求。制度型人力资本对于 TFP 和 GTFP 的影响尽管都不强，但是对于前者的作用稍大于对后者的作用。因此，投资驱动型的经济增长方式中对制度型人力资本的需求，大于创新驱动型经济增长方式对制度型人力资本的需求。实现创新驱动型的经济增长方式，在资源利用方面更需要遵从市场规律，充分发挥市场在资源保障、配置和优化方面的基础性作用。

第八章 结论与展望

　　人力资本是经济长期可持续增长的内生动力。无论是基于边际分析的要素驱动型经济总量增长困境，还是"杰文斯悖论"下投资驱动型增长导致的环境约束，以及逆全球化背景下国际市场的萎缩和针对中国的遏制，都说明跨越"中等收入陷阱"，应对逆全球化的挑战，实现中国经济长期可持续增长必须走创新驱动的道路。基于熊彼特创新理论，创新可以概括为产品创新、技术创新、市场创新、资源配置创新和组织创新，通过创新获得超过正常利润之外的超额利润，实现价值增值，创新主体具有了资本的属性，人格化的创新主体可以称之为创新人力资本。其中，从事产品创新、技术创新的创新主体称为资源转换型人力资本或科技创新人力资本。从事市场创新、资源配置创新的创新主体完成了资源优化配置工作，称为资源配置型人力资本或企业家人力资本。组织创新也被称为制度创新，政府行政人员通过制度创新促进就业，保证了劳动力等生产要素的充分利用，将促进资源充分利用的创新主体称为资源充分利用型人力资本或制度型人力资本。

　　人力资本对经济增长的作用可以通过内部效应表现出来，但更多地反映在它的外部效应方面，以社会平均人力资本水平反映出的外部效应具有核心作用，人力资本的外部效应是内生经济增长理论的基础，而且技术进步在经济增长中的内生性问题，也是在人力资本内生性的基础上才能得到合理的解释。中国经济增长在总量提升方面取得巨大成功，支撑经济增长的劳动力要素和资本要素充足，但是实现经济长期可持续增长方面还需要质量的提高。提高全要素生产率，尤其是绿色全要素生产率，需要不断增强技术创新、企业创新和制度创新的活力。虽然内生增长理论确认了技术进步和人力资本在经济增长中的内生价值，但技术进步的内生性却要通过人力资本投资体现，因此创新的源泉更在于人力资本。

人力资本存量决定知识的溢出，反映人力资本的外部性特征，人力资本的深化决定人力资本的个体贡献能力和收入差别，代表了人力资本的内部效应。但同一层次的人力资本经济贡献不同，获取的报酬也不同，还受到技能结构、专业差异、功能类型的影响。2021年中国人民银行工作论文《关于我国人口转型的认识和应对之策》认为应该重视理工科教育，东南亚国家掉入"中等收入陷阱"的原因之一就是文科生太多。同样"鲍莫尔成本病"现象也说明生产率低的部门向生产率高的部门看齐，追求相同的报酬，会导致成本上升，不利于整体的效率提高。可见，人力资本在经济增长中的贡献除了有总量不同、层次区别，还有结构差异。基于人力资本在经济增长中与资源要素结合的方式，本书第三章对人力资本结构做了三种类型的划分，并在第七章建立空间杜宾模型研究三类人力资本对全要素生产率和绿色全要素生产率的影响，进而研究人力资本结构对于经济转型的贡献差异。通过这样的研究希望能为经济转型理论发展及人力资本结构体系建设提供可供参考的依据。

第一节　结　　论

循着经济长期可持续增长的思路追因，我们发现了经济转型的必要性，以及人力资本的价值和贡献。从结构分析的视角探讨人力资本的功能，我们就可以分析不同类型人力资本对于经济增长贡献的差异，人力资本的发展对于经济增长和经济转型有什么影响，经济的可持续发展对人力资本结构有什么要求。根据前人奠定的理论基础和分析框架，结合中国实际经济发展实践，本书在实证分析中国城市人力资本和经济增长方式关系的基础上，对既有理论进行了拓展与深化，得出了具有一定价值的创新性成果，主要结论包括以下三个方面。

一、中国城市人力资本存在显著的空间依赖性

从外生技术进步决定到内生技术进步决定，从新古典理论到内生经济增长理论，科技创新对经济增长的作用逐渐被证实，相关研究不断深化。然而基于不同类型人力资本结构对经济增长绩效差异的研究才刚刚开始，尤其是这种结构差异对一国之内不同区域的影响更是空白，本书研究正是在这方面进行了探索，丰富并深化了新经济增长理论，为区域经济增长转型和人才政策的制定提供了理论基础。与既有文献对人力资本概念的理解相比，本书研究更强调人力资本的资本属性和创新溢出性。根据人力资本在生产过程中与物质要素结合的方式，将人力资本分为促进资源转换的科技创新人力资本、促进资源有效配置的企业家人力资本和促进资源充分利用的制度型人力资本。为了更客观地反映三类人力资本在不同城市间的差异和分布状态，结合城市单位面积，构造出城市人力资本强度这一变量。应用地理信息系统和探求性空间数据分析工具研究了三类人力资本的空间分布状态和自相关性，应用耦合协调模型分析了三类变量间的关联关系，结果如下所述。

三类人力资本均存在整体上的东西差异和一个标准差椭圆内的南北差异，其中科技创新人力资本和企业家人力资本差异化程度较高，制度型人力资本的城市间分布稍显平衡，但是在样本期内，三类人力资本的区域间差异程度都在增加。从2005年的三类人力资本空间分布看，整体上表现为东西差异较大，但在集中了该类型人力资本总量67.6%的一个标准差椭圆内，主要表现为南北差异。其中，尤其以企业家人力资本的集中度更高，椭圆度更大，向东南方向的偏移更明显，整体的东西差异和一个标准差内的南北差异更突出。制度型人力资本在全国城市之间的分布相对比较均衡，一个标准差椭圆面积较大，椭圆度较小。科技创新人力资本分布情况介于企业家人力资本和制度型人力资本之间。经过13年的发展变迁，2017年中国三类人力资本整体分布状况发生了如下一些变化：人力资本集中度更高，向东南方向偏移更严重，椭圆度增大。说明中国人力资本经过13年的变化，东西差距拉大，南北差距也在拉大，极化现象明显。

全局莫兰指数（Moran's I）表明，在 0.05 的显著性水平上，三类人力资本均存在显著的空间自相关性，但在相关程度上差异较大。其中，科技创新人力资本空间自相关性程度最小，制度型人力资本空间自相关性最强。显示出好的制度在一国之内更容易被借鉴和效仿，制度型人力资本外部溢出性较强。而科技创新知识和企业家人力资本的空间溢出难度较大。进一步做空间 Lisa 集聚差异分布图，显示出制度型人力资本高—高集聚城市最多，科技创新人力资本和企业家人力资本高—高集聚较少，同样表明制度型人力资本具有较高的正向溢出性。

三类人力资本区域分布的相似性，显示了彼此间可能存在一定的关联。通过构建三类人力资本系统研究三者之间的耦合协调性的结果表明，样本期内，三类人力资本系统耦合度平均水平处于高水平耦合状态，而耦合协调性则处于濒临失调的水平，其演化曲线呈现典型的"倒 U 型"形式；三类人力资本系统耦合协调性空间分布，表现出"东高西低"的区域差异性，横向对比耦合协调值的大小，则呈现出"高低值集聚，中间值发散"的特征。各两两系统耦合度、耦合协调度平均水平与三类人力资本系统保持一致，其空间分布特征与三类人力资本系统相比也表现出高度协调性。通过上述分析，为进一步认识三类人力资本之间彼此的影响程度提供了数据支持，为进一步分析三类人力资本对经济活动影响机制提供了理论依据。

二、中国城市经济转型任重道远

通过对 286 个地级以上城市全要素生产率和绿色全要素生产率的测度，运用地理信息系统（ArcGIS）工具和时空跃迁测度法等方法考察了长期中 TFP 和 GTFP 的空间集聚、时空变迁情况。根据 TFP 和 GTFP 的测度值判断不同城市经济增长方式，为经济转型提供可以量化的判断标准，将经济转型与全要素生产率和绿色全要素生产率联系起来，将全要素生产率和绿色全要素生产率与技术进步的形式联系起来。

根据样本期内全国城市全要素生产率的指数及其分解指数的测度发现，全部样本城市中 194 个城市全要素生产率小于 1，92 个城市全要素生产率大于 1，平均 TFP 指数为 0.987。样本期内，就全国城市整体来说，全要素生产率没有对中国城市经济增长产生积极的作用。从分解指数看，技术效率指数为 1.007，技术进步率指数为 0.981。中国经济增长中全要素生产率贡献不足的根本原因是技术进步率没有发挥促进作用。进一步分析其中的原因，可以发现，2008 年以来，特别是 2016 年美国总统特朗普上任以来，"美国退群"、英国脱欧，逆全球化思潮泛滥，全球经济一体化进程被严重阻滞，孤立主义和贸易保护主义甚嚣尘上。中国进出口总额在经济总量中的比例由样本期初2005 年的 62.86% 下降到样本期末 2018 年的 33.36%。由于中国进口产品中机电设备、集成电路等高技术生产物质占进口总额的 50% 以上，进口总额的下降导致中国以资本体现式的技术进步受到影响，导致了金融危机之后的几年间技术进步率对经济增长贡献严重不足。

从全要素生产率的空间分布和空间自相关性上来看，样本期内中国城市全要素生产率整体上以东南—西北方向的差异为主，一个标准差椭圆位于国土东南区域，标准差椭圆内的差异主要表现为东北—西南方向的差异，长短轴差异较大，显示出一个标准差椭圆内的差异主要表现为沿长轴方向的差异。从椭圆的面积、椭圆度、长轴的方向等方面看，全要素生产率一个标准差椭圆的分布和三类人力资本的分布形式都有较大的差异。中国城市全要素生产率的变化及在各城市的表现更多地受投资的影响，与三类人力资本的关系并不明确。

中国城市全要素生产率主要受凝结了先进技术的投资驱动，这种资本体现式技术进步通过提高人均技术装备率促进了 TFP 的增长，根据新古典理论，这是一种外生的技术进步，通过投资引进了先进的技术装备，"获得了"技术创新的溢出效应。这种引进的技术对投资者来说是一种资本，先进的技术资本与大量的劳动者和物质资源相结合，为大规模制造提供了有力的技术保障。但是这种引进的技术资本，在生产出大量产品的同时，也消耗了大量的物质资源。基于非期望产出的弱可处置性和"零和性"公理，必然伴随着大量污染物的排放，造成生态环境的破坏。而且当遭遇市场疲软时，会导致严重的产能过剩。因此，通过投资引进技术装备所形成的外生型技术进步并不能带来经济的可持续增长。由投资驱动的经济增长能够带来全要素生产率的提高，但是能不能带来绿色全要素生产率的提高还要看非期望产出的影响程度。

把创新驱动型经济增长的动力源泉归结为原始创新。这种原始创新是熊彼特意义上的创新，它包括产品创新、技术创新、市场创新、资源配置创新和组织创新。其中，产品创新、技术创新来自资源转换型人力资本（科技创新人力资本）的贡献；市场创新、资源配置创新来自资源配置型人力资本（企业家人力资本）的贡献；组织创新来自促进资源充分利用型人力资本（制度型人力资本）的贡献。创新型人力资本具有卢卡斯内生增长理论中人力资本要素的内部效应和外部效应，其中外部效应具有核心作用，这些效应会从一个人扩散到另一个人，从一个组织扩散到另一个组织，从一个经济体扩散到另一个经济体，因而对所有的生产要素的生产率都有贡献。这种扩散可以是知识的溢出、技术的溢出和方法的溢出等。在这一溢出过程中，创新型人力资本也因为创新成果的扩散获取超额利润，这种收益是绿色的，是知识的价值，不仅能带来全要素生产率的提高，还能带来绿色全要素生产率的提高，是经济可持续增长的源泉。

通过选取工业废水、二氧化硫和工业烟（粉）尘三类污染排放数据，用熵权法构造环境污染指数。以环境污染指数为非期望产出，使用 SBM 方向性距离函数与曼奎斯特—伦贝格生产函数（MLPI）模型，测度绿色全要素生产率。结果显示，中国城市在 2005～2018 年，绿色全要素生产率（GTFP）指数年均增长了 0.91%，其中，绿色技术进步率（GTEC）贡献了 0.67%，绿色技术效率（GEFF）贡献了 0.24%，绿色技术进步率的贡献大于绿色技术效率的贡献。从地区表现看，北京、长沙、西安和深圳绿色全要素生产率领先全国；四平、绥化和东莞绿色全要素生产率排名位列全国 286 个样本城市后三位。从时间上看，样本期内中国城市绿色全要素生产率整体呈下降的趋势，尤其是在 2008 年世界金融危机之后，大部分年份绿色全要素生产率对经济增长的贡献为负值。从城市绿色全要素生产率的空间表现看，中国城市绿色全要素生产率高的地区主要集中于中国中东部地区，整体上表现出显著的空间自相关性。高—高集聚城市数量多于全要素生产率的高—高集聚城市数量，低—低集聚城市数量两种接近。相较于全要素生产率的空间分布，绿色全要素生产率空间分布中一个标准差椭圆的位置明显向左偏移。包括武汉、合肥、西安和长沙等中部城市在内的科教文化和自主创新能力强的城市具有较高的绿色全要素生产率，改变了中国经济增长方式的版图。相反，样本期内东北地区绿色全要素生产率下降明显。改变传统产业结构，提高科技创新能力，充分发挥市场机制作用是东北地区的出路。样本期内，受世界金融危机影响，绿色全要素生产率整体下降，但是相较于全要素生产率下降的幅度要小得多。可见提高自主创新能力，实现创新驱动，能够改善由于外生型技术进步导致的国外政治经济环境变化的冲击，改变"两头在外"的外向型经济增长方式，增强经济增长的韧性。

经济增长从投资驱动转型到创新驱动是长期可持续增长的需要，既有生态环境的保护问题，也有市场规模的约束。创新驱动型经济增长通过提高产品附加值创造经济利润，而不是依赖产能的无限扩张获取一般收益。这样的增长既有总量的扩张，又有效率的提高，而且是一种与生态环境和谐共生的经济增长。中国地域广大、城市众多，城市之间科技教育基础、技术创新能力、人力资本水平等差异巨大。这种不平衡也导致了经济增长方式的差异，286个样本城市中53个城市绿色全要素生产率显著大于1，实现了创新驱动型的经济增长；178个城市全要素生产率大于1，实现了投资驱动型的经济增长；55个城市全要素生产率显著小于1，为要素驱动型的经济增长方式。由此可见，实现中国城市向创新驱动增长方式转型任重道远。

三、不同类型人力资本结构对 TFP 和 GTFP 的影响不同

建立空间计量分析模型，研究三类人力资本对 TFP 和 GTFP 的直接效应与间接效应，将这两种效应与内生增长理论中人力资本的内部效应和外部效应相对应，提供了实证分析内生理论中人力资本内生机制的新方案。

分别以 TFP 和 GTFP 为被解释变量，以三类人力资本为核心解释变量，以产业结构、对外开放度和城市基础设施三个变量为控制变量，建立回归模型，研究变量间的结构关系。根据对被解释变量和核心解释变量的空间分布关系的研究，发现它们都具有同一空间下的显著自相关性，因此，为了反映

它们彼此之间可能存在的溢出效应，研究中建立了空间回归模型。为了观察不同类型人力资本对于被解释变量的空间溢出效应，以及被解释变量自身的滞后影响，选择空间杜宾模型（SDM）对三类人力资本对 TFP 和 GTFP 的影响进行实证分析，并选择了 Queen 邻接、距离倒数平方和 K（取 2）邻接三种不同邻接权重形式，分析三种类型人力资本在不同溢出路径下的效用表现。在实证分析过程中，引入产业结构、对外开放度和城市基础设施三个变量作为控制变量。通过建立包括控制变量和不包括控制变量的两类模型，比较核心解释变量参数的变化，验证核心解释变量解释能力的稳健性。结果发现，三种类型人力资本对全要素生产率（TFP）和绿色全要素生产率（GTFP）的影响是稳健的。控制变量的引入并没有显著改变核心解释变量对被解释变量的影响。三种人力资本在不同的空间权重矩阵下溢出效应不同，说明人力资本的结构对于空间溢出路径具有选择性，外部性强的科技创新人力资本的作用大小受空间权重矩阵的影响较大，而直接效应强的企业家人力资本受空间权重矩阵的影响较小。TFP 和 GTFP 对不同类型人力资本的需求整体上较一致，但也存在一定的差异，TFP 的提高对制度型人力资本的需求强烈，GTFP 的提高对科技创新人力资本的需求强烈，而对企业家人力资本它们都具有强烈的需求。

第二节　本书的创新之处

一、人力资本结构划分方式的创新

在结构化理论指导下，基于人力资本在经济增长中的内生性作用，把具有创新价值的人力资本按照与资源要素结合的方式，划分为促进资源转换的科技创新人力资本、促进资源有效配置的企业家人力资本和促进资源充分利用的制度型人力资本。这种从人力资本功能出发的分类方法符合三个方面的要求。（1）符合经济学基本理论的要求。资源的稀缺性是经济学研究的根本主题，为弥补资源稀缺所带来的限制，经济学从三个方面入手。一是解决资源的开发问题；二是解决资源的配置问题；三是解决资源的充分利用问题。20 世纪以后，新古典经济学派形成。新古典经济学以微观经济学和宏观经济学为基本理论框架。其中，微观经济学研究资源配置问题，正是企业家通过价格这只"看不见的手"实现了资源在市场中的有效配置，通过计划、组织、协调和控制"看得见的手"实现资源在企业内的有效配置；宏观经济学要解决资源的充分利用问题，劳动力是社会生产中最主要的经济资源，实现充分就业是宏观经济调控的首要目标。包括促进充分就业在内实现资源充分利用是制度型人力资本的工作；不断开发新的资源、将资源转换成满足人类需要的产品，是解决资源稀缺性最根本的方式，这是科技创新型人力资本的任务。三类人力资本对应经济学三大根本任务，这样的分类符合经济学基本理论的要求。

（2）符合内生经济增长理论对人力资本的外部性要求。人力资本之所以能成为经济长期可持续增长的动力，在于人力资本所具有的内部效应和外部效应。具有上述三种功能的人力资本能够创造新的价值，具有资本增值的本质属性。对经济增长的作用不是仅仅作为普通劳动者提供劳动力要素，他们的工作具有创造性，产生的新技术、新思想、新方法具有外部溢出性特征。

（3）符合创新驱动型增长方式对人力资本的要求。经济的可持续增长需要从要素驱动、投资驱动转型到创新驱动。基于熊彼特创新增长理论，所谓创新就是引入新的生产函数，实现要素的新组合。概括起来，可把熊彼特的创新归纳为产品创新、技术创新、市场创新、资源配置创新和组织创新，五种创新对应三类创新主体，也就是本书研究的三类人力资本。其中，产品创新、技术创新的实现主体是科技创新人力资本；市场创新、资源配置创新的实现主体是企业家人力资本；而组织创新的实现主体是制度型人力资本。

二、提供经济转型量化新标准

根据全要素生产率 TFP 和绿色全要素生产率 GTFP 的测度值判断不同城市经济增长方式，为经济转型提供可以量化的判断标准，又将 TFP 和 GTFP 与技术进步的形式联系起来，据此划分不同经济增长方式的动力源泉。

　　由投资驱动的经济增长，通过引进先进的技术装备"获得"技术创新的溢出效应，促进了全要素生产率。这种引进的技术提高了单位劳动者的技术装备率，基于新古典增长理论，这种技术进步是一种外生型的技术进步。外生技术进步驱动的经济增长能够带来全要素生产率的提高，但是未必能带来绿色全要素生产率的提高。其原因表现在以下三个方面：（1）容易引起严重的生态环境问题。通过投资引进了先进的技术装备，实现大规模生产，创造经济利润，对投资者来说技术就是一种资本，先进的技术资本与大量的劳动者和物质资源相结合，为大规模制造提供了技术可能。在生产出大量产品的同时，也消耗了大量的物质资源。基于非期望产出的弱可处置性和"零和性"公理，必然伴随着大量二氧化碳和废水、废气、废渣等污染物的排放，造成生态环境的破坏。（2）容易引起产能过剩。这种非自主知识产权的技术装备不能获得技术溢出收益，相反却要支付获取技术的费用。投资的收益只能通过大规模生产获得，随着竞争的加剧，边际收益逐渐降低，当遭遇市场疲软时，会导致严重的产能过剩。（3）容易受制于人。投资驱动的经济增长方式表现为"两头在外"，从投入端看，生产设备依靠国外引进；从产出端看，为了收回先进技术装备引进成本，需要生产更多的产品，服务更大的市场，包括国际市场。因此，当市场环境，尤其是国际市场环境出现不利于先进技术的获取和产品出口时，投资驱动的经济增长就会遭受较大的经济损失。因此，通过投资引进技术装备所形成的外生型技术进步不能带来经济的可持续增长。

　　创新驱动型经济增长的动力源泉归结为原始创新，不仅能带来全要素生产率的提高，还能带来绿色全要素生产率的进步。由原始创新带来的技术进步具有内生增长理论中技术进步所具有的内部效应和外部效应，其中外部效应具有核心作用，这些效应会从一个人扩散到另一个人，从一个组织扩散到另一个组织，从一个经济体扩散到另一个经济体，因而对所有生产要素的生产率都有贡献。这种扩散可以是知识的溢出、技术的溢出等。在这一溢出过程中，包括个人、企业、城市和国家等不同等级的创新主体，因为创新成果的扩散获取超额利润，这种收益是绿色的，是知识的价值，不仅能带来全要素生产率的提高，还能带来绿色全要素生产率的提高，是经济可持续增长的源泉。经济增长从投资驱动转型到创新驱动是长期可持续增长的需要，既有生态环境的保护问题，也有市场规模的约束。创新驱动型经济增长通过提高产品附加值创造经济利润，而不是依赖产能的无限扩张获取一般收益。这样的增长既有总量的扩张，又有效率的提高，而且是一种与生态环境和谐共生的经济增长。

要素驱动的经济增长既没有全要素生产率的提高，更没有绿色全要素生产率的进步，TFP 和 GTFP 值均小于 1，是一种粗放型的、低效率生产方式，生产过程中没有技术进步的成分，只能依靠要素投入的扩张（如土地、资源、劳动力等），以及从市场对生产要素的需求中获取经济增长。用 TFP 和 GTFP 判断经济增长方式，能够把经济增长的动力、经济增长的可持续性和经济增长的内生性等充分联系起来，是对经济转型标准的一种科学规范的表达。

三、创新人力资本内生机制检验方法

建立空间计量分析模型，研究三类人力资本对 TFP 和 GTFP 的直接效应和间接效应，将这两种效应与内生增长理论中人力资本的内部效应和外部效应相对应，提供了检验内生增长理论人力资本作用机制的新方案。

分别以 TFP 和 GTFP 为被解释变量，以三类人力资本为核心解释变量，以产业结构、对外开放度和城市基础设施三个变量为控制变量，建立回归模型，研究变量间的结构关系。为了研究不同类型人力资本对于 TFP 和 GTFP 的空间溢出效应，采用空间杜宾模型（SDM）对三类人力资本对 TFP 和 GTFP 的影响进行实证分析，并选择 Queen 邻接、距离倒数平方和 K（取 2）邻接三种不同邻接权重形式，考察三种类型人力资本在不同溢出路径下的效用表现。在实证分析过程中，引入产业结构、对外开放度和城市基础设施三个变量作为控制变量。通过建立包括控制变量和不包括控制变量的两类模型，比较核心解释变量参数的变化，验证核心解释变量解释能力的稳健性。

基于空间杜宾模型（SDM）的分析，本地区人力资本对本地区全要素生产率或绿色全要素生产率的影响是人力资本的直接效应；与本地区相邻（以空间权重矩阵的不同形式表达，可以是空间相邻、空间距离、经济距离等）

地区的人力资本对本地区全要素生产率或绿色全要素生产率的影响是人力资本的间接效应，两者加和为人力资本对两种效率的总效应。由于全要素生产率和绿色全要素生产率是经济可持续增长的标准，因此，这样的效应关系表达了内生增长理论中人力资本的内部效应和外部效应。以 TFP、GTFP 为被解释变量，以人力资本为核心解释变量的空间计量分析，为新增长理论人力资本的内生机制研究提供了新的实证方法。

第三节　研究展望

（1）本书研究基于空间地理学第一定律和第二定律分析人力资本、全要素生产率和绿色全要素生产率的空间效应，用空间杜宾模型研究人力资本结构对经济绩效的作用关系。为反映各变量的自相关性和变量之间的影响，使用的空间权重矩阵为 Queen 邻接、距离倒数平方和 K（取 2）邻接三种不同的邻接权重形式。三种不同邻接关系尽管代表了空间相邻、相隔和空间距离三种形式，也是既有文献中普遍的选择方式，但是变量的溢出特征，特别是人力资本对经济增长外部性的作用机制是复杂的，应该对包括邻接中的 Rook 邻接和 Bishop 邻接、经济距离以及核函数等权重矩阵形式进行实验比较之后予以选择。（2）根据新增长理论，人力资本的外部性主要通过知识溢出和技术进步实现，如何建立从人力资本到知识溢出，再从知识溢出到经济可持续增长的外部性路径是尚需深入研究的问题。人力资本对经济增长作用的一个重要路径是通过技术创新这个中间过程实现的。本书研究直接将人力资本与经济绩效建立起关联关系，简化了实证分析的过程。在后续的研究中可考虑将技术进步环节纳入研究框架中，形成从人力资本到经济转型完整的逻辑过程。（3）受世界金融危机和逆全球化思潮的影响，中国经济可持续增长不仅受到生态环境的影响和制约，还受到市场规模的刚性约束。人力资本所推动的绿色发展、低碳经济能不能带来经济的可持续增长，不能仅从绿色生产效率的角度加以评判，还要结合国际市场环境做更深入的分析。尤其是 2020 年新冠肺炎疫情暴发以来，中国经济面临的国际环境更加复杂，这也是未来所要深入研究的问题。

参 考 文 献

[1] [美] 保罗·克鲁格曼. 流行的国际主义 [M]. 张兆杰等译. 北京：中国人民大学出版社，2000.

[2] 曹泽，李东. R&D 投入对全要素生产率的溢出效应 [J]. 科研管理，2010 (2).

[3] 曹泽，朱小婉，金秀芳，韩玺. 经济增长中的人力资本结构与创新驱动研究 [J]. 地域研究与开发，2019 (5).

[4] 常永华. 陕西科技与经济发展的异动现象及机理研究 [J]. 科学学研究，2004 (4).

[5] 陈浩，徐瑞慧，唐滔，高宏. 关于我国人口转型的认识和应对之策 [Z]. 北京：中国人民银行，2021.

[6] 陈诗一. 能源消耗、二氧化碳排放与中国工业的可持续发展 [J]. 经济研究，2009 (4).

[7] 陈诗一. 中国的绿色工业革命：基于环境全要素生产率视角的解释 (1980~2008) [J]. 经济研究，2010 (11).

[8] 陈晓光. 人力资本向下兼容性及其对跨国收入水平核算的意义 [J]. 经济研究，2005 (4).

[9] 谌莹，张捷. 碳排放、绿色全要素生产率和经济增长 [J]. 数量经济技术经济研究，2016，(8).

[10] 丛晓男. 耦合度模型的形式、性质及在地理学中的若干误用 [J]. 经济地理，2019 (4).

[11] 邓飞，柯文进. 异质型人力资本与经济发展——基于空间异质性的实证研究 [J]. 统计研究，2020 (2).

［12］邓珩，李静文，井焕．人力资本投资是企业技术创新之本［J］．数量经济技术经济研究，2000（1）．

［13］丁纯，李君扬．德国"工业4.0"内容、动因与前景及其启示［J］．德国研究，2014（4）．

［14］杜丽群，王欢．家庭经济学视角下人力资本理论研究进展［J］．经济学动态，2021（5）．

［15］杜伟，杨志江，夏国平．人力资本推动经济增长的作用机制研究［J］．中国软科学，2014（8）．

［16］樊儒经，张雯．人力资本和流动人口对于区域经济增长差异的影响研究——基于2011~2015年度江浙沪地区数据的实证分析［J］．人口与发展，2019（3）．

［17］范丹，付嘉为．环境信息披露能否提高企业全要素生产率——基于沪深上市企业的经验证据［J］．中国环境科学，2021（8）．

［18］冯杰，张世秋．基于DEA方法的我国省际绿色全要素生产率评估——不同模型选择的差异性探析［J］．北京大学学报（自然科学版），2017（1）．

［19］傅京燕．环境成本转移与西部地区的可持续发展［J］．当代财经，2006（6）．

［20］傅晓霞，吴利学．技术效率、资本深化与地区差异——基于随机前沿模型的中国地区收敛分析［J］．经济研究，2006（10）．

［21］高敬峰，王彬，宋玉洁．美国制造业回流对中国国内价值链质量的影响研究［J］．世界经济研究，2020（10）．

［22］高远东，花拥军．异质型人力资本对经济增长作用的空间计量实证分析［J］．经济科学，2012（1）．

［23］郭东杰，魏熙晔．人力资本、收入分配与经济发展［J］．中国人口科学，2020（2）．

［24］郭继强．人力资本投资的结构分析［J］．经济学（季刊），2005（4）．

［25］郭庆旺，赵志耘，贾俊雪．中国省份经济的全要素生产率分析［J］．世界经济，2005（5）．

［26］国家环保总局，国家统计局．中国绿色国民经济核算研究报告

2004［M］. 北京：中国统计出版社，2006.

［27］韩晓燕，翟印礼. 中国农业生产率的地区差异与收敛性研究［J］. 农业技术经济，2005（6）.

［28］胡鞍钢，郑京海，高宇宁，张宁，许海萍. 考虑环境因素的省级技术效率排名（1999～2005）［J］. 经济学（季刊），2008（3）.

［29］胡树红. 企业人力资本投资主体结构与人力资本结构优化［J］. 暨南学报，2001（2）.

［30］胡晓珍，杨龙. 中国区域绿色全要素生产率增长差异及收敛分析［J］. 财经研究，2011（4）.

［31］胡祖光. 全要素生产率：理论与实证研究［J］. 管理现代化，1986（2）.

［32］黄建欢，许和连. 中国区域生态效率的时空演变和提升机制［J］. 湖南大学学报（社会科学版），2016（1）.

［33］［美］杰弗里·萨克斯. 文明的代价——回归繁荣之路［M］. 钟振明译. 杭州：浙江大学出版社，2014.

［34］金碚. 中国经济发展新常态研究［J］. 中国工业经济，2015（1）.

［35］［美］肯尼斯·约瑟夫·阿罗. 公共投资、报酬率与最适财政政策［M］. 北京：社会科学文献出版社，2005.

［36］匡远凤，彭代彦. 中国环境生产效率与环境全要素生产率分析［J］. 经济研究，2012（7）.

［37］赖明勇，张新，彭水军，包群. 经济增长的源泉：人力资本、研究开发与技术外溢［J］. 中国社会科学，2005（2）.

［38］李斌，彭星，欧阳铭珂. 环境规制、绿色全要素生产率与中国工业发展方式转变——基于36个工业行业数据的实证研究［J］. 中国工业经济，2013（4）.

［39］李海峥，梁赟玲，Barbara Fraumeni，刘智强，王小军. 中国人力资本测度与指数构建［J］. 经济研究，2010（8）.

［40］李俊. 省际"绿色全要素生产率"增长趋势的分析——一种非参数方法的应用［Z］. 工作论文，2014.

［41］李玲. 中国工业绿色全要素生产率及影响因素研究［D］. 广州：暨南大学，2012.

［42］李胜文，李新春，杨学儒. 中国的绿色全要素生产率与环境管制——基于1986－2007年省级水平的估算［J］. 财经研究，2010（2）.

［43］李星星，李卫忠. 中国物流上市公司全要素生产率动态变化实证研究［J］. 物流工程与管理，2020（6）.

［44］李雪艳，赵吟佳，钱雪亚. 人力资本异质性、结构与经济增长［J］. 商业经济与管理，2012（5）.

［45］李永友，沈坤荣. 我国污染控制政策的减排效果——基于省际工业污染数据的实证分析［J］. 管理世界，2008（7）.

［46］刘华军，李超，彭莹. 中国绿色全要素生产率的地区差距及区域协同提升研究［J］. 中国人口科学，2018（4）.

［47］刘金涛. 异质性人力资本与经济增长关系研究［D］. 济南：山东大学，2016.

［48］刘溶沧，赵京兴. 论影响经济增长方式及其转变的主要因素［J］. 中国工业经济，1999（10）.

［49］刘夏明，魏英琪，李国平. 收敛还是发散？——中国区域经济发展争论的文献综述［J］. 经济研究，2004（7）.

［50］刘智勇，胡永远，易先忠. 异质型人力资本对经济增长的作用机制检验［J］. 数量经济技术经济研究，2008（4）.

［51］刘遵义，汪同三. 东亚经济增长的源泉与展望［J］. 数量经济技术经济研究，1997（10）.

［52］［美］罗伯特·K. 默顿. 社会理论和社会结构［M］. 南京：译林出版社，2006.

［53］［美］罗伯特·巴罗，哈维尔·萨拉－伊－马丁. 经济增长［M］. 何巧，刘明兴译. 北京：中国社会科学出版社，2000.

［54］［英］马歇尔. 经济学原理（下）［M］. 北京：商务印书馆，2005.

［55］孟宪春，张屹山，张鹤，冯叶. 预算软约束、宏观杠杆率与全要素生产率［J］. 管理世界，2020（8）.

[56] 彭国华. 中国地区收入差距、全要素生产率及其收敛分析 [J]. 经济研究, 2005 (9).

[57] [瑞士] 皮亚杰. 结构主义 [M]. 北京: 商务印书馆, 1984.

[58] 秦勇. OECD 生产率测算手册 [M]. 北京: 科学技术文献出版社, 2008.

[59] 清华大学课题组. 河北省区域创新体系建设研究报告 [R]. 石家庄: 河北科技大学研究报告, 2005.

[60] 任若恩, 刘晓生. 关于中国资本存量估计的一些问题 [J]. 数量经济技术经济研究, 1997 (1).

[61] 任仲文. 大国经济新常态 [M]. 北京: 人民日报出版社, 2015.

[62] [法] 萨伊. 政治经济学概论 [M]. 北京: 商务印书馆, 1963.

[63] 邵琳. 人力资本与区域经济增长 [J]. 人口学刊, 2014 (2).

[64] 申海. 中国区域经济差距的收敛性分析 [J]. 数量经济技术经济研究, 1999 (8).

[65] 沈坤荣, 马俊. 中国经济增长的"俱乐部收敛"特征及其成因研究 [J]. 经济研究, 2002 (1).

[66] 宋冬林, 王林辉, 董直庆. 资本体现式技术进步及其对经济增长的贡献率 (1981~2007) [J]. 中国社会科学, 2011 (2).

[67] 宋学明. 中国区域经济发展及其收敛性 [J]. 经济研究, 1996 (9).

[68] 孙琳琳, 任若恩. 资本投入测量综述 [J]. 经济学 (季刊), 2005 (3).

[69] 孙亚男, 杨名彦. 中国绿色全要素生产率的俱乐部收敛及地区差距来源研究 [J]. 数量经济技术经济研究, 2020 (6).

[70] 台航, 崔小勇. 人力资本结构与经济增长——基于跨国面板数据的分析 [J]. 世界经济文汇, 2017 (2).

[71] 涂正革. 环境、资源与工业增长的协调性 [J]. 经济研究, 2008 (2).

[72] 涂正革. 全要素生产率与区域经济增长的动力——基于对 1995~2004 年 28 个省市大中型工业的非参数生产前沿分析 [J]. 南开经济研究, 2007 (4).

[73] 涂正革，肖耿. 环境约束下的中国工业增长模式研究 [J]. 世界经济，2009 (11).

[74] [法] 瓦尔拉斯. 纯粹经济学要义 [M]. 北京：商务印书馆，1989.

[75] 万伦来，朱琴. R&D 投入对工业绿色全要素生产率增长的影响——来自中国工业 1999~2010 年的经验数据 [J]. 经济学动态，2013 (9).

[76] 王兵，吴延瑞，颜鹏飞. 中国区域绿色全要素生产率与环境全要素生产率增长 [J]. 经济研究，20105 (5).

[77] 王波，文华，张伟，张敬钦. 绿色建筑发展关键主体动态博弈——基于供给侧结构性改革视角 [J]. 科技导报，2019 (8).

[78] 王庭东. 新科技革命、美欧"再工业化"与中国要素集聚模式嬗变 [J]. 世界经济研究，2013 (6).

[79] 王晓蓉，贾根良. "新熊彼特"技术变迁理论评述 [J]. 南开经济研究，2001 (1).

[80] 王铮，葛昭攀. 中国区域经济发展的多重均衡态与转变前兆 [J]. 中国社会科学，2002 (4).

[81] [英] 威廉·配第. 政治算术 [M]. 北京：中国社会科学出版社，2010.

[82] 吴军. 环境约束下中国地区工业全要素生产率增长及收敛分析 [J]. 数量经济技术经济研究，2009 (11).

[83] 吴玉鸣. 外商直接投资对环境规制的影响 [J]. 国际贸易问题，2006 (4).

[84] 伍青生，李湛，蔡来兴. 经济增长因素分析的改进模型及实证研究 [J]. 上海交通大学学报，2001 (6).

[85] 肖光恩，刘锦学，谭赛月明. 空间计量经济学——基于 MATLAB 的应用分析 [M]. 北京：北京大学出版社，2018.

[86] [美] 熊彼特. 经济发展理论 [M]. 北京：九州出版社，2006.

[87] [英] 亚当·斯密 (Adam Smith). 国民财富的性质和原因的研究 [M]. 北京：中华书局，1949.

[88] [澳] 杨小凯，黄有光. 专业化与经济组织：一种新兴古典微观经

济学框架［M］. 张玉纲译. 北京：经济科学出版社，1999.

［89］杨建芳，龚六堂，张庆华. 人力资本形成及其对经济增长的影响——一个包含教育和健康投入的内生增长模型及其检验［J］. 管理世界，2006（5）.

［90］杨俊，邵汉华. 环境约束下的中国工业增长状况研究——基于Malmquist-Luenberger 指数的实证分析［J］. 数量经济技术经济研究，2009（9）.

［91］易纲，樊纲，李岩. 关于中国经济增长与全要素生产率的理论思考［J］. 经济研究，2003（8）.

［92］尹向飞. 新框架核算下中国省级绿色 GDP 增长时空演变及驱动［J］. 经济地理，2021（1）.

［93］余长林. 人力资本投资结构及其经济增长效应——基于扩展 MRW 模型的内生增长理论与实证研究［J］. 数量经济技术经济研究，2006（12）.

［94］余泳泽. 中国省际全要素生产率动态空间收敛性研究［J］. 世界经济，2015（10）.

［95］［德］约翰·冯·杜能. 孤立国同农业和国民经济的关系［M］. 北京：商务印书馆，1986.

［96］岳书敬，刘富华. 环境约束下的经济增长效率及其影响因素［J］. 数量经济技术经济研究，2009（5）.

［97］云鹤，吴江平，王平. 中国经济增长方式的转变：判别标准与动力源泉［J］. 上海经济研究，2009（2）.

［98］张慧芳. 新常态下的经济结构：再平衡与新期待［J］. 经济学家，2015（7）.

［99］张江雪，朱磊. 基于绿色增长的我国各地区工业企业技术创新效率研究［J］. 数量经济技术经济研究，2012（2）.

［100］张军，陈诗一，张熙. 中国工业部门的生产率变化与要素配置效应：1993－2006［J］. 东岳论丛，2010（10）.

［101］张军，施少华. 中国经济全要素生产率变动：1952－1998［J］. 世界经济文汇，2003（2）.

［102］张军，吴桂英，张吉鹏. 中国省际物质资本存量估算：1952－2000［J］. 经济研究，2004（10）.

［103］张军，张慧慧，徐力恒. 劳动力市场分割的技能偏向如何影响家庭人力资本投资［J］. 中国工业经济，2018（8）.

［104］张宽，黄凌云. 中国人力资本结构的时空演变特征研究［J］. 数量经济技术经济研究，2020（12）.

［105］张楠，范洪敏，穆怀中. 人力资本梯度升级的经济增长效应［J］. 人口与经济，2020（2）.

［106］张桅，胡艳. 长三角地区创新型人力资本对绿色全要素生产率的影响——基于空间杜宾模型的实证分析［J］. ·中国人口·资源与环境，2020（9）.

［107］郑绍濂，胡祖光. 经济系统的经济效益度量的综合指标——全要素生产率的研究和探讨［J］. 系统工程理论与实践，1986（1）.

［108］郑玉歆. 全要素生产率的测算及其增长的规律——由东亚增长模式的争论谈起［J］. 数量经济技术经济研究，1998（10）.

［109］中国经济增长前沿课题组. 中国经济转型的结构性特征、风险与效率提升路径［J］. 经济研究，2013（10）.

［110］周其仁. 体制转型、结构变化和城市就业［J］. 经济社会体制比较，1997（3）.

［111］Aghion Philippe，Howitt Peter. On the Macroeconomic Effects of Major Technological Change［J］. Annals of Economics and Statistics，1998（10）.

［112］Aghion P，Howitt P. Endogenous Growth Theory［M］. Cambridge，MA：The MIT Press，1998.

［113］Alan B Krueger，Mikael Lindahl. Education for Growth：Why and for Whom？［J］. Journal of Economic Literature，2001（4）.

［114］Alwyn Young. The Razor's Edge：Distortions and Incremental Reform in the People's Republic of China［J］. The Quarterly Journal of Economics，2000（4）.

［115］Arthur M Okun. The Predictive Value of Surveys of Business Intentions［J］. The American Economic Review，1962（2）.

［116］Baten Joerg，Llorca-Jaña Manuel. Inequality，Low-Intensity Immigration and Human Capital Formation in the Regions of Chile，1820 – 1939［J］. Economics and Human Biology，2021（43）.

[117] Benhabib J, Spieger M. The Role of Human Capital in Economic Development: Evidence from Aggregate Cross Country Data [J]. Journal of Monetary Economics, 1994 (34): 143 - 173.

[118] Çakar Nigar Demircan, Gedikli Ayfer, Erdoğan Seyfettin, Yıldırım Durmuş Çağrı. Exploring the Nexus between Human Capital and Environmental Degradation: The Case of EU Countries [J]. Journal of Environmental Management, 2021 (5).

[119] Chenery H, Robinson. Industrialization and Growth: A Comparative Study [J]. New York: Oxford University Press, 1986.

[120] Christer Ljungwall, Martin Linde. Environmental Policy and the Location of Foreign Direct Investment in China [Z]. Peking University Working Paper, 2005.

[121] Cromwell J, Pope G C. Trends in Hospital Labor and Total Factor Productivity, 1981 - 1986 [J]. Health Care Financing Review, 1989 (4).

[122] David Cass. Optimum Growth in an Aggregative Model of Capital Accumulation [J]. The Review of Economic Studies, 1965 (3).

[123] Denison, Edward F. Why Growth Rates Differ: Postwar Experiences in Nine Western Countries [M]. Washington, DC: Brookings Institution, 1967.

[124] Dennis R Maki. The Effects of Unions and Strikes on the Rate of Growth of Total Factor Productivity in Canada [J]. Applied Economics, 1983 (1).

[125] Dorothee Boccanfuso, Luc Savard and Bernice Elvire Savy. Human Capital and Growth: New Evidences from African Data [J]. International Economic Journal, 2013 (1).

[126] Elias Soukiazis and Micaela Antunes. Foreign Trade, Human Capital and Economic Growth: An Empirical Approach for the European Union Countries [J]. The Journal of International Trade & Economic Development, 2012 (1).

[127] Elsadig M Ahmed. Green TFP Intensity Impact on Sustainable East Asian Productivity Growth [J]. Economic Analysis and Policy, 2012 (1).

[128] European Commission, Food and Agriculture Organization, Interna-

tional Monetary Fund, Organization for Economic Cooperation and Development, United Nations, World Bank. System of Environmental-economic Accounting 2003 [R]. https: //unstats. un. org.

[129] Fabio Manca. Human Capital Composition and Economic Growth at the Regional Level [J]. Regional Studies, 2012 (10).

[130] Farrell M J. The Measurement of Productive Efficiency [J]. Journal of the Royal Statistical Society, Series A (General), 1957 (3).

[131] Färe R, Grosskopf S, Lovell C A K. Production Frontiers [M]. London: Cambridge University Press, 1994.

[132] Gary S Becker. Investment in Human Capital: A Theoretical Analysis [J]. Journal of Political Economy, 1962 (5).

[133] Gary S Becker, Nigel Tomes. An Equilibrium Theory of the Distribution of Income and Intergenerational Mobility [J]. Journal of Political Economy, 1979 (6).

[134] Gregory Chow, An-loh Lin. Accounting for Economic Growth in Taiwan and Mainland China: A Comparative Analysis [J]. Journal of Comparative Economics, 2002 (3).

[135] Grosskopf S. Some Remarks on Productivity and Its Decompositions [J]. Journal of Productivity Analysis, 2003, 20 (3).

[136] Grossman G M and Helpman E. Endogenous Product Cycles [J]. The Economic Journal, 1991, 101 (408): 1214 - 1229.

[137] Grossman G M, Krueger A B. Economic Growth and the Environment [J]. The Quarterly Journal of Economics, 1995 (2).

[138] Hailu A, Veeman T S. Non-Parametric Productivity Analysis with Undesirable Outputs: An Application to the Canadian Pulp and Paper Industry [J]. Ameriean Journal of Agricultural Eeonomics, 2001 (83).

[139] Harry H Kelejian, Ingmar R Prucha. On the Asymptotic Distribution of the Moran's I Test Statistic with Applications [J]. Journal of Econometrics, 2001 (2).

［140］Hideki Toya, Mark Skidmore, Raymond Robertson. A Reevaluation of the Effect of Human Capital Accumulation on Economic Growth Using Natural Disasters as an Instrument ［M］. Eastern Economic Journal, 2010 (6).

［141］Hussein Abdoh, Oscar Varela. What Lies behind the Asset Growth Effect? ［J］. Global Finance Journal, 2020 (4).

［142］Integrated Environmental and Economic Accounting, UNITED NATIONS. Handbook of National Accounting (interim version). 1993.

［143］Jacob Mincer. Determining Who Are the 'Hidden Unemployed' ［J］. Monthly Labor Review, 1973 (3).

［144］Jacob Mincer. Investment in Human Capital and Personal Income Distribution ［J］. The Journal of Political Economy, 1958 (66).

［145］James LeSage and Robert Kelley Pace. Introduction to Spatial Econometrics ［M］. CRC Press, 2009.

［146］Jeong-Dong Lee, Jong-Bok Park and Tai-Yoo Kim. Estimation of the Shadow Prices of Pollutants with Production/Environment Inefficiency Taken into Account: A Nonparametric Directional Distance Function Approach ［J］. Journal of Environmental Management, 2002 (4).

［147］Jevons W S. The Coal Question: An Inquiry Concerning the Progress of the Nation, and the Probable Exhaustion of our Coal-mines ［M］. London: Macmillan & Co. , 1865.

［148］John Hicks. The Mainspring of Economic Growth ［J］. The American Economic Review, 1981 (6).

［149］John O'loughlin, Luc Anselin. Bringing Geography Back to the Study of International Relations: Spatial Dependence and Regional Context in Africa, 1966 - 1978 ［J］. International Interactions, 1991 (1).

［150］Jonas Ljungberg and Anders Nilsson. Human Capital and Economic Growth: Sweden 1870 - 2000 ［J］. Cliometrica, 2009 (1).

［151］Jones, Larry E, and Manuelli, Rodolfo. The Sources of Growth ［J］. Jounal of Economic Dynamics and Control, 1997 (21).

［152］J Paul Elhorst. Matlab Software for Spatial Panels ［J］. International Regional Science Review, 2014 (3).

［153］Jérôme Vandenbussche, Philippe Aghion, Costas Meghir. Growth, Distance to Frontier and Composition of Human Capital ［J］. Journal of Economic Growth, 2006 (2).

［154］Kuznets, Simon. Modern Economic Growth ［M］. New Haven: Yale University Press. 1966.

［155］K W Chau and A Walker. The Measurement of Total Factor Productivity of the Hong Kong Construction Industry ［J］. Construction Management and Economics, 1988 (3).

［156］Li L B, Hu J L. Ecological Total-Factor Energy Efficiency of Regions in China ［J］. Energy Policy, 2012 (46).

［157］Luc Anselin. Model Validation in Spatial Econometrics: A Review and Evaluation of Alternative Approaches ［J］. International Regional Science Review, 1988 (3).

［158］M Abramovitz. Source and Output Trends in the United States Since 1870 ［J］. The American Economic Review, 1956 (12).

［159］Matthew A. Cole and Eric Neumayer. The Pitfalls of Convergence Analysis: Is the Income Gap Really Widening? ［J］. Applied Economics Letters, 2003 (6).

［160］Md Rabiul Islam, James B. Ang, Jakob B Madsen. Quality-Adjusted Human Capital and Productivity Growth ［J］. Economic Inquiry, 2014 (2).

［161］Moshe Kim, Jacob Weiss. Total Factor Productivity Growth in Banking: The Lsraeli Banking Sector 1979 – 1982 ［J］. Journal of Productivity Analysis, 1989 (2).

［162］Nanere Marthin, Fraser Iain, Quazi Ali, D' Souza Clare. Environmentally Adjusted Productivity Measurement: An Australian Case Study ［J］. Journal of Environmental Management, 2007 (2).

［163］Nelson Richard R, Phelps E S. Investment in Humans, Technological Diffusion, and Economic Growth ［M］. American Economic Review, 1966 (5).

[164] N Gregory Mankiw, David Romer and David N Weil. A Contribution to the Empirics of Economic Growth [J]. The Quarterly Journal of Economics, 1992 (2).

[165] Nouriel Roubini, Xavier Sala-i-Martin. A Growth Model of Inflation, Tax Evasion, and Financial Repression [J]. Journal of Monetary Economics, 1995 (2).

[166] Oded Galor, David N Weil. The Gender Gap, Fertility, and Growth [J]. The American Economic Review, 1996 (3).

[167] Oded Galor, David N Weil. Population, Technology, and Growth: From Malthusian Stagnation to the Demographic Transition and Beyond [J]. American Economic Review, 2000 (4).

[168] Paul Krugman. The Myth of Asia's Miracle [J]. Foreign Affairs, 1994 (6).

[169] Paul M Romer. Increasing Returns and Long-Run Growth [J]. Journal of Political Economy, 1986 (5).

[170] Philip Kostov. Model Boosting for Spatial Weighting Matrix Selection in Spatial Lag Models [J]. Environment and Planning B: Planning and Design, 2010 (3).

[171] Ramakrishnan Ramanathan. A Multi-factor Efficiency Perspective to the Relationships among World GDP, Energy Consumption and Carbon Dioxide Emissions [J]. Technological Forecasting & Social Change, 2005 (5).

[172] Rebelo, Sergio. Long-Run Policy Analysis and Long-Run Growth [J]. Journal of Politics, 1991 (3).

[173] R E Mordue, J D Marshall. Changes in Total Factor Productivity in UK Food and Drink Manufacturing [J]. Journal of Agricultural Economics, 1979 (2).

[174] Rheinhard S, Lovell C A K, Thijssen G. Environmental Effieiency With Multiple Environmentally Detrimental Variables: Estimated With SFA and DEA [J]. European Journal of Operational Research, 2000 (121).

［175］ Richard R Nelson. Recent Evolutionary Theorizing About Economic Change ［J］. Journal of Economic Literature. 1995 （1）.

［176］ R Milbourne, G Otto and G Voss. Public Investment and Economic Growth ［J］. Applied Economics, 2003 （5）.

［177］ R M Solow. Technical Change and the Aggregate Production Function ［J］. The Review of Economics and Statistics, 1957 （12）.

［178］ Robert E. Hall and Charles I. Jones. Why Do Some Countries Produce So Much More Output Per Worker than Others? ［J］. The Quarterly Journal of Economics, 1999 （1）.

［179］ Robert E Lucas Jr. On the Mechanics of Economic Development ［J］. Journal of Monetary Economics, 1988 （7）.

［180］ Robert E Lucas. Why Doesn't Capital Flow from Rich to Poor Countries? ［J］. The American Economic Review, 1990 （2）.

［181］ Robert G Chambers, Yangho Chung and Rolf Färe. Benefit and Distance Functions ［J］. Journal of Economic Theory, 1996 （2）.

［182］ Robert J Barro. Human Capital and Growth: Theory and Evidence: A Comment ［J］. Carnegie-Rochester Conference Series on Public Policy, 1990 （32）.

［183］ Robert M Solow. A Contribution to the Theory of Economic Growth ［J］. The Quarterly Journal of Economics, 1956 （1）.

［184］ Robert Tamura. Human Capital and the Switch from Agriculture to Industry ［J］. Journal of Economic Dynamics and Control, 2002 （2）.

［185］ Sadeghi Pegah, Shahrestani Hamid, Kiani Kambiz Hojabr, Torabi Taghi. Economic Complexity, Human Capital, and FDI Attraction: A Cross Country Analysis ［J］. International Economics, 2020 （6）.

［186］ Sadequl Islam. The Human Development Index and Per Capita GDP ［J］. Applied Economics Letters, 1995 （5）.

［187］ Schultz T W. Investment in Human Capital ［J］. The American Economic Review, 1961 （1）.

［188］ Siddiqui Shoaib Alam. Total Factor Productivity Growth of Indian Life

Insurance Companies: A Malmquist Approach [J]. Indian Journal of Economics and Development, 2021 (1).

[189] Siller Matthias, Schatzer Thomas, Walde Janette, Tappeiner Gottfried. What Drives Total Factor Productivity Growth? An Examination of Spillover Effects [J]. Regional Studies, 2021 (6).

[190] Solow, Robert M. A Contribution to Theory of Economic Growth. The Quarterly Journal of Economics. 1956 (1).

[191] Stephen Knowles, P Dorian Owen. Health Capital and Cross-Country Variation in Income Per Capita in the Mankiw-Romer-Weil Model [J]. Economics Letters, 1995 (1).

[192] Steve Dowrick, Duc-Tho Nguyen. OECD Comparative Economic Growth 1950 – 1985: Catch-Up and Convergence [J]. The American Economic Review, 1989 (5).

[193] Subal C Kumbhakar, Almas Heshmati. Technical Change and Total Factor Productivity Growth in Swedish Manufacturing Industries [J]. Econometric Reviews, 1966 (3).

[194] Theodore W Schultz. Investment in Human Capital [J]. The American Economic Review, 1961 (1).

[195] Tiago Neves Sequeira. Human Capital Composition, Growth and Development: An R&D Growth Model versus Data [J]. Empirical Economics, 2007 (1).

[196] Tjalling C Koopmans. Convexity Assumptions, Allocative Efficiency, and Competitive Equilibrium [J]. Journal of Political Economy, 1961 (5).

[197] Uzawa Hirofumi. Optimum Technical Change in an Aggregate Model of Economic Growth [J]. International Economic Review, 1965 (1).

[198] Varghese Jithin Sam, Patel Shivani A, Martorell Reynaldo, Ramirez-Zea Manuel, Stein Aryeh D. Relative and Absolute Wealth Mobility Since Birth in Relation to Health and Human Capital in Middle Adulthood: An Analysis of a Guatemalan Birth Cohort [J]. SSM-Population Health, 2021 (5).

[199] Waldo Tobler. On the First Law of Geography: A Reply [J]. Annals

of the Association of American Geographers, 2004 (2).

[200] Walter G Park, David A Brat. Cross-Country R&D and Growth: Variations on a Theme of Mankiw-Romer-Weil [J]. Eastern Economic Journal, 1996 (3).

[201] Y H Chung, R Färe, S Grosskopf. Productivity and Undesirable Outputs: A Directional Distance Function Approach [J]. Journal of Environmental Management, 1997 (3).

[202] Zaborovskaia Olga, Nadezhina Olga, Avduevskaya Ekaterina. The Impact of Digitalization on the Formation of Human Capital at the Regional Level [J]. Journal of Open Innovation: Technology, Market, and Complexity, 2020 (4).

后　记

　　本书是国家社会科学基金项目"人力资本结构与经济转型研究"（16BRK026）的结项成果。感谢各位评审专家对项目成果的肯定，感谢全国哲学社会科学工作办公室的支持与帮助。项目立项及本书写作期间，正值中国经济转型升级的关键时期。在经历了40多年的改革开放后，中国人均收入已经发生了翻天覆地的变化，收入的增长导致需求的变化，消费从弹性小的生活必需品转向弹性较大的高端商品，文化、旅游、娱乐等服务类商品需求增加迅速。为了适应需求结构的变化，必须加大供给侧改革。这就对产业转型提出了要求，从传统的第一、第二产业转向第三产业，但是"索洛悖论"和"鲍莫尔现象"揭示，服务类生产的增加、经济的脱实向虚将导致全要素生产率下降。时代的变化提出了经济转型与全要素生产率关系的课题，人才的进步和人力资本结构的变化为回答这一课题提供了研究的进路和方向。因此，我首先要感谢这一伟大的时代！

　　感谢安徽建筑大学经济与管理学院、安徽建筑大学科技处等部门一如既往的帮助，本书的出版离不开工作单位的支持。感谢我的博士生导师南京航空航天大学李东教授，他在已经退休的情况下，对本书的选题、设计、研究、写作和定稿都给予了悉心的指导。他平易谦和、坚毅质朴的高尚品格，严谨的治学态度，坦诚的胸怀，激励着我克服困难并处理好学习与工作的矛盾。

　　感谢我的硕士生指导老师，中国著名科技哲学家东南大学人文学院吕乃基教授。尽管已毕业多年，但我们仍然保持着学术互动交流，吕教授总能给予我指导。他深邃的哲学思想是我学术灵感的不竭源泉，他精辟的见解总能让我恍然顿悟，是他奠定了我的学术基础，指引了我的学术方向，并拓宽了我的学术道路。感谢安徽建筑大学经济与管理学院的各位领导和同事，他们所给予的关心、支持和帮助，能让我从容地工作和生活。我的2019级硕士研究生张琦和刘兴参与了第三章和第七章部分内容的数据处理工作，在此也表示感谢！

最后，还要感谢我的妻子朱培灵女士承担了大量的家务，她对家庭的默默奉献，使我能将更多的时间投入工作和学术研究中，本书的顺利完成无疑也凝结着她对于家庭的关爱和奉献。

曹　泽

2022年8月